理工系の基礎

知的財産

知的財産 編集委員会 編

淺見 節子／石井 康之／荻野 誠／生越 由美／草間 文彦
鈴木 公明／橋本 千賀子／平塚 三好／平山 賢太郎／宮武 久佳 著

丸 善 出 版

刊行にあたって

科学における発見は我々の知的好奇心の高揚に寄与し，また新たな技術開発は日々の生活の向上や目の前に山積するさまざまな課題解決への道筋を照らし出す．その活動の中心にいる科学者や技術者は，実験や分析，シミュレーションを重ね，仮説を組み立てては壊し，適切なモデルを構築しようと，日々研鑽を繰り返しながら，新たな課題に取り組んでいる．

彼らの研究や技術開発の支えとなっている武器の一つが，若いときに身に着けた基礎学力であることは間違いない．科学の世界に限らず，他の学問やスポーツの世界でも同様である．基礎なくして応用なし，である．

本シリーズでは，理工系の学生が，特に大学入学後1，2年の間に，身に着けておくべき基礎的な事項をまとめた．シリーズの編集方針は大きく三つあげられる．第一に掲げた方針は，「一生使える教科書」を目指したことである．この本の内容を習得していればさまざまな場面に応用が効くだけではなく，行き詰ったときの備忘録としても役立つような内容を随所にちりばめたことである．

第二の方針は，通常の教科書では複数冊の書籍に分かれてしまう分野においても，1冊にまとめたところにある．教科書として使えるだけではなく，ハンドブックや便覧のような網羅性を併せ持つことを目指した．

また，高校の授業内容や入試科目によっては，前提とする基礎学力が習得されていない場合もある．そのため，第三の方針として，講義における学生の感想やアンケート，また既存の教科書の内容などと照らし合わせながら，高校との接続教育という視点にも十分に配慮した点にある．

本シリーズの編集・執筆は，東京理科大学の各学科において，該当の講義を受け持つ教員が行った．ただし，学内の学生のためだけの教科書ではなく，広く理工系の学生に資する教科書とは何かを常に念頭に置き，上記編集方針を達成するため，議論を重ねてきた．本シリーズが国内の理工系の教育現場にて活用され，多くの優秀な人材の育成・養成につながることを願う．

2015年4月

東京理科大学　学長

藤　嶋　　　昭

序　文

本書は,「理工系の基礎」シリーズの一冊として,理工系のみならず文系も含めた大学生が,比較的早期に身につけておくべき「知的財産」の基本的な視点や事項をまとめた,知的財産の入門書である.

人類が誕生して以来,生活の中で行われた創意工夫や文化的所産は,すべて知的財産とよぶことができるが,それらの価値が認識され,制度的な保護が実現するまでには,実に長い期間を要した.

第二次世界大戦の後,高度経済成長を成し遂げたわが国は技術立国を標榜し,高品質の工業製品により世界経済の中でプレゼンスを高めてきたが,20 世紀から 21 世紀への変わり目における世界的な経済停滞の中で,2002 年に知的財産戦略大綱が公表され,知的財産が国家戦略として位置づけられるとともに,「知的財産立国」なる言葉が生まれるに至った.

これと前後して,立法府における知的財産関係の数多の法改正と,知的財産高等裁判所の設置にみられる司法部門の変革や行政部門における制度・運用の劇的な変化により,わが国の知的財産システムは近年大きく変貌してきた.

民間企業においては,経済停滞からの脱却とその先の発展に向けて,知的財産戦略の見直しと新たな戦略の立案が試みられているが,その前提として,知的財産権に対する伝統的な視点だけでなく,グローバル化する社会において技術領域と非技術領域の両方で生まれるイノベーションや文化との関係を深く省察することが必要であり,企業活動における共創と競争のあり方が日々探求されている.

このような社会全体の変革をみるとき,現代を生きる私たちにとって,知的財産に関する知識・スキルは必要不可欠な糧になったといっても過言ではない.

本書の構成は,第 1 章で生活の中の知的財産を確認した後に,第 2 章で社会における知的財産の位置づけを把握する.第 3 章でイノベーションと知的財産との関係を領域別に対比し,さらに第 4 章では,文化と知的財産との関係を整理する.第 5 章で知的財産の活用法を提示し,最後に第 6 章ではグローバル時代の知的財産を展望する.

本書を通して，現代社会の重要な構成要素としての知的財産の全体像を把握し，そのダイナミズムを感じ取っていただきたい．

最後になったが，丸善出版株式会社の東條健氏ほか，企画・編集部の方々には，企画，編集および出版にわたり一貫して大変お世話になった．記して感謝を申し上げたい．

平成 29 年 4 月

執筆者を代表して

鈴　木　公　明

目　次

コ ラ ム

1. 生活の中の知的財産

1.1 事例 1 飲料紙パックの注ぎ口キャップ

さまざまな飲料が販売されている今日，その容器もさまざまである．ガラス容器，プラスチック容器，紙パック容器といったように，容器の素材もさまざまなものがある．その中でも，紙パック容器で販売されている飲料が多く目につく．

その紙パック容器の形もいくつかあるが，三角屋根の牛乳パックを除くと，その多くはレンガ型の容器が用いられている．サイズは，小さいものもあれば，ほぼ1リットルを収納できる大型サイズもある．その大型サイズのレンガ型容器としては，図 1-1 のようなものが典型的な形をしている．

ここで注目してほしいのは，この容器の頭頂部分に取り付けられた注ぎ口のキャップである．何気ないこのキャップにも，れっきとした知的財産権が数多く含まれている．

かつては，図 1-2 のような大きな注ぎ口が据え付けられた大型レンガ型容器が中心であった．といっても，このような注ぎ口据付型のレンガ型容器は，現在も販売されてはいる．

しかし，こうした注ぎ口容器の場合，いくつかの問題が生じることがわかっている．第一に，飲料をコップなどに注ぐ際，飲料の抽出によって容器内の気圧が下がり，それとともに飲料が逆流して空気を取り込み，その後に再抽出が始まる．しかし，再抽出の際に飲料が大きく脈動して，液はねが生じ，コップなどへの抽出がスムーズに行えない．その解消方法として，注ぎ口ができるだけ上になるようにするというアイデアがインターネット上で公開されたりしたが，そうすると容器の壁がコップにあたり，注ぎ口をコップにうまくあてて注ぐことが難しくなる．

第二に，紙パックの廃棄の際に，プラスチックでできた注ぎ口部分を，紙容器から取り外すことを求める自治体が多くあり，プラスチックを取り外さなければならないという煩雑さを伴う問題があった．

こうした問題を解消したのが，四国化工機で開発された非据付型の注ぎ口キャップ，「エクスキャップ®」

図 1-1 大型レンガ型飲料紙容器
出典：四国化工機ホームページ
http://www.shikoku-kakoki.co.jp/business/package/products/plastic.html

図 1-2 大きな抽出口（大口キャップ）

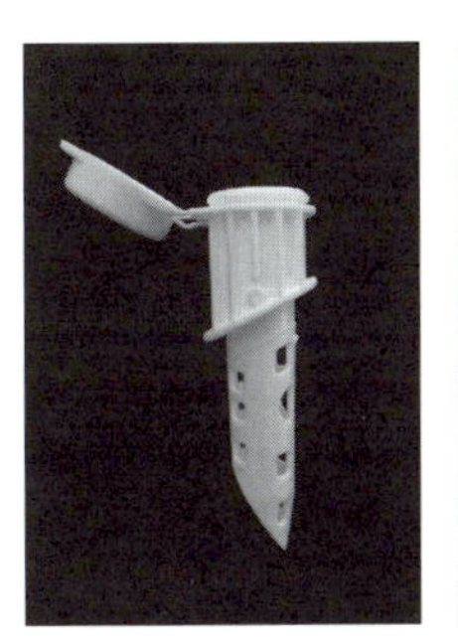

図 1-3 エクスキャップ
出典：四国化工機ホームページ

である（図 1-3）．脈動を押さえ，液はねがなく，取り外すときも容器から引き抜くだけでよい．

また，容器に差し込むと，キャップが斜めに差し込まれ，大型ボトルを少し傾けるだけで飲料の抽出が可能となる．キャップの先端には，開閉自在の蓋が取り付けられ，飲料を清潔に保持する工夫が施されている．容器内部に差し込まれる内筒の上部には，飲料を最後まで抽出できるような開口が設けられている．キャップの先端は，内筒の開口部と同方向が鋭利になっており，容器の穴を突き破った際にできる残り紙が，開口部をふさがないように工夫されている．そのほか，液漏れ防止のための工夫など，さまざまな技術がこのキャップに込められている．それら技術は，**特許権**として他社の追随を許さないよう，権利化されている．

また，「エクスキャップ®」という名称は**商標権**として，キャップの形状は**意匠権**としても権利化されている．

私たちの身近な，こうした小さな生活用品にも，知的財産権が数多く活かされている．

1.2　事例 2 ボルボのシートベルト

特許権を無償で許諾することによって企業価値が高まった事例がある．「ボルボ車」と聞くと，多くの人が安全をイメージするだろう．実は，この安全イメージの背景に，特許権の無償許諾がある．ボルボ社は，1958 年に三点式シートベルトの特許権を取得し，翌年には実用化し，販売を始めた．ところがボルボ社は，「安全装備を特許で独占することは，他社製の自動車に乗る人を危険にさらすことになる．ボルボ社は他社の自動車も三点式シートベルトを採用し，世界中の人々が安全にドライブすることを望む」として，その特許権を行使せず，無償で他社に許諾することにした．自社の利益を捨てて世界中の人々の安全を優先したボルボ社の行動は高く評価され，「社会の安全に貢献するボルボ」というブランドイメージが確立した．

高い価値の特許権を無償ライセンスして目先の利益を捨てたかわりに，企業への信頼や製品に対する安心感による**ブランド・エクイティ**（資産としてのブランドの価値）の増大を通して，ボルボの企業価値は大きく高まった．

1.3　事例 3 グラクソ・スミスクラインのエイズ薬

特許権の主張を撤回したことで，社会的責任の観点から企業が評価された例が他にもある．多くの開発途上国でエイズの問題が深刻化しており，例えば，2000 年頃の HIV 感染者はインドで 400 万人，世界で 3600 万人といわれていた．治療には，グラクソ・スミスクライン社などの先進国の医薬品メーカーの治療薬が使われるが，エイズの場合にはカクテル療法という，数種類の治療薬を同時に投与するのが普通である．ただでさえ高価な治療薬を 3 種類も使うので，特許薬の価格が高く設定されていると，開発途上国の多くの患者は治療を受けることができない，と社会問題化の兆しが出てきた．

そして，2001 年 2 月には，インドのジェネリック医薬品メーカーであるシプラ社が，エイズ治療の混合薬を NGO「国境なき医師団」に年間 350 ドル（欧米の 1/30～1/40）という格安の価格で供給すると宣言し，世界的なニュースとなった．インド特許法は医薬品などの製法には成立するものの，化学物質を保護対象としていないため，ジェネリック医薬品メーカーは先進国メーカーとは異なる製法によりエイズ薬を製造することで，特許を回避することができた．

このような動きを受けてグラクソ社は 2001 年，アフリカ等の 63 カ国でエイズ治療薬を 7～8 割値下げするとともに，ガーナなどでの特許権主張を撤回し，南アの企業にエイズ薬の製造・販売ライセンスを供与した．この結果，英国の投資会社であるモーリー・ファンド社は，グラクソ社の「社会的責任投資格付」を最高級にランクした．グラクソ社は特許権の主張を撤回したことで，結果として NGO やメディアの批判をかわし，ブランドイメージの低下を防ぐばかりか，社会的責任を果している企業として企業価値を高めることができたのである．

1.4　事例 4 著作権と特許権

知的財産権とよばれる諸権利のうちで，特許権と著作権の対比が論じられることが多い．両者で際立った違いは「アイデア」「思想」の扱いだろう．特許権の場合，保護対象はアイデアであり，技術的思想である．著作権の場合は，「頭の中にあるアイデア」そのものは保護せず，「表出されたアイデア」つまり表現されたものが保護対象となる．

例えば，医薬品の発明を考える．新薬が発明された場合，製造技術は特許権で保護されるが，著作権では保護されない．

また，権利発生のあり方が根本的に違っている．特許権の場合，権利を得るには特許庁への出願と登録が必要だが，著作権の場合，いかなる手続きもとらずに，創作と同時に自動的に取得される．手続きや方式がないため，**無方式主義**とよばれる．

特許権，実用新案権，商標権，意匠権を総称して，産業財産権とよばれるが，いずれも登録が必要である点で，著作権と大きく異なっている．もっとも，米国では，ベルヌ条約に加盟する1988年まで，著作権においても，著作権局（Copyright Office）に登録することが，著作権の要件であったため，日本やほかのベルヌ条約加盟国とは異なっていた．

出願や登録が必要な産業財産権と著作権のもう一つの際立った違いは，権利を巡るプレーヤーにある．前者においては，**方式主義**であるため，一つひとつの権利取得のため，書面手続きが必要であることから，手続きに明るい専門職能をもった人材（つまりプロ）によって成立する．審査官や弁理士などがプロの典型例であるだろう．

しかし，著作権では，文章，写真，絵，音楽などのコンテンツは必ずしもプロが独占しているわけでない．しかも，無方式主義であるため，著作物の取引や契約が伴わない限り，「一億総クリエーター」とよばれるインターネット時代の今日，著作権の関係者とはその数からすれば，アマチュアが圧倒的に多い．

著作権を巡る今日の混乱は，一つには，デジタルカメラやパソコン，スマートフォンなど，デジタル複製技術の爆発的な普及にある．老若男女を問わずすべての人のものになったことにより，かつては，画商や出版社，レコード会社，小説家，演奏家などプロの人たちが独占していた世界がアマチュアの参入により崩されてきているという様相がある．

ところで，日本の特許法と著作権法の条文冒頭には，それぞれの法律の目的が示されているが，その相違が興味深い．前者は「産業の発達の寄与」とあるのに対し，後者は「文化の発展の寄与」とある．発達と発展のニュアンスの差に注意すれば，両者の違いが際立っていることがわかる．ちなみに，法務省のウェブサイトに掲載されている英語版ではどちらもdevelopmentである．

2. 社会と知的財産

2.1 知的財産とは何か

この章では知的財産について全体像と制度の成立過程を解説する.

2.1.1 知的財産制度の全体像

a. 知的財産制度を取り巻く状況

今，私たちの周辺でいろいろな知的財産権に関する紛争が起きている．青色発光ダイオード（LED）の技術では特許権は誰のものかと職務発明訴訟で争われた．アップル社とサムスン電子社が世界各地でスマートフォンの意匠権（や特許権）の訴訟を起こした．

イチゴの「あまおう」や「レッドパール」が韓国で無断栽培されている事件では育成者権の存在が大きくクローズアップされた．2014年には新日本製鐵が韓国の製鉄会社のポスコ社に重要な製鉄加工技術である営業秘密が盗まれたとして約1000億円の損害賠償金を求める訴訟を起こした．2020年の東京オリンピックのエンブレムが2015年夏に発表されるや否や，ベルギーの王立劇場のマークと似ていることで商標権や著作権が議論された．

b. 知的財産とは何か

知的財産を一言でいうと，人間が一所懸命に創作した発明や著作物などの「知的創作物」と，長年の努力により商品やサービスの信用を表すマークなどの「営業標識」を総称するものである．これらを法律により保護する制度を知的財産制度という（図2-1）．

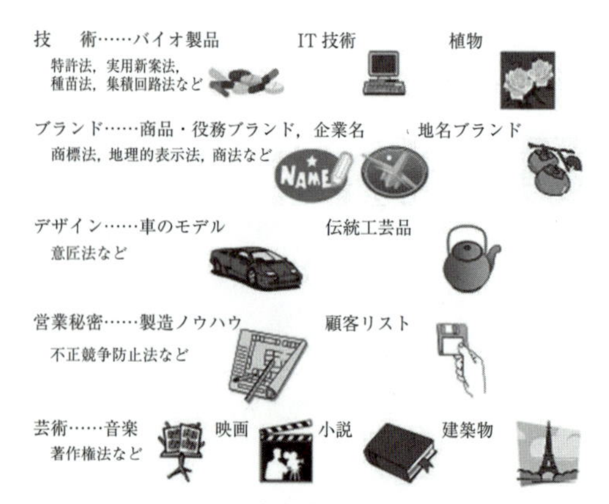

図2-1　知的財産とは何か

技術を保護しているのが，特許法，実用新案法，種苗法など．ブランドを保護しているのは，商標法，地理的表示法（特定農林水産物等の名称の保護に関する法律），商法など．デザインを保護するのは意匠法など．音楽，映画などの著作物を保護するのは著作権法である．

c. 知的財産基本法

2002年，日本で知的財産について規定する法律が制定された．これが，「知的財産基本法（2002年12月4日法律第122号）」である．この法律により「知的財産」と「知的財産権」が日本で初めて明確に定義された．

> 知的財産基本法第2条第1項
>
> この法律で「知的財産」とは，発明，考案，植物の新品種，意匠，著作物その他の人間の創造的活動により生み出されるもの（発見又は解明がされた自然の法則又は現象であって，産業上の利用可能性があるものを含む．），商標，商号その他事業活動に用いられる商品又は役務を表示するもの及び営業秘密その他の事業活動に有用な技術上又は営業上の情報をいう．

知的財産には，発明，考案，植物の新品種，意匠，著作物，商標，商号，営業秘密など，いろいろな種類があるが，知的財産基本法にまだ記載されていないものも存在する．例えば，2015年6月からは「地理的表示」が加わった．

また，知的財産は「人間の創造的活動により生み出されるもの」と「事業活動に用いられる商品又は役務を表示するもの」と「事業活動に有用な技術上又は営業上の情報」の三つの種類に分類されている（表2-1）．

> 知的財産基本法第2条第2項
>
> この法律で「知的財産権」とは，特許権，実用新案権，育成者権，意匠権，著作権，商標権その他の知的財産に関して法令により定められた権利又は法律上保護される利益に係る権利をいう．

表 2-1 知的財産，知的財産権，法令の関係

	知的財産	知的財産権	法令	所管官庁
人間の創造的活動により生み出されるもの	発明	特許権	特許法	経済産業省特許庁
	考案	実用新案権	実用新案法	
	意匠	意匠権	意匠法	
	植物の新品種	育成者権	種苗法	農林水産省
	著作物	著作権	著作権法	文部科学省文化庁
	回路配置	回路配置利用権	半導体集積回路の回路配置に関する法律	経済産業省
事業活動に用いられる商品又は役務を表示するもの	商標	商標権	商標法	経済産業省特許庁
	商号	商号にかかわる権利	会社法，商法	法務省
	地理的表示	地理的表示に関わる権利	特定農林水産物等の名称の保護に関する法律	農林水産省
	商品等表示・商品形態	商品等表示・商品形態にかかわる権利	不正競争防止法	経済産業省
事業活動に有用な技術上又は営業上の情報	営業秘密	営業秘密にかかわる権利	不正競争防止法	経済産業省

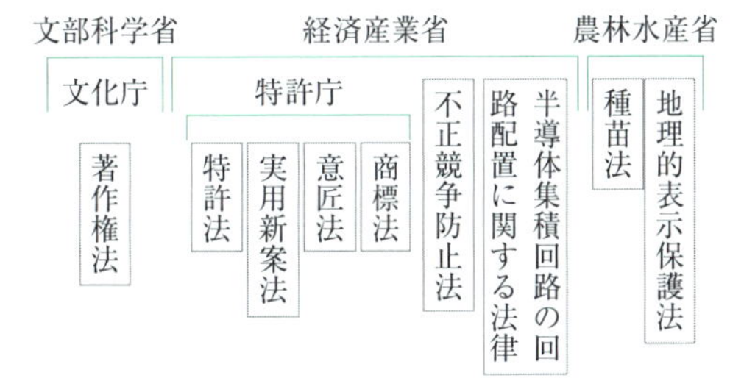

図 2-2 知財制度の所管官庁

「特許権」とは「特許法」により定められた権利，「著作権」とは「著作権法」により定められた権利である．

ここまでの法律や権利を三つの分類ごとに紹介する（表 2-1，わかりやすいように順番を変えた，薄緑の箇所は知的財産基本法に列挙されていないが知的財産として認識されているもの）．

知的財産制度に関する法律を主に所管している官庁は，経済産業省，農林水産省，文部科学省である．これ以外にも，財務省国税庁は「酒税の保全及び酒類業組合等に関する法律」を所管し，酒類の地理的表示を所管している（図 2-2）．

d. 知的財産権の種類

知的財産基本法では三つの種類に分類されているが，「知的創造物についての権利」と「営業標識についての権利」の二つに大別できる（図 2-3）．

e. 知的財産の性質

代表的な知的財産の性質を紹介する．

(i) 無体物である

知的財産は形のある有体物（物）と考えられることが多いが，これは誤りである．音楽 CD の「プラスチック盤（物）」が知的財産なのではなく，CD に記録されている「音楽データ（情報）」が知的財産である．知的財産の本質は情報という**無体物**であることが第一の性質である．

有体物の CD の場合，物理的な空間に有体物として存在するので，金庫に保管すれば他者の利用を止めることができるが，無体物の音楽データの場合，CD を一度でも貸出して音楽データがコピーされると，その後に CD を金庫で保管しても，コピーされた音楽データがどこにあるのかが CD 所有者でも把握できない．

物（有体物）を前提とする民法では保護できないため，民法の特別法として無体物を保護する知的財産法が制定された（図 2-4）．

(ii) コピーが容易

音楽や映画など付加価値をもつ情報の創作は困難だ

創作意欲を促進

知的創造物についての権利

- 特許権（特許法）
  - ・「発明」を保護
  - ・出願から 20 年（一部 25 年に延長）
- 実用新案権（実用新案法）
  - ・物品の形状等の考案を保護
  - ・出願から 10 年
- 意匠権（意匠法）
  - ・物品のデザインを保護
  - ・登録から 20 年
- 著作権（著作権法）
  - ・文芸，学術，美術，音楽，プログラム等の精神的作品を保護
  - ・死後 50 年（法人は公表後 50 年，映画は公表後 70 年）
- 回路配置利用権（半導体集積回路の回路配置に関する法律）
  - ・半導体集積回路の回路配置の利用を保護
  - ・登録から 10 年
- 育成者権（種苗法）
  - ・植物の新品種を保護
  - ・登録から 25 年（樹木 30 年）
- （技術上，営業上の情報）営業秘密（不正競争防止法）
  - ・ノウハウや顧客リストの盗用など不正競争行為を規制

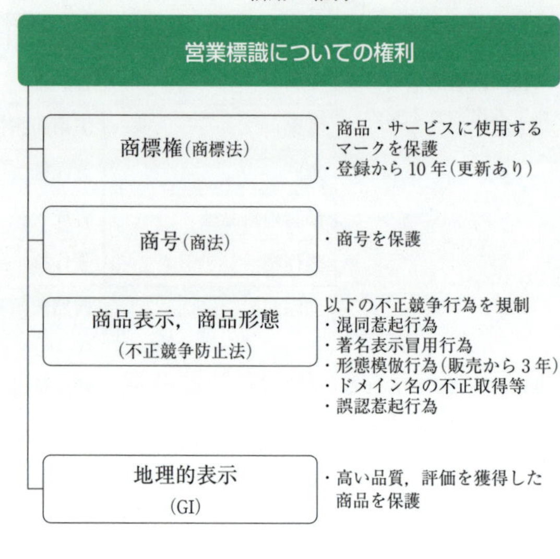

図 2-3　知的財産権の種類
出典：九州経済産業局「マンガでわかる！『転ばぬ先の知財』のススメ」を元に作成

× 音楽 CD のプラスチック盤

○ CD に記録されている音楽情報

図 2-4　無体物である

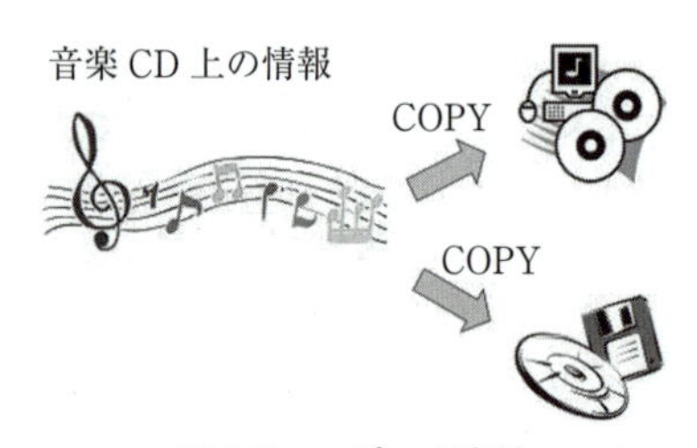

図 2-5　コピーが容易

が，これらのコピーはとても容易である（図 2-5）．これが第二の性質である．コンピュータプログラムの例で考えると，模倣に関する費用はわずかな電気代＋αである．模倣を野放しにすれば，開発費用の回収は不可能である．そうなるとプログラムの創作意欲が失われ，文明の進展や産業の発展が進まないということになる．このような状況となると，社会的に大きな損失であるため，人の叡智を保護するために知的財産法が作られた．

表 2-2　権利期間がある

特　　許	出願から 20 年
実用新案	出願から 10 年
意　　匠	設定登録の日から 20 年
商　　標	設定登録の日から 10 年（更新可能 ＝ 永久権）
著 作 権	著作者の死後 50 年，映画は公表後 70 年
育成者権	登録から 25 年，30 年（永年性植物）

（iii）　権利期間がある

一般的な所有権（所有物を自由に使用・収益・処分する権利）には権利期間はないが，知的財産権には種類に応じて権利期間が設定されている（表 2-2）．つまり，模倣を人為的に一定期間禁止することにより，開発資金や努力や人の叡智に対する資金の回収を可能とすることで，創作者の意欲を高めようとするのが知

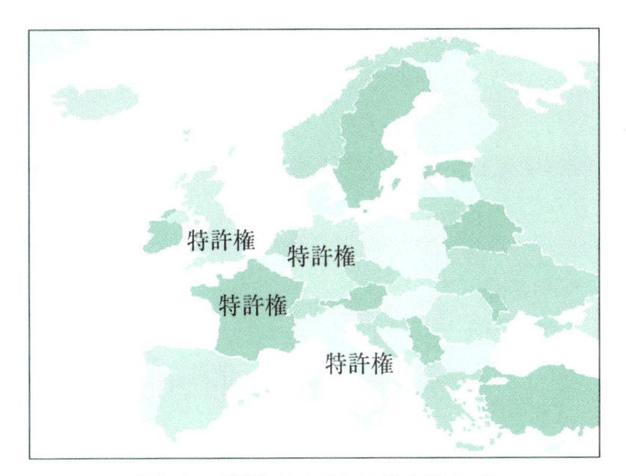

図 2-6　権利は国ごとに設定される

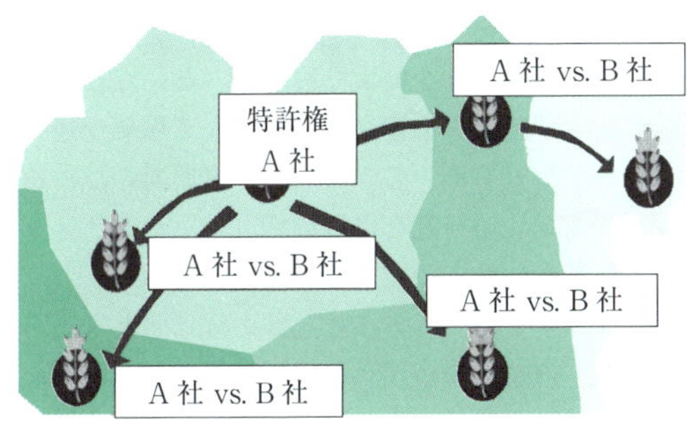

図 2-7　裁判がグローバルに起こる

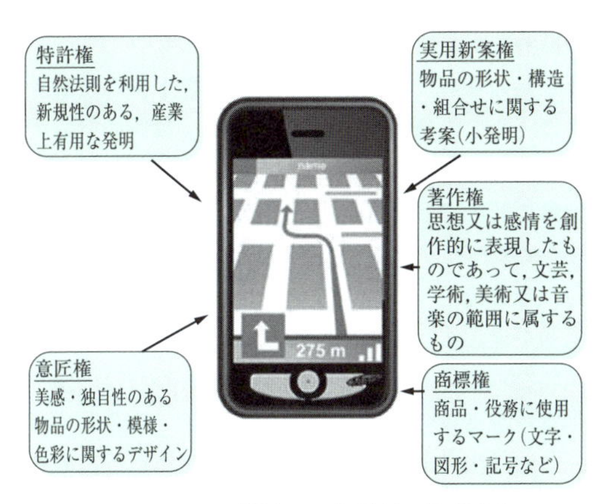

図 2-8　一つの製品には多種類の権利がある

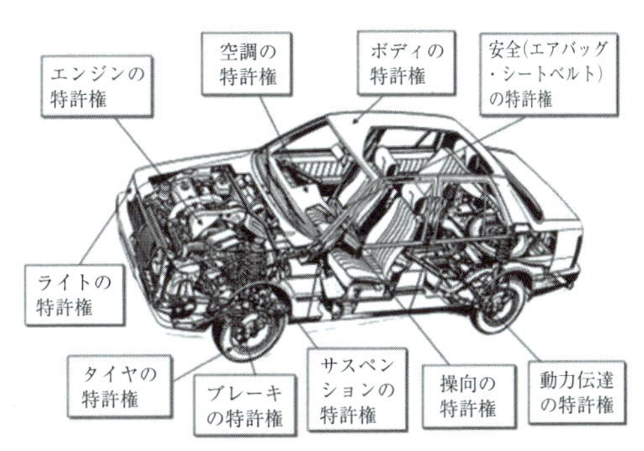

図 2-9　一つの製品には多数の特許がある

的財産法である．

(iv)　権利は国ごとに設定される

知的財産権は国ごとの法律によって設定される（図 2-6）．これが基本的なルールである．ところが著作権の場合，ベルヌ条約やバンコク著作権条約により加入国同士では互いの国の著作権を認めるという「世界著作権」の仕組みが構築されている．

一方，特許権の場合，各国特許庁の審査を経なければならない（例外：シンガポールなど）．国際特許出願をしても各国特許庁の審査結果を待たなければならない．各国の審査を経ずに相互認証するような**世界特許権**を構築することが期待されている．

(v)　裁判がグローバルに起こる

侵害訴訟は複数の国で起こるケースがとても多い．なぜならば，複数の国の市場で売れている商品が，グローバル社会を背景に増加しているためである．一つの国で特許侵害訴訟が起こされると，当然，他の国ではどうかということになる．知的財産に関して，世界各国の司法判断が注目される理由は，この市場のグローバル性が背景にあるためである．同じ事件について，世界中の裁判所が判決を出すので，迅速性，損害額，内容などが比較される結果，フォーラム・ショッピング（有利な裁判所を選ぶ）傾向が出ている．

(vi)　一つの製品には多種類の権利がある

次の性質は，一つの製品には多種類の権利があることである（図 2-8）．携帯電話の事例で説明すると携帯電話の通信方法に関する特許権，アンテナの出し入れを容易とする実用新案権，携帯電話全体のデザインの意匠権，携帯電話各社が設定している商標権などがある．このように，一つの製品を模倣品などから保護するにはいろいろな権利を活用することができることを知っておく必要がある．もちろんすべての権利を取得すべきというのではない．模倣品などに対抗する場合に効果的な権利の取得が重要であると考えられる．

(vii)　一つの製品には多数の特許がある

最後の性質は，一つの製品には多数の特許があることである（図 2-9）．異なる権利があることは前で説明したが，特許に注目してみると，一つの製品には多数の特許が含まれている．一つの携帯電話の中に1万件の特許があるともいわれるほどである．

医薬品の特許では，一つの製品に数十個の特許というのは，むしろ例外であるといえる．数個の特許で権利行使が可能であることが多いので，医薬品や化学物質分野の特許の価値は高いと考えられている．

(viii) まとめ

情報が違法にコピーされる事件が頻繁に起こり社会問題になっている．コピー問題が起こるのは，追加的生産費用がゼロで，不当なただ乗りができるというのが一つの理由である．このような不当なただ乗りを防止して適切な対価を回収するためには法律が必要である．

その際，有体物の所有権のように財産権の性格はあるが，さらに人格的利益（名誉など：著作者人格権，発明者表示義務）を含み，公共の福祉のために制約が法定されており，保護期間が過ぎると公衆が自由に使用できることなどの条件が必要とされた．

今までは，情報は個人が生産し，個人のみに帰属させることができる存在で，受信者にとって複製困難で単方向的物流により流通するものだった．ところが，デジタル技術やIT技術の発展は，情報の生産と消費の構造を根本から変革した．情報を生産し流通させる者の理論のみでは対処困難になった．現在は情報の生産・流通者の立場だけではなく，情報の消費者の立場からも知的財産法制を考えるべき時代がきている．

このような社会的な環境変化を受け，日本政府も2002年から知財改革に着手し，毎年作成される知的財産推進計画により整備してきた．ただし，まだ解決すべき問題が残っている．

現在の知財制度は知識社会に適合していない部分が多くあるので，国民は知財戦略を構築しながらビジネスを行う時代になっている．運用で対応できなければ，法律の改正を求める必要がある．知財制度のユーザーである私たちの意識改革も必要な時代である．

2.1.2　知的財産制度の成立過程

a. 知的財産制度の成立過程の概要

「特許制度は発明を生み出すために，人類が発明した制度である」という言葉がある．人類はいつ頃から特許制度などの知的財産制度を利用しはじめたのか．多くの知的財産制度は紀元前に遡るほどの長い歴史をもつ．その後，各国でいろいろな形態で自然発生したものが中世以降に成文法として明文化された．

大きな転換点は，グーテンベルクの印刷技術や蒸気機関の発明がなされる15世紀にベネチア共和国で起こった．成文法として世界初の「特許法」と「著作権法」が制定されたのである．この二つの法律の生誕の地が同じであることは大変興味深い．そこで，この二つの制度と営業標識の代表格である商標制度の成立過程をみてみよう．

b. 特許制度の成立過程

(i) 紀元前

特許に関する最も古い文献は『学者たちの宴』である．3世紀にギリシャで活躍したフィラクスが起草したと伝えられている．この本によると，紀元前500年頃のギリシャの植民地シュバリスでは贅沢な生活が送られていた．注目すべき事項は，「もし菓子職人や料理人がとても美味しい料理を発明したら，1年間は誰も作ることが許されないようにする」という創作物に対して一定期間の**独占権**を認めるという思想が述べられていることである．このように一定期間の独占権の付与が「美味しい料理を作る動機（インセンティブ）」になると考えられていたようである．

古代ローマを調べてみると，独占権は悪と考えられていたが，創造的な市民への報酬は与えなければならないとも認識されていた．西暦337年，コンスタンチン皇帝は特定職業の熟練工に市民としての全義務を免除するという法令を定めた．職人たちに余暇時間を与えて，技術の更なる進歩と弟子の育成（技術の伝承）を期待したのである．ローマ人は「皇帝の命令によって独占権を与える必要があるとしても，衣食に関わるもののすべて（生存に関すると言い換えてよいだろう）にまでは独占権を与えない」という強い方針をもっていた．この考え方が現在の多くの国の特許法に根ざしている．

(ii) 近世ヨーロッパ

近世になると，天才的な発明家が誕生しはじめ，「情報は私財」という認識が芽生えてきた．1450年頃に発明されたヨハネス・グーテンベルクによる活版印刷技術が典型例である．天才的な個人が発明や著作活動を開始していた．すると，彼らの活動が横取りされないように，発明品や著作物を私的財産とみなす習慣が自然発生した．

他方，ヨーロッパの国王たちは外国人から先端技術を導入するために王室勅許としての特許権を利用した．特許制度は外国や優秀な個人から技術移転を促進する仕組みとして誕生した．

図 2-10 ベネチア（水の都）

図 2-11 グーテンベルク

(iii) 英国

1331 年，欧州大陸の辺境地であった英国のエドワード 3 世は，先端技術を外国から輸入して自国の産業を強化することを目論んでいた．そこで，1331 年にオランダの織物家ジョン・ケンプに独占営業の保護特権を与え，技術移転に成功した．このように外国から招聘する技術者が事業を独占的に営む特権を「公開文書（literae patentes，パテント（特許）の語源）」という書面で付与してインセンティブを与えたのである．当時の時代背景としては，先進国の技術の輸入を奨励すると，技術導入に保守的な職工組合（ギルド）と摩擦が生じるので新しい技術の導入が困難だった．そこで，摩擦を封じ込める手段として王室が制定する「特許権」を利用するようになった．

(iv) ベネチア

翌年の 1332 年，ベネチア共和国（現在の東北イタリア）の国王が風車の建築技術をもつバルトロメオ・ベルデに対して，風車を建設する代償として風車を完成させれば土地を与えるという約束（＝特許）を与えた．1443 年，アントニウス・マリエが無水製粉機を製造し，他者に 20 年間は製造許可を与えないように懇願したという記録がある．彼の懇願は認められて独占権を手に入れた．この特許は技術者に評判がよかった．

1469 年，グーテンベルクの発明である活版技術を伝えるヨハン・シュパイエルという印刷職人に独占的な印刷の特権を与え，ベネチア共和国は繁栄の時代を迎えた．このように他国からの技術導入のメリットに目覚めたベネチア共和国が，1474 年に世界最初の成文の特許法を制定した（図 2-10，11）．

ベネチア共和国から特許を受けた最も有名な発明家は，パドヴァ大学教授であったガリレオ・ガリレイであろう．彼は 1594 年 9 月 15 日に揚水・灌漑用機械の特許を受けた．

(v) 英国

再び英国に戻る．エリザベス 1 世の時代，英国は羊毛以外の輸出産業がなかった．このため，経済発展に必要な先端技術を海外から導入するために，技術者を英国に移住させて技術移転を受ける政策が採用された．その際，ベネチア共和国から英国にやってきたガラス職人が本国と同等の特許保護を要求したので，英国はベネチア共和国と同じ特許制度を創設することとなった．その後，エリザベス 1 世が特許権を与えれば徴収できる特許料に着目して特許状を乱発したため，生活必需品が高騰し，国民の反感を買った．続くジェイムズ 1 世も，王権神授説「国王の権威は神から与えられたもので，人民の同意は不要」を唱えて，特許状の乱発を止めなかった．

そこで，1624 年に英国議会は専売条例を制定した．この法律は近代特許の基礎といわれ，それまで判例法で認められていた**独占禁止の原則**を確認した．つまり，技術などの独占を認めないことが原則であり，例外的に独占を認める特許権は，「国内に公知でない新規の産業であること」や「特許を受けられる者は真実かつ最初の発明者」に限るなどの特許要件を明記したのである．

この専売条例が特許法の祖先と考えられ，英国においては 19 世紀まで唯一の特許を扱う法律であった．

(vi) フランス

当時，英国と競い合っていたフランスでは，1551 年にベネチアン・ガラス細工をフランスに輸入できる独占的権利の免状を出した．これが最初の特許制度といわれている．他国と同様，その後も外国の優れた物品や技術の輸入を国王が奨励するために用いられた．

しかし，フランスでは国王による特許付与が過度に行使されないように，新規性の要件や独占期間の制限

(15 年間), 特許権侵害に対する改正が行われた. 具体的には, 学士院の学者たちによる新規性・有用性の特許審査や王立工芸陳列館での発明品の公開である.

ルイ 14 世の時代は新教徒弾圧により職人層は国外流出する. ルイ 16 世の時代にはテュルゴー勅令 (1776 年) が出され, ギルドや問屋による民民規制は廃止され, 伝統的な既得権益勢力は壊滅した.

その後のフランス革命の人および市民の権利宣言 (1789 年) において「所有権は, 不可侵にして神聖な権利である」と宣言された. 同年に制定された憲法においても「もはやいかなる職工組合も, いかなる職工の同業組合も存在しない」と明記され, 封建体制は打破された. 知的財産制度は,「営業自由の原則」のもとでの「公正な競争促進」の法制的基盤と変化した.

1790 年, 工業所有権法において「国民議会は, いかなる新しいアイデアも, その発現や開発が社会にとり有用となる可能性がある場合, これを考案した者に基本的に帰属させることとし, 工業上の発見を当該発明者の権利と認めないことは, 本質的に人間の諸権利の侵害となる」と規定された. さらに, 1795 年にフランス憲法において,「法は, 発明者への補償, または発見及び製品に排他的所有権への保障を定めなければならない」と規定された. つまり, 知的財産権については**排他的独占権**と**経済保障の原則**が確立した.

(vii) 米国

1624 年に制定された英国の専売条例が米国の特許制度の基礎となっている. 米国は英国のコモン・ローの影響を強く受けている.

米国で特許制度が始まったのは, 熟練工や生産業者を新大陸のアメリカ (当時は植民地) に英国から移住させるための手段だったと考えられる. 1641 年, マサチューセッツの立法議会で**自由についての主文**により, 国にとって有益である新しい発明以外は独占権を認めないことが規定された.

1787 年になると憲法制定議会において, 英国における独占権の悪用が指摘され, 発明者や著作権者の排他的な権利を保護する制度について多くの議論がなされた. その結果, 憲法第 1 条第 8 項第 1 節に議会の権限が, 第 8 節に「著作者および発明者に対し, 著作 (Writings) または発見 (Discoveries) に関する独占権を一定期間に限って保証することにより, 科学及び有用な芸術の進歩を奨励する (To promote the Progress of Science and useful Arts, by securing for limited Times to Authors and Inventors the exclusive Right to their respective Writings and Discoveries)」と権限が規定された. 憲法の条文には特許権や著作権という言葉は記載されず, 商標権という言葉は存在しない.

1790 年 4 月 10 日に, ワシントン大統領は最初の特許法に署名した. 著作権法は 1790 年 5 月 31 日に署名された. その後, 多くの改正を経て今日の特許法となっている.

(viii) 日本

日本での特許制度の発足は, 1885 (明治 18) 年 4 月 18 日の**専売特許条例**の公布日とされている. この条例の運用のため, 明治政府は約 1 年間, 高橋是清を欧米に派遣した. 高橋は最初に米国に渡り, 次いで英国, フランス, ドイツと視察したが, 米国の特許制度が最も優れていると考えた. 英国の制度については,「すでに米国を研究した目にはむしろ教えてやりたいくらいに遅れている」と述べている.「米国では, 知能的財産は財産中, 最も大事にされている. 日本でもこれらを保護すべき」と自伝に書き残している. また, 米国の特許弁理士から「職務で最も難しいのは, 特許請求の範囲を書くこと」と聞かされてなるほどと思ったそうである.

帰国後, 高橋を初代特許庁長官 (専売特許所長) に任命した (32 歳だった). 1885 年の頃の日本は明治憲法はまだ制定されておらず, 民法や商法も施行されていなかった. このような法意識の低い時代に発明など知的財産の重要性を解いた福沢諭吉, 神田孝平, 高橋是清などの先覚者の先見性は高かった. 専売特許条例を作った目的は殖産興業である. 主管官庁は, 農商務省特許局で, 米国と同様に**先発明主義**を採用した.

1921 (大正 10) 年に特許法 (旧法) が制定された. この法律は科学技術振興のために策定された. 主管官庁は商工省特許局で, 特許権の存続期間の上限がなかった (登録から 17 年).

1959 (昭和 34) 年に, 現在の特許法が制定された. 戦後の法整備の一環として長時間かけて検討され, 主管官庁は経済産業省特許庁である.

c. 著作権の成立過程

(i) 英国

実質的な著作権保護は 1476 年の英国から始まった. ウィリアム・カクストンが英国で最初の印刷業を開業したとき, 英国王室はこの新成長産業である印刷と書籍販売が政治的に利用されたり, 宗教的な活動に影響を与えたりすることを恐れた. そこで, 印刷業を王室制限で規制することとし, 著作権の検閲を開始した.

王室制限とは，一定の本の排他的な印刷権を付与する王室勅許と販売の特許の付与，すべての印刷物について著作者と印刷社名を記載することの義務化（王室に都合の悪い者を取り締まるため），すべての著作物の印刷版を国王蔵書に提出することの義務化（検閲を容易にするため）という内容であった．

(ii)　ベネチア・英国

ベネチア共和国においては，グーテンベルクの発明である活版技術をヨハン・シュパイエルが伝えた．ところが，この新技術について，フィレンツェやアウグスブルクなどの国々では導入ができなかった．

理由は，国王の権力が弱く，筆写工（本を書き写して生計を得る者）のギルドの勢力が強かったためである．既得権益をもつ者がそれを守るため，既得権益を破壊する技術の導入に抵抗したといえる．その結果，活版印刷術が盛んな地域では，文化文芸に関わる情報が大量かつ安価に流通できたため，ルネサンスが開花した．

「著作物は著作者に帰属すべき」という権利思想も誕生したが，国王は決して認めなかった．しかし無断複製本による経済的な被害が甚大であったため，著作者は国王に願い出て出版保護を求めた．英国と同様，国王は政治的に危険な思想を統制する検閲の機会が得られ，かつ上納金が国庫を潤す収益となることから著作権の保護を開始することとした．1545年，活版印刷の中心地ベネチアにおいて世界最初の成文法の著作権法が制定された．つまり著作権制度の原点は国民の権利を守るためではなく，国王による特権的な独占付与であった．

その後，英国では名誉革命を経て，国王勅許は廃止された．1710年に成文の著作権法として**アン法（Statute of Anne）**が誕生した．この法律の序文には「有用な書物を著し，編纂する学識者を支援するため」という法律の目的が書いてある．法律で規定された著作権の保護期間は14年間だったが，大学その他の公立図書館に9冊複製寄託すれば，さらに14年間の延長が認められた．

(iii)　フランス

1784年に国王大権が廃止され，フランス革命により自然権思想が強く打ち出された．その結果，無体物の著作物にも有体物に関する所有権絶対性の建前が適用されるようになった．「著作者の思想の成果である作品こそ，最も崇高かつ至当であり，あらゆる財産権のなかで最も人格を備えたものである」という考えが定着した．1793年になると，著作権が人格権である以上，著作物創作のときに始まり死後10年までが著作権の保護期間と制定された．

(iv)　米国

植民地アメリカにおいては，英国の著作権法に倣っていた．1786年までに建国13州のうち，デラウェア州を除いては連邦憲法が制定される以前から著作権法が制定されていた．英国と大きく異なることは，特許と同様，クリエイター（著作者）の権利を保護するものだったことである．コネティカット州の「文芸と創造的才能を奨励する法律」，ニューヨーク州の「文芸を促進するための法律」という名称が物語っている．

1790年には，本，地図，図表を保護する連邦著作権法が制定され，英国と同様に，14年間の保護期間に加え，14年間の追加の保護期間が定められたが，追加の保護を求めるものは数パーセントだったという．

(v)　日本

日本の活字印刷は，1590年頃，キリシタンの伝道者から技術導入されたという説と，豊臣秀吉が文禄の役により日本にもたらした説がある．この外来の活字印刷を用いて，徳川家康は銅活字による『大蔵一覧集』などを出版した．

ちょうど英国で専売条例が制定された1624年，庶民から学問の普及と娯楽の要求による書物の大量需要が発生し，活字印刷から従来の製版印刷に印刷手法が戻った．

1694年になると，出版が盛んとなったため版権を守る必要が生じた．京都では「本屋仲間」が結成された．本屋仲間の官許公認は，京都は1716（享保元）年に仲間200人，江戸は1721（享保6）年に仲間47人，別に絵草子屋の地本問屋（草双紙・浄瑠璃本・芝居絵・一枚絵などを出版・販売した本屋）が認められた．大阪では1723（享保8）年に仲間32名であった．このような経緯を踏まえて，江戸幕府は1722（享保7）年に本格的な出版取締令を定めた．日本独自の著作権法である．

1869（明治2）年の行政官達がされ，印刷業を行うものは官許を得なければ事業ができないと規定された．1872（明治5）年には出版条例に変更され，出版物の内容の概要を文部省に出願し，免許の検印を得なければならないこととなった．1887（明治20）年の出版条例で，新聞紙条例などとともにすべて改正された．

1899（明治 32）年になると，「旧著作権法」が制定され，1970（昭和 45）年に現行の著作権法が制定された．

d. 商標制度の成立過程

（i） 紀元前

商標制度は，特許制度や著作権制度よりもはるかに長い歴史を有している．考古学者の研究によると，紀元前 5000 年頃の石器時代の土器に自分の器と所有権を主張すると想像される「標章（マーク）」が発見されている．紀元前 3200 年に作られたエジプトの王家の墓から出土された陶器には陶芸士の標章がある．この標章は欠陥品であった場合に責任が問われる「製造物責任」のために付けられたと考えられている．文献に残っている日用品に付けられた最古の標章は，紀元前 500～紀元 500 年頃のものである．チーズ，ワイン，ランプ，薬，軟膏，金属装飾，ガラス器などに製造者の標章が付けられていた．

（ii） 中世

12 世紀からの中世では，多数の商品に多数の商標が付けられ，商標制度が広まった．しかしギルドは商人たちが宣伝することを許可しなかったため，商標はギルドが品質保証するための役割として使用された．1266 年，すべてのパンに標章を伏すことが法律で義務付けられた．1373 年には，ロンドンの瓶作り職人は革製の容器に標章を付すことが義務付けられた．

15～16 世紀になると，武具職人，金属細工職人，紙漉き職人，印刷工などの職人が商標を使用するようになった．この時代になると，他者の商標を模倣すると罰せられるようになった．

フランスとイタリアでは，金細工，銀細工の職人たちが自分たちの標章を使用し，英国では毛織物とリネンの織物に，オーストリアではハンマーの鍛冶屋が標章を使用していた．

（iii） サービスマークの誕生

英国の保険産業で，火災保険に標章が使用された．火事が起こると，保険会社は契約している建物だけを消火した．現在の警備会社の防犯サービスと似ている．1452 年，英国で未亡人が生前の夫が使用していた標章を使用することが争われて認められた．1618 年，粗悪な製品を仕立てて販売した職人に対して，自分の標章を無断で使用されたと職人が訴える訴訟が起こった．しかし，商標法は 19 世紀の英国で制定されるまで法律としては存在しなかった．

（iv） 近世

1353 年に英国で「外国人の商人が商品を紛失しても（盗まれても，騙し取られても），その標章により所有権が証明できれば商品の返還を受けられる」という法律が制定された．

その後，1857 年にフランスで「商標法」，1870 年に米国で「連邦商標法」，1875 年に英国で「商標登録法」が制定され，日本でも 1884（明治 17）年に「商標条例」が制定された．

（v） 日本

日本に商標制度が明治時代までなかったとする一般的な見解もあるが，これは正しくない．701 年に制定された「大宝律令」では「刀剣の生産者名を刻印すること」が義務とされた．つまり，信用や製造物責任を担保するものと考えられる．

鎌倉・室町時代には「座（商人の同業組合）」が形成され，屋号，暖簾や家紋が商人の標章と認知された．

1884（明治 17）年に制定された「商標条例」は欧米の法律の流れを汲むものであるが，日本に存在した屋号や暖簾と馴染むものだったと考えられる．

（vi） まとめ

今後の課題は二つある．一つ目は世界特許権の成立である．著作権はベルヌ条約や万国著作権条約により世界著作権となっているといえるが，特許制度は異なる．ベネチアで誕生した特許制度は欧州全土に拡大し，第 5 回のウィーン万国博覧会の付属会議で**世界特許**の議論がなされたが，特許の保護対象や主権などの問題が多く，世界特許制度を構築することはできなかった．次善の策として，国際的に出願する際のルール作りが必要として**パリ条約**が制定された．未だ各国特許庁の審査を経て特許権が確立するシステムである．国際特許出願といっても途中までの手続きであり，世界特許権を取得できるわけではない．各国の特許庁は審査協力を推し進めている．消費者からは早期の世界特許権の制定が期待されている．

第 2 の課題は，情報の生産者（権利者）と情報の消費者（ユーザー）のバランスの再構築である．特許制度の出発点は中世ギルドによる強固な民民規制のなか，これに対抗するため新参者に国王が特権的な保護を与え，技術導入と競争促進を図る仕組みだった．フランス革命以降は独占権の保障だけが法的に認知され，反競争的な独占体制も温存される結果も招来した．現在，デジタル技術や情報通信技術（ICT）の発展で「情報の生産と消費」の構造が根本から変化した．今や情報を生産する者の理論のみでは対処困難になっている．クリエイティブ・コモンズなどの権利を共有とする動きも広まっている．これからは情報の生産と消費のバランスのよい知的財産制度の構築が求められている．

2.1 節のまとめ

知的財産制度とは付加価値のある「情報」を保護する制度であるが，情報が生産財の中心となった知識社会になって情報の創造・保護・活用の重要性がますます強く認識されている．

参考文献

[1] 生越由美ほか『社会と知的財産』（放送大学教育振興会，2008）．第 1～8 章に知財制度の基本的な考え方やトレンドが記載されている．

[2] Frank H. Foster, Robert L. Shock "PATENT, COPY-RIGHT & TRADEMARKS" (John Wiley & Sons, Inc., 1989) 知財制度の歴史が詳細に記載されている．

2.2　知的財産の役割

2.2.1　情報化社会における知的財産

a.　情報化社会への変遷と知的財産

人類の産業史上，1860 年代には，英国において蒸気機関の発明により第 1 次産業革命が起き，蒸気をエネルギー源として「物」を工場で生産する工業化社会が到来した．20 世紀のはじめには，米国において自動車産業を中心として第 2 次産業革命が起き，電気をエネルギー源とすることで「物」を大量に生産できる工場が普及した．その後，20 世紀の後半になると，第 3 次産業革命が起き，発達したコンピュータ技術が工場の生産方式に組み込まれ，より一層「物」を効率よく生産できるようになった．

そして，生産設備を大がかりに頻繁に入れ替えることなく，ソフトウェアを改良したり，入れ替えるだけで，改良品の生産に対応できるようになってきた．つまり，科学技術はさまざまなものやサービスを生み出し，人々の生活を豊かにし，世の中を変えていった．科学技術には社会を変革する大きな力が備わっている．

近年，同じような変化が起きている．情報通信技術（ICT）による社会変革である．情報通信技術の向上は人々の生活を一変させ，情報はもちろん，音楽や美術，エンターテインメントに至るまで，いつでもどこにいても，インターネット上の膨大な情報やコンテンツを活用することができるようになった．

インターネットに代表される急速に進化した通信技術と，より発達したコンピュータ技術とが融合した ICT が急激に社会実装された結果，産業界のものづくりの現場では，ドイツを発信源とするインダストリー 4.0 とよばれるインテリジェントな生産方式のコンセプトが提唱されるに至った．ほぼ同時に，クラウド技術などを活用して，インターネットとあらゆる「物」をつなぐ IoT（Internet of Things）も米国を中心に始まっている．人々の生活は，スマートフォンやパソコンを通じ，購買したり，世界中の人々とコミュニケーションしたり，デジタルコンテンツを楽しむスタイルに変化している．

すなわち，産業史や人々のライフスタイルの変化を俯瞰すると，人類は高度情報化社会もしくは知識社会に移行したことがわかる．知識社会では，形ある有体の「物」に加えて，「情報」といった形のない無体物にも，社会的価値が大きく生じる．なかには，著作物としてのソフトウェアや発明など，財産的価値のあるものが多く存在する．情報化社会における知的財産である．知識社会の発展に伴い，発明や著作物などの知的財産の不正な模倣が，産業上，深刻なダメージを与えるようになってきた．そこで，知的財産の保護が喫緊の課題となり，2002 年には，当時の小泉首相が「知財立国宣言」をしたのである．

b.　ICT と知的財産の歴史的相関

現在の ICT は，特許法などで守られているが，最初から法で守られていたわけではない．ここでは，ICT と知的財産権とがどのように関係し合い，どのような変遷をたどってきたのか，歴史的な相関から説明する．

ICT を支える技術で特徴的なのは，ソフトウェア技術がその多くを占めていることである．コンピュータが生活のあらゆる場面に浸透していくにつれて，機器を制御するソフトウェアの果たす役割も大きくなっていきた．しかし，1970年半ばまでは，特許法の保護対象は，電卓のようなハードウェアそのものだけであって，ソフトウェアに関しては保護の対象とされていなかった．

80年代に入って，電気炊飯器などのように，機器内に組み込まれたマイコンによって制御される装置が特許法の保護の対象になった．このタイプの発明では，組込み制御プログラムとして，ソフトウェアも，マイコンとともにROMなどに書き込まれて装置の中に設置されていたが，マイコンそのものが組込みソフトによって複数の機能を果たすことのできる汎用プロセッサとして動作するものだった．

そして80年代半ばになると，ワープロのかな漢字変換プログラムのように，必ずしも装置を制御するソフトウェアだけでなく，ユーザが利用するソフトウェアそのものに，プログラム発明としての工夫が盛り込まれたシステムが登場した．この時期に，ソフトウェア自体の発明としての特許性が，ほぼ認められるようになってきたといえる．96年以降には，このようなソフトウェア・プログラムの発明が，必ずしも機器内に縛られることなく，フロッピーディスクなどの媒体を介して，移動させたり，書き換えたりする場合も考慮に入れられた．その結果，使用される機器とは切り離された媒体型の特許が発明として保護されるようになった．

現在，ソフトウェアは，媒体にさえも縛られることなく，サーバからダウンロードして使用したり，サーバ上で稼働させて，ソフトウェアの処理結果のみクライアントマシンで利用するような発明も，特許として保護されるようになっている．日本でのソフトウェア

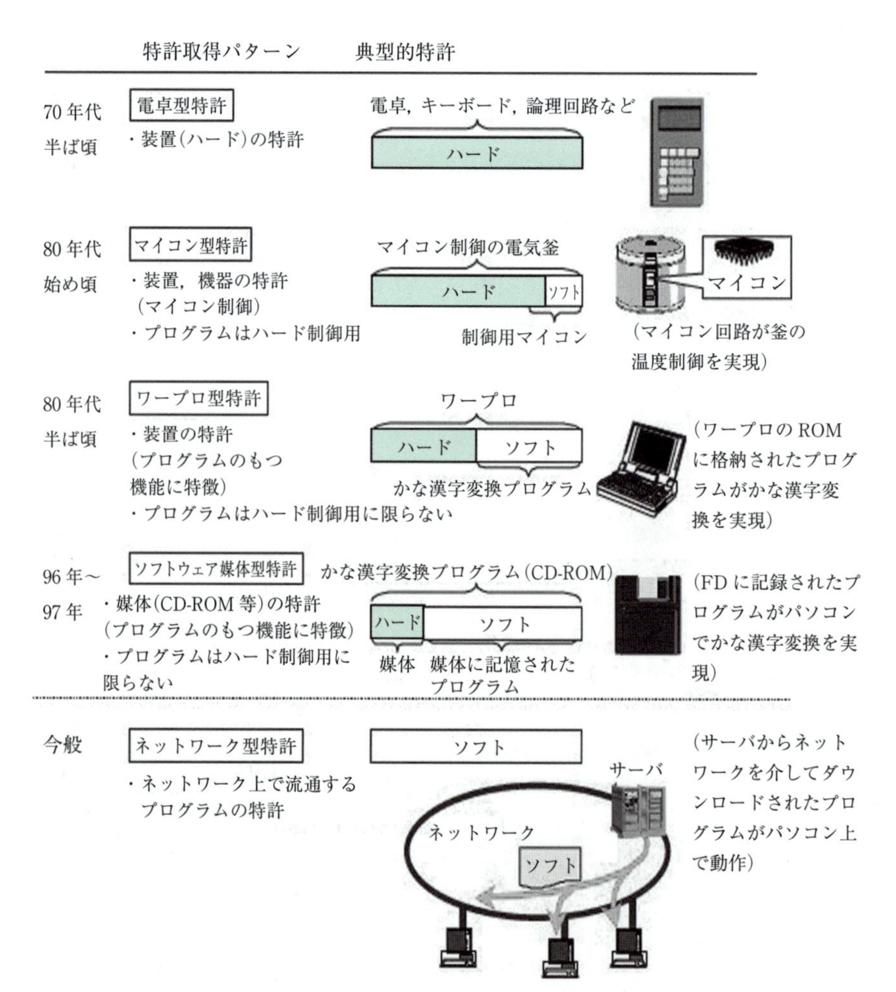

図2-12　ソフトウェア特許の流れ（日本）
出典：特許庁HP「ビジネスモデル方法の特許について」(2000年)

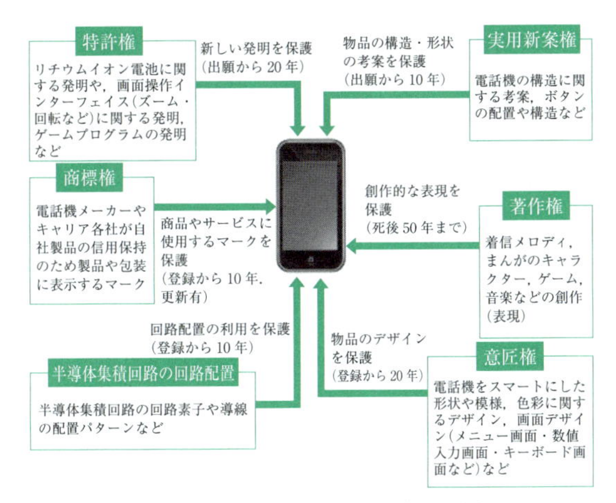

図 2-13　スマートフォンと知的財産

発明保護の変遷について説明する．まず，ソフトウェアを法的に保護しているのは，著作権法と特許法である．著作権法では，ソフトウェアそのものを保護してきたが，特許法がソフトウェアを保護の対象とするまでに時間がかかった．

著作権では表現を保護対象とするため，ソフトウェア・プログラムのコードそのものしか，保護できない．すなわち，少しでも，プログラム・コードを変えてしまえば，同じ機能を実現する別のソフトウェアを容易に作成でき，著作権での保護が及ばなくなる．すなわち，事実上，オリジナルのソフトウェアのデッドコピーしか保護できず，模倣ソフトから保護することができないため，別の法律での保護が必要となった．そこで，発明を保護する特許法でソフトウェアを保護する必要性が叫ばれるようになった．

ICT に関わる知的財産権として最も活用されている特許権について，特にソフトウェア保護の観点から，日本での保護の在り方の変遷を図に示す（図 2-12）．

最後に，情報化社会の身近な事例としてスマートフォンと知的財産の関係を示す（図 2-13）．各法律の趣旨に基づき，特許権だけでなく，さまざまな機能をもつ各種の知的財産権によって多面的に保護する仕組みとなっている．

2.2.2 公正競争と独占

知的財産権は，技術や情報の利用について一定期間の独占権を認めるものであり，独占禁止法（独禁法・競争法）と対立・矛盾するという議論がみられる．しかし，このような議論は，知的財産制度や独占禁止法の本質からみて正しいものといえるだろうか．

a. 知的財産権制度と公正競争

この点に関して，知的財産制度の存在意義については，インセンティブ論とよばれる考え方，すなわち，知的財産権がなければ発明などのコストをかけずに「ただ乗り」した者が得をすることとなってしまい，発明などの意欲が過度に減退するかもしれないのでこれを防ぐために知的財産権制度が設けられた，とする考え方がある．知的財産権制度がこのような制度であるとすると，知的財産権制度はただ乗りという不公正な競争方法を防ぐ制度であるということができ，また，将来の市場によりよい技術などがもたらされることを促し活発な競争を促進する制度であるということもできる．

また，知的財産権によって一定期間の独占が認められるとはいっても，その期間は限定されているうえ，独占できるのは「技術」などにすぎない．ある製品を製造するためにはほかの技術など（代替技術などということがある）を用いることができるのが通常であるから，知的財産権を有していることは，通常は，「商品」の市場を独占することに繋がらない．

そうすると，知的財産法は公正競争を妨げるものではなく，むしろ促進するものであって，独禁法と対立したり矛盾したりするものではなさそうである．

b. 独占禁止法と公正競争

独禁法は「独占を禁止する」法律であるといわれることがある．しかし，「独占禁止法（独禁法）」という略称でよばれることが多いこの法律の名称は「私的独占の禁止及び公正取引の確保に関する法律」であり，公正でない取引行為を幅広く規制する法律であることが，その名称自体から明らかである（なお，「私的独占」という用語は，不当に他者を市場から排除する行為などをいうと定義されている）．

独禁法が，市場を独占しているという状態それ自体を規制する法律ではなく，不公正な取引行為を規制する法律であるということを理解しておくことが重要である．

c. 独禁法と知的財産権法の関係

独禁法や知的財産権法が以上のような法制度であることからすると，両者が対立するものでないことは，もはや明らかだろう．独禁法は，知的財産権制度によってよりよい発明などが将来の市場にもたらされ，ライセンス取引や製品販売をめぐる競争が促進されることを，公正な競争のあり方として望ましいものとみているのであって，決して知的財産権制度を敵視しているものではない．

しかし，独禁法の観点から，知的財産権の行使に対して規制を行うべき場合もある．それは，権利者が知的財産権を濫用して公正な競争を害するような場合である．独禁法21条は，「この法律の規定は，著作権法，特許法，実用新案法，意匠法又は商標法による権利の行使と認められる行為にはこれを適用しない．」という規定をおくことによって，権利行使と「認められ」ない不公正な知的財産権行使に対して独禁法を適用して規制対象にする旨を明らかにしている．

d. 独禁法と知的財産権法の役割分担

(ⅰ) 独禁法と知的財産権法の役割分担

独禁法による規制の対象とされるような不公正な権利行使は，そもそも，知的財産権法それ自体によっても規制されるべきではないだろうか．この点をめぐっては，独禁法と知的財産権法のいずれが，あるいは公正取引委員会(独禁法の運用を所管している官庁)と特許庁のいずれが，知的財産権濫用を取り締まるべきかという観点から長年にわたって議論が重ねられている．

この点については，知的財産高等裁判所による最近の2件の判決によって考え方が明確となった．

日之出水道対六寶産業（2006年7月）

ライセンサーが個々のライセンシーの製造販売数量（許諾数量）の上限を定め，超過数量相当の製品については，製造をライセンサーに委託するものとしていた事案．独禁法違反が争点とされた．

「発明，考案，意匠の創作を奨励し，産業の発達に寄与することを目的（特許法1条，実用新案法1条，意匠法1条）とする特許制度等の趣旨を逸脱し，又は上記目的に反するような不当な権利行使については，独禁法の適用が除外されるものではない」

サムスン電子社対アップル社（2014年5月）

サムスン電子社が，標準規格必須特許について，FRAND条件（公正・合理的・非差別的）でライセンスを与える旨を標準規格策定機関に対して宣言していたにもかかわらず，アップル社製品の販売などの差止を求めた事案．特許権濫用か否かが争点とされた．

「FRAND条件によるライセンスを受ける意思を有する者に対し，必須宣言特許による差止請求権の行使を許すことは，必須宣言特許の保有者に過度の保護を与えることになり，特許発明に係る技術の幅広い利用を抑制させ，特許法の目的である『産業の発達』…を阻害することになる．」

これらの事案において，知的財産高等裁判所は，知的財産権濫用の問題について，独禁法21条の解釈を通じて規制対象を画する場合も，知的財産権法の解釈を通じて規制する場合も，いずれにせよ知的財産権法（特許法など）の目的である「産業の発達」（特許法1条など）に反するか否かを基準とするという考え方を明確にしている．したがって，知的財産法と独禁法は知的財産権濫用の問題について対立するどころか，むしろ同じ方向を向いている法律であるということができる．

なお，「産業の発達」という抽象的な用語が事案の解決のキーポイントとされることには，当事者にとって結論を予測し難いという懸念がつきまとう．しかし，知的財産権の行使が独禁法による規制対象になるか否かを決する基準となる独禁法21条「権利の行使と認められる」の解釈は，公正取引委員会の命令の先例や解釈指針において具体的に明らかになっており，それらを参照することによって，具体的なイメージをつかむことがかなりの程度可能である．

また，知的財産権立法の場面では，知的財産権法の中に「公正な競争」の観点を盛り込むことが進められてきた．例えば，知的財産基本法10条（2002年）には「知的財産の保護及び活用に関する施策を推進するに当たっては，その公正な利用及び公共の利益の確保に留意するとともに，公正かつ自由な競争の促進が図られるよう配慮するものとする」と明記されている．

(ⅱ) 特許庁と公正取引委員会との役割分担

ここまでの検討をふまえて考えれば，知的財産権の濫用に対して，公正取引委員会こそが規制を行うべきであるとか，特許庁がもっぱら規制を行うべきだといった議論が重要なものではないことも理解できるだろう．

北海道新聞社事件　商標登録拒絶審決（1999年）

北海道新聞社が発行する北海道新聞は函館地区において発行される新聞の大部分を占めていたところ，函館地区において，新たな新聞社を設立する動きが起こった．

そこで，北海道新聞社は，取締役級で構成される「函館対策会議」を設けて対策を講じることとした．この措置の一つとして，北海道新聞社は，新設される新聞社に使用させない意図のもとに「函館新聞」など9種類の新聞題字について商標出願を行ったうえ，その他にもさまざまな措置を講じて新聞の発行を妨害した．

不公正競争の目的をもって多数の商標出願を行ったという上記の行為に対しては，特許庁が，商標法4条1項7号「公の秩序又は善良の風俗を害するおそれがある商標」にあたるとして拒絶審決を行い，公取委も，その他のさまざまな新規参入妨害行為とあわせて独禁法違反と判断して排除勧告を行った．

このように，特許庁と公正取引委員会は，知的財産権濫用行為に対していずれか一方のみが規制の権限を有しているものではなく，いずれも規制を行うことができ，現に行っているのである．

2.2 節のまとめ

高度に発達したコンピュータ技術，デジタル技術やネットワーク技術が社会実装されるに伴い，多様な形態の知的財産が創出・活用される．このような高度情報化社会を注意深く観察しつつ，多様な知的財産の保護・活用のあり方を常に思考していくことが必要である．

知的財産権法と独禁法は，矛盾・対立するものではなく，ともに公正競争の促進を目指す法律であり，現にそのようなものとして運用されている．各国独禁法・知的財産法には，法律の構成や規定の言い回しに相違はあるが，知的財産権法と独禁法との関係について以上のように理解することについては，世界的に意見の一致がみられるようになっている．

将来，発明者として，またライセンス担当者として発明などを幅広く活用していくにあたっては，独禁法による規制にいたずらに萎縮して発明などの活用自体を断念してしまうことは必要ではないし，競争促進の観点からみて望ましいことでもない．ただ，ライセンス戦略の立案と運用においては，公正な取引に心がけるという商取引の普遍的なルールに留意して，戦略の公正さを点検し続けることが求められるといえよう．

参考文献

[1] 平塚三好，阿部仁『ICT 知財戦略の基本がよくわかる本』(秀和システム，2015)．

コラム 1　クアルコム社に対する各国独禁当局による調査の展開

クアルコム社は，携帯無線通信に関する国際標準規格に必須の特許を多数保有する企業として知られており，また，携帯電話・基地局用の半導体（IC チップ）の分野でも高い市場シェアを有している．したがって，世界各国の携帯電話メーカーは，クアルコム社から必須特許のライセンス供与を受ける必要があり，また，これとあわせて半導体も購入している企業も少なくないようである．このような事業を行っているクアルコム社に対して，世界各国の独禁当局が相次いで独禁法違反の疑いがあるとして調査を行ってきた．

韓国公正取引委員会（韓国公取委）は，クアルコム社による半導体販売ビジネスを問題視し調査を行った．韓国公取委の命令書によれば，クアルコム社は韓国の携帯電話メーカーに必須特許などのライセンスを供与する際に，携帯電話用半導体もセットで購入すればリベート（値引き）を提供していたのだが，これによって，競合する半導体メーカーを不当に排除していたと判断された．韓国公取委は，携帯電話用半導体市場における競争の状況に注目し，その市場から競合企業が排除されることを懸念したといえる．

これに対して，クアルコム社による必須特許等のライセンス契約の内容を問題視したのが，欧州委員会，日本公取委および中国国家発展改革委員会である．

欧州委員会は，クアルコム社が各国携帯電話メーカーに対して請求しているライセンス料は不当に高く，携帯電話向け特許のライセンスにおいて支配的地位を濫用しているのではないかという疑い，同社に対する調査を開始した．しかし，この件は，2009 年に調査が打ち切られた．

他方，クアルコム社によるライセンス契約が差別的なものであることに着目したと思われるのが日本公取委である．日本公取委の命令書によれば，日本の携帯電話メーカーは，クアルコム社から必須特許などのライセンスを受ける際に，ライセンス料を支払うのみならず，携帯電話メーカーが現在あるいは将来保有することとなる特許権を無償でクアルコム社にライセンスすることにも同意を余儀なくされていたということである（クアルコム社は，この無償ライセンスを受けることによって，特許訴訟の心配なく半導体を製造販売できるようになる）．各社が保有する特許の価値はまちまちなので，無償許諾条項によって，日本の携帯電話メーカー各社の間にはいわゆる損得の差が生じる．日本公取委は，このような契約条項を差別的であり，それゆえ不合理であると考えたようである．

欧州委員会や日本公取委が指摘したこれらの問題点をすべて包括したともいえる重要な命令が，2015 年，中国の独禁当局である国家発展改革委員会によって発せられた．この命令では，まず，クアルコム社が不当に高いライセンス料を請求していたと認定し，その根拠として，期限切れ特許についてもライセンス料を請求していたことや，携帯電話メーカーが保有する特許権を無償でクアルコム社にライセンスすることを要求していたことが挙げられた．この命令には，欧州委員会が注目した「不当に高価なライセンス料」の視点や，日本公取委が注目した「無償ライセンスの要求」も含まれているほか，そのほかの問題点も加えられている．

クアルコム社に対する各国当局による調査は，独禁法に基づく事案分析において多様な視点が必要であり，多面的に光をあてて様々な観点から分析を加えていくことが重要であることを認識させられる好例である．

コラム 2　発明者と企業（職務発明）

企業と研究開発

企業は，研究開発を通じて，自社の技術力の向上を目指している．そして，その技術を用いてより性能の高い，付加価値を高めてくれる製品やサービスの提供を目指している．

よりよい研究開発成果を得るために，企業は研究開発費として多くの投資を行っているが，その研究開発を担うのは，企業に雇用されている従業員（研究者）である．そのため，実際の発明を行うのは，雇用者としての企業ではなく，従業員である．

発明の帰属の基本原則

日本の特許法では，発明をして特許を受ける権利を手にすることができるのは，基本的に個人に限られており，そのため企業（会社など）が資金を出して行った研究から生み出された発明についても，その発明をなした従業員に，一義的には権利が帰属することになっている．英国やフランスでは会社などに権利が帰属するとしているが，米国やドイツでは日本と同様に個人に帰属する．

職務発明とその取り扱い

こうした発明のうち一定の要件を満たすものは，特許法 35 条において「職務発明」とされ，発明者として権利を手にする従業員と，資金などを出した会社などとの間での，利害の調整が図られている．一定の要件とは，会社などの業務範囲に属し，かつその発明をなした行為が従業員の職務に基づく発明であることをいう．

そして，利害の調整の第一は，職務発明については，もし従業員が特許権を取得したとしても，会社などはその発明を無償で使う（「実施」するという）ことができる．第 2 に，会社などは職務発明についてはあらかじめ従業員から会社などに譲渡させるように社内規則などで定めておくことができる．

この第 2 の調整規定に基づいて，多くの会社などでは社内規定などによって，会社などに譲渡を義務づける定めを設けている．ただしその場合，第 3 の調整として，従業員は自分が権利を譲渡した発明に対して，相応の見返り（「相当の対価」という）を求めることができるとされている．

社会問題化する職務発明

実は，この第 3 の調整規定に基づいて，発明をなした従業員が，相当の対価としての金銭を求めて会社などを訴える事件が数多く発生してきた．会社なども自主的に社内規定などによって，従業員に対して一定の報償を支払ってきたものの，その金額が少ないとして従業員が追加支払いを求める訴訟事件の発生が続いてきた．これらは，職務発明の対価請求事件として，特に会社などから問題視され，社会問題化してきた．

社会問題化する契機となったのが，1995 年の「オリンパス光学工業事件」である．研究員であった元従業員が，同社に2億円の対価支払いを求めて訴えた事件である．実は，会社は社内の対価規定に基づいて，元従業員に21.1万円をすでに支払っていた．しかし，裁判所はこの金額が特許法で規定する趣旨から判断して過小であるとして，228.9万円の追加払いを命じた．金額自体は，大企業にとってさしたる額ではなかったものの，会社が自主的に定めた対価規定が，裁判所によって否定されてしまったことから，大きな反響が起きた．つまり，会社の自主的な規則が，訴訟のうえで何ら意味をもたないとみなされる可能性があるからである．この事件は，最高裁でも争われたが，結果，会社側が敗訴することとなった．

この事件を契機に，会社などに対して対価の追加払いを求める事件が急増するとともに，高額な対価を請求する訴訟が発生した．1億円を超える対価額の支払いを命じる事例もいくつか存在してきた．後に2014年のノーベル物理学賞を受賞した中村修二が，自身の元勤務先を訴えて，200億円の対価を請求し，一審の東京地裁で全額が認められたことは，よく知られている．結局，この事件は高裁で和解に至った．

新たな方向性へ

こうしたなか，会社などは法律の規定やその判断を行う裁判所の考えが企業経営を阻害するとして，特許法の改正を強く求めてきた．そして，2004年と2015年の2回にわたり，特許法35条の改正がなされた．

2004年の改正では，対価の決定手続きが合理的でなければならないとされ，逆にそれが合理的であれば会社などの規定が尊重されることが期待された．

さらにその後，2015年7月の法改正により，会社の職務発明規定などによって，あらかじめ職務発明について権利を会社などに取得させるよう定めていたときは，会社などがその権利を取得できるように改められた．永く，個人のみに帰属するとされてきた特許を受ける権利が，会社などにも認められることとなった．また，それまで従業員に対する見返りとして「相当の対価」と表現されてきたものが，「金銭その他の経済上の利益」つまり，「相当の利益」に変更された．この改正は，2016年4月に施行された．

こうした改正によって，会社などでは職務発明にかかる事件の頻発や，高額な対価支払いを命ずる判決がなくなることを期待しているものと考えられる．しかし，未だ2004年法によって争われた事件は数件で，法改正の実質的な効果を推し量るまでには至っていない．同様に，2015年改正が，今後の裁判所の判断にどのような変化をもたらすかは未定であり，今後とも，職務発明に関する動向には目が離せない．

3. イノベーションと知的財産

3.1 イノベーションの意義

日本経済が長期にわたり低迷していることをふまえ，産業界においては技術主導によるビジネス展開の限界が指摘され，新たな方向性が模索されている．その背景には，欧米追従型のビジネスが通用しなくなり，国内市場が縮小し，消費行動が多様化したことなどがある．経済発展を目指して改めてイノベーションの重要性が注目されている．

イノベーションのプロセスにおいて，そのデザイン[1]対象となる要素は，(A) 組織デザイン，(B) 製品デザイン，(C) 経験デザイン，の3領域に類型化することができる（図 3-1）．(A) 組織デザインには，収益モデル，ネットワーク，組織構造およびプロセスの各デザインが包含され，企業内業務やビジネスシステムのイノベーションに注力する領域である．(B) 製品デザインは，製品の性能および製品システムの各デザインが包含しており，提供する製品のイノベーションに注力する領域である．そして，(C) 経験デザイン領域には，サービス，流通経路，ブランドおよび顧客への約束の各デザインがあり，顧客が接する要素に注力する領域である．

図 3-1 に示すように，事業活動を支えるイノベーションは組織，製品，経験の広い領域にわたって発生し得るものであり，事業を成功に導くためには，これらの各領域におけるイノベーションにより事業を総合的にデザインし，それぞれのレベルにおける付加価値を事業全体としての収益に結び付ける必要がある．

収益モデル	ネットワーク	組織構造	プロセス	製品の性能	製品システム	サービス	流通経路	ブランド	顧客への約束
(A)組織デザイン				(B)製品デザイン		(C)経験デザイン			
企業内業務・ビジネスシステムに注力				提供する製品に注力		顧客が接する要素に注力			

図 3-1　イノベーションの領域

出典：L. Keeley “Ten Types of Innovation : The Discipline of Building Breakthroughs”，(John Wiley & Sons, Inc., 2013) pp. 16-17. の図を基に筆者作成

しかしながら，多くの日本企業は高度経済成長以降，専ら (B) 製品デザインにおけるイノベーション，特に技術革新に基づく製品開発に注力し，主として国内販売網の構築・拡充という側面から (A) 組織デザインのイノベーションに取り組んできた．このため，顧客が求める真の価値を見極める局面や，商品・サービスの価値を的確に顧客に伝えることにより現実の購入行動に誘導する局面で重要な役割を果たす (C) 経験デザインのイノベーションが十分でなく，国際競争力が低下するに至ったと考えられる．

したがって，日本経済の発展のためには，日本企業が技術革新に基づくイノベーションだけでなく，他の領域におけるイノベーションについても強力に推進することが必要である．

そこで以下では，イノベーションを技術/非技術に分類する観点から，知的財産との関わりをそれぞれ学ぶこととする．

3.1.1 技術的イノベーションと知的財産

a. イノベーション論と技術

1930 年代以降イノベーションを経済学的観点からとらえたシュンペーター (Joseph A. Schumpeter) は，イノベーションと起業家精神が経済発展をもたらすと論じた．シュンペーターは，イノベーションを 1) 新財貨の生産，2) 新生産方法の導入，3) 新販売先の開拓，4) 新仕入先の獲得，および 5) 新組織の実現の5類型に分類しており，イノベーションとは必ずしも「技術」に関する事項に限られるものではなかった．しかし，「1) 新財貨の生産」と「2) 新たな生産法の導入」において必要な新技術が産業社会に与えるインパクトが非常に大きいため，20 世紀におけるイノベーション論では，技術に注目が集まりがちであった．

シュンペーター以降，イノベーションとは市場に投

[1] ここでいう「デザイン」とは，「選択」「決定」「設計」というレベルの広義に用いており，製品外観における形や色といった狭義のデザインとは異なる．

入される商品に適用される発明であるという考え方を前提として，イノベーションの性質やインパクトの大きさにより，持続的イノベーションと破壊的イノベーションなどと区別して議論されてきた．

このような考え方は，1990 年代のクリステンセン（Clayton M. Christensen）に承継された．クリステンセンは，優秀とはいえない技術を使った商品であっても，構造の単純さ，低価格，使い勝手のよさなどが市場で評価され，市場上位に食い込めるパターン（破壊的イノベーション）を示した．また，すでに成功している企業は既存の顧客関係や利益構造を手放すことを避ける傾向にあるため，そのような破壊的イノベーションの評価または実践に失敗する**イノベーションのジレンマ**に陥ることなどが論じられたが，この文脈でもイノベーションとは基本的に技術革新に関する概念として扱われてきた．

b．経営戦略論と技術

経営戦略の分野では，ポーター（Michael E. Porter）によって提示される 5 フォース分析（図 3–2）と戦略論が標準的な理論とされており，企業経営者が決定した企業戦略を実践するにあたり，組織的対応を行ううえで広く参考にされている．

1980 年代までの日本においては，技術革新に基づく新規商品開発，改良技術に基づく差異化・高付加価値化，新規生産技術による低コスト化などの手法を採用することで，少品種大量生産・大量消費社会が生まれ，経済発展を実現した．

競争的環境において企業が採用すべき戦略として，ポーターは戦略の三つの基本型：コストリーダーシップ戦略，差異化戦略，集中戦略を提唱しており（Porter, 1985），ポーターの主張は大量生産，コスト削減，差異化，付加価値，選択と集中，最適資源配分などをキーワードとして理解されている．

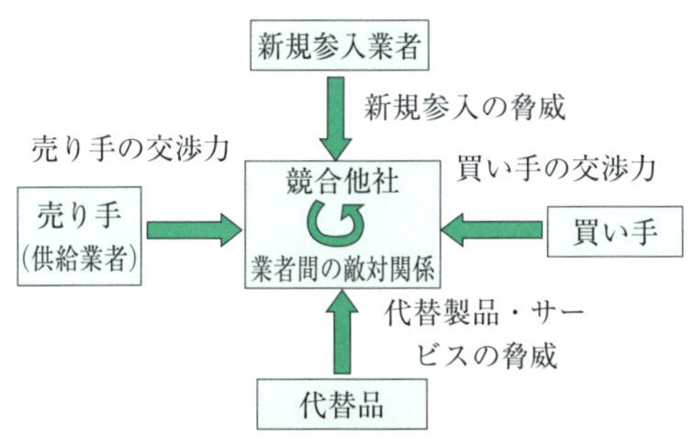

図 3–2　5 フォース分析
出典：M. E. ポーター著（土岐坤他訳）『競争優位の戦略（20 版）』（ダイヤモンド社，1999）．

ポーターの市場環境重視の立場に対し，1990 年代にはバーニー（Jay B. Barney）が企業の内部資源への着目を提唱し，リソース・ベースド・ビュー（resource based view of the firm：RBV）とよばれる考え方が広がった．RBV の考え方においては，企業が財務資本（financial capital），物的資本（physical capital），人的資本（human capital）および組織資本（organizational capital）という経営資源（firm resource）ないしケイパビリティ（capabilitiy，組織の能力）の束とみなされ，各企業が有する経営資源の特異性に注目する．そして，経営資源の分析の枠組みとしてバーニーが提示する VRIO フレームワークは，経済価値（value），希少性（rarity），模倣困難性（inimitability）および組織（organization）の観点からこれらの経営資源を評価することにより，各企業が有する独自の強み・弱みを把握しようとするものである．

このような RBV に基づけば，技術をはじめ，マネジメントの対象とすべき組織内部の経営資源の位置付けを明確化することができる．

c．技術経営論の課題

日本では，垂直統合モデルが高度経済成長期の代表的な成功モデルとされる．垂直統合モデルとは，自前主義により自社内で新技術を開発し，マーケティングによって確実に売れる商品企画を見極め，付加価値の高い製品を市場に送り出して利益を上げる，そして技術革新から投資回収までの意思決定が計画的で一方向に流れていくというビジネスモデルのことである．

その後，垂直統合モデルのビジネス展開に陰りがみられるようになり，新たな技術経営のあり方として，チェスブロウ（Henry Chesbrough）が唱えたオープン・イノベーションが注目され始めた．

オープン・イノベーションとは，企業の境界を超えて自社の内外を問わず有用な物的・人的資源，とりわけ大学や研究機関を活用することにより，技術革新を起こそうとする考え方である．このオープン・イノベーションの理念の一端に産学連携，すなわち大学などの研究機関と企業との連携によるイノベーションの探究活動が位置付けられる．

以上の流れを前提として，ここ数十年の日本経済の低迷を考えたとき，技術革新主導により（B）製品デザインのイノベーションにのみ注力するビジネスモデルは，もはや限界に達しているといえる．今後，日本企業が取り組むイノベーションとしては，（A）組織デザインおよび（C）経験デザインへの注力が一層必要となってくるであろう．

d. 新たな特許戦略

近年，技術力で勝る日本が，なぜ事業で負けるのか，という問題意識が提示されている．日本企業が画期的な発明に基づき大量に特許を取得し，画期的な製品を市場に投入することで当初は圧倒的な技術力により市場占有率（シェア）を獲得するものの，その後新興諸国の企業が参入し市場が拡大する頃にはシェアを落としていく，というパターンが，DVD プレイヤー，液晶パネル，携帯電話，カーナビなどの複数の製品分野で繰り返し発生したためである．

日本が技術開発力に優れ，特許を大量に取得しながら，国際ビジネスの場では欧米企業の後塵を拝すこととなる背景には，欧米企業がいち早く垂直統合モデルにおける各業務を分離し，新興国企業との間で戦略的に国際分業をしている実態がある．さらに，この国際分業のエコシステムの中で，全体をコントロールでき，かつ利益が集中するポイントに自社を位置付けることが，国際ビジネスで勝利をおさめるためには必要である．

この状況を踏まえ，日本企業の業績を再浮上させるためには，開発した新技術を手に「どうやって商品化するか」という垂直統合的自前主義，すなわち伝統的技術経営論の発想から離れ，また，ビジネスと知的財産との関係について，垂直統合型ビジネスモデルに適合する**知的創造サイクル**（3.2.1a 参照）だけでなく，将来の事業構想から逆算して必要な資源を調達する**事業構想サイクル**によるビジネスモデルの構築が必要である．

そこで近年では，開発技術を独占する（クローズ）視点のみでなく，技術の標準化戦略と特許戦略とを融合させ，技術を普及させるために特許を無償開放する（オープン）手法が採用されるようになった．すわなち，オープンとクローズの組合せにより，市場形成と技術独占とのバランスを図りながら利益機会を創出するための特許戦略が注目・実践されている[2]．

3.1.2　非技術的イノベーションと知的財産

a. ブランドマネジメント

ブランドマネジメントは世界中の MBA などで正規科目の位置付けを得て，その標準的なマネジメント理論[3]は日本でも普及している．

ブランド戦略は一般に，1)（旧財閥系グループのように）単一の名称を冠として統一イメージを追求する戦略，2) 企業ブランドの価値を維持・向上させつつ，商品ラインに応じてブランドを拡張する戦略，3) 企業名を前面に出さず，商品ラインごとにブランドを訴求する戦略，などに分類され，これまでに多様な戦略が提唱，実践されている．

どのような戦略を採用するとしても，企業がブランドに求める基本的な機能は同種商品・サービスとの差異化であり，特定の信頼を伴ったブランドとして認知，想起されることにより他と識別され，選択購入されることを目指してブランドマネジメントの取り組みが行われる．

日本でも，従来得意としてきた技術経営に加え，ブランドマネジメントが実践されているが，現実の企業経営におけるブランドマネジメントには未だ課題がある．

例えば，従来業界トップに君臨してきた消費財メーカーは，第 2 次世界大戦後に卸問屋の特約店化や小売販売店の系列化などによる垂直型流通チャネルの構築に成功したため，実質的には B to B ビジネスとして高度成長時代に繁栄を謳歌した．しかしながら，逆にその成功ゆえに B to C ビジネスに必須のブランド戦略への取り組みが遅れているという指摘がある[4]．

すなわち，化粧品業界においては，企業ブランドの価値を維持するために，戦略的に商品ラインごとに多様なブランドを展開し，メインブランドのイメージを守りながら売上に貢献してきたものの，結果としてそのような多くのブランドが消費者の心に定着しないまま廃れてしまう事態も観察される．

また，自動車業界においても，販売店の系列ごとに取り扱い車種を限定する手法は，カニバリズム（販売店相互の顧客の取り合い）を防ぐため，新ブランド投入時に既存の系列店からの不満を抑えることはできるものの，系列ごとの一貫したブランドイメージを構築するには至っていない．

一方，家電業界は量販店などの台頭により既存の流通網が機能しなくなった結果，早い段階から B to C ビジネスに移行したものの，羽のない扇風機や掃除ロボットなどのヒット商品について，日本企業にも技術やアイデアがありながら外国勢が商品化の先鞭をつけ

[2] 古くは，日清のインスタントラーメンの製法特許が開放された例が知られている．これ以外にも，IBM 社，マイクロソフト社およびテスラモーター社などが特許権の開放ポリシーを打ち出しており，2015 年 1 月には，トヨタが燃料電池車関連特許の無償開放を宣言した．

[3] 例えば，K.L. ケラー（恩藏直人監訳）『戦略的ブランドマネジメント第三版』（東急エージェンシー，2010）

[4] ルディー和子『合理的なのに愚かな戦略』（日本実業出版社，2014）

たことに象徴されるように，消費者心理の洞察の上に構築すべきブランド戦略において苦戦している．

これらの状況は，（C）経験デザインのイノベーションとして取り組まれるべきブランド戦略が，専ら流通チャネルの構築の観点から，すなわち（A）組織デザインのイノベーションとして取り組まれてきたことに起因しており，ブランドマネジメントにおいても既存の成功システムに依存するイノベーションのジレンマに陥った結果であるということができる．

b. ブランドと知的財産

ブランドマネジメントと商標マネジメントとは，1）ネーミング，2）商標登録可能性の判断，3）商標登録出願と登録（権利化），4）ブランド名/商標権の維持・管理，5）模倣品排除，の各局面において密接に関連する．また，4）ブランド名/商標権の維持・管理業務には，商標の普通名称化・慣用商標化の防止のための各種取り組みが含まれる．

ブランドマネジメントの基本の一つに，統一性のあるメッセージを一貫して消費者に伝えるという観点があり，例えば自動車メーカーのBMW社は，フロントグリルに特徴的かつ一貫性のあるデザイン（立体形状）を採用し，一目でそのブランドの自動車であることを消費者に訴求している[5]．

しかしながら，商標法の領域では一般に，立体的に表された特定の商品の立体形状は，その商品が含まれる指定商品において使用しても，当該商品を容易に認識させるため，取引者・需要者はたんに商品の一形態を表示するものと理解し，自他商品の識別標識として認識し得ないと評価されてきた．このため，上述のフロントグリルの形状は自動車分野では立体商標としての登録を受けることができず，立体形状に関する長年にわたる継続的ブランドマネジメントは，法的に保護されていなかった[6]．

このようなブランドマネジメントと商標権との関係において，注目に値する判決が示されるようになった．近年，ミニマグライト®，Yチェア®，スーパーカブ®などに係る立体商標について，使用により自他商品識別力を獲得した立体形状が，商標法3条2項の規定により当該物品分野を指定商品として商標登録を受けたが（図3-3，3-4，3-5），この流れが定着すれば，立体形状に関する継続的なブランドマネジメントに対しても，商標権による支援が可能となり，従来の法的保護の空白を埋めることができるからである．この流れは，ブランドマネジメントにおける商標権の位置づけに大きな影響を与えるものと考えられる．

さらに，2015年4月に施行された商標法において，「人の知覚によって認識することができるもの」として，従来の商標の定義である「文字，図形，記号，立体的形状若しくは色彩又はこれらの結合」を位置付け直したうえで，新たに音，動き，ホログラム，色彩のみ，位置が保護対象として扱われることとなり，いわゆる新しい商標の権利化が可能になったことも，ブラ

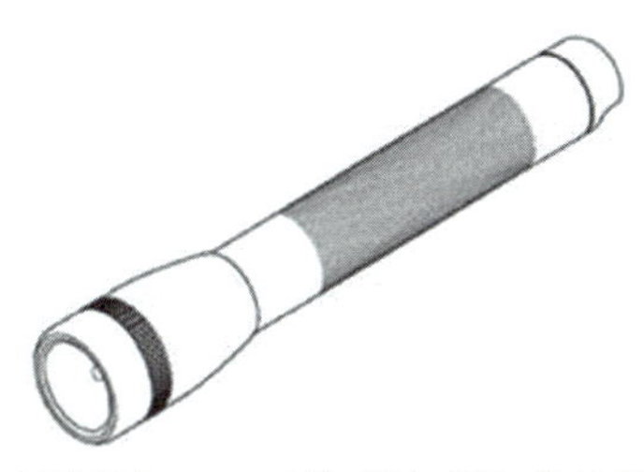

図3-3　商標登録第5094070号 指定商品 第11類 懐中電灯

図3-4　商標登録第5446392号 指定商品 第20類 肘掛椅子

図3-5　商標登録第5674666号　指定商品 第12類 二輪自動車

[5] ドイツ連邦最高裁判所で，BMW車のフロントカバーが「（商品の）技術的結果を得るために必要とされる形状」であるとして拒絶された事例（FSC判決，2007年5月24日，File No. I ZB37/04）がある．

[6] フロントグリルの形状について，意匠に係る物品を乗用自動車とする部分意匠として登録を受けても，最長でも登録から20年で権利期間が満了するため，継続的ブランドマネジメントの支援には限界がある．

ンディング活動における商標権活用の幅が大きく広がることとなった．諸外国においてはすでに，音の商標としてインテル社や久光製薬のジングル（EUIPO（欧州連合知的財産庁），米，豪で登録．以下同じ），Aflac のアヒル声「Aflac」（米），香りの商標としてテニスボールに芝の香り（EUIPO），自動車オイルにストロベリーの香り（米），触感の商標としてワインボトルにベルベットの触感（米）などが登録されており，日本でもこのような新しい類型の商標の権利化と活用が期待されている．

c. デザインマネジメント

日本でデザインという用語が用いられる場合，ファッションデザイン，プロダクトデザインなど，工業的に量産できる製品の外観，すなわち（B）商品デザイン領域のデザインを意味することが多い．そして，プロダクトデザインの保護のための代表的な法制度としては，意匠法をあげることができる．

しかしながら，企業におけるプロダクトデザインのマネジメントは，企業ごと，商品ごとにさまざまであるため，いまだ体系的な，あるいは標準的なデザインマネジメント理論が提唱され，定着するには至っていない．

また，デザインマネジメントは本来，（C）経験デザインの領域におけるイノベーションとして，個別のプロジェクトごとに製品開発部門やデザイン事務所がイノベーションに取り組むが，意匠法はそのような取り組みの結果として生み出された成果のうち，主として（B）製品デザインの保護を提供する制度にとどまっている．

d. デザインマネジメントと知的財産

知的財産戦略の観点から，意匠戦略とよべるような体系的な理論の提示は現在までになされておらず，従来の議論は，関連意匠制度，部分意匠制度などの活用法を提示する戦術レベルの検討にとどまっている[7]．

しかしながら，1998 年の法改正によって部分意匠の制度（4.4.1f 参照）が導入されたことにより，意匠登録出願においても，特許網を張り巡らせるために特許請求の範囲を入念に検討するのと同様の戦略性が問われるようになった[8]．

部分意匠の出願においては，意匠登録を受けようとする部分の構成領域が広いほど拒絶されにくいという一般的傾向が想定されるため，拒絶・無効を避ける観点からは，物品中のできる限り大きい領域を部分意匠として設定することが有利である．

逆に，その構成要素が少ないほど権利の効力範囲が広くなるものと期待されるところであるが，この点は必ずしも明確ではない．意匠権の場合は侵害訴訟を提起してはじめて実質的な権利内容である「要部」が明確になるので，出願時に意匠登録を受けようとして表した部分のうちどの範囲が裁判所で要部と認定されるかを，出願時に予測することは困難であるためである．

e. 経験経済下のマーケティング

技術革新に基づく機能追加による高付加価値化という従来型のイノベーションや，プロダクトデザインによる商品の差異化という伝統的なマーケティングの路線は，（B）製品デザインのイノベーションに適応してきた．これに対し，20 世紀末以降，タッチポイント（顧客との接点）における顧客の経験に注力すべきこと，すなわち（C）経験デザインのイノベーションに注目する，新たなマーケティング観が現れてきた．例えばパインⅡ世とギルモアは，ある時代において顧客に提供する価値の源泉としてデザインされる対象が，その経済を特徴付けるとする考え方を示した[9]．

彼らは，まずどのようなコモディティ（代替可能な一次産品）を選択するかによって提供する商品や価格が決定される**コモディティ経済**の時代があり，その次に，製品の機能や外観がデザインの対象となる「製品経済」，そして製品の提供の仕方や，物理的実体を伴わないサービスがデザインされる**サービス経済**が出現し，サービス経済の次にくるのは顧客の経験をデザインする**経験経済**である，としている．

顧客に提供する経済価値を実現するために選択する対象が，コモディティから経験となる変遷の中で，経済システム，機能，そのほかの経済に関わる各要素も大きく変化してきた結果，経験経済下では，サービス，製品は，提供する経験の構成要素の位置付けになるものと考えられる（**表 3-1**）．

表 3-1 の最右欄の記載から，経験経済下においてビジネスで成功するパターンは，顧客の「感動」をよび

---

[7] 糸井久明『デザイン知財マネジメント—デザイナーのための知的財産立国入門』（海文堂出版，2004），東京都知的財産総合センター「中知財管理 Vol. 65 No. 4」，『中小企業経営者のための意匠マニュアル（第 6 版）』など．

[8] 鈴木公明「包含関係にある複数の部分意匠の実務的意義」日本大学法学部知財ジャーナル Vol. 3（2010），pp. 83-95

[9] B.J. パインⅡ，J.H. ギルモア著（岡本慶一，小高尚子訳）『経験経済』（ダイヤモンド社，2005）

表 3-1 デザイン対象の変遷と経済価値の関係

経済価値	コモディティ	製品	サービス	経験
経済システム	農業経済	産業経済	サービス経済	経験経済
経済的機能	抽出	製造	提供	演出
売り物の性質	代替できる	形がある	形がない	思い出に残る
重要な特性	自然	規格	カスタマイズ	個人的
供給方法	大量貯蔵	在庫	オンデマンド	一定期間見せる
売り手	取引業者	メーカー	サービス事業者	ステージャー
買い手	市場	ユーザー	クライアント	ゲスト
需要の源	性質	特徴	便益	感動

起こすような「演出」のもとで，「一定期間」みることのできる「個人的」で「思い出に残る」ような「経験」を提供するものであることが示される．そして，そのようなビジネスにおいては，顧客と企業の関係は「ゲスト」と「ステージャー」の関係になっているのである[10]．

このような経済の歴史的変遷を受けて，伝統的なマーケティングのツールである4P分析が，主として供給側の視点から機能便益を中心に分析する枠組みであったことの反省に立ち，90年代末に需要者の視点を重視する経験価値マーケティングが提唱された．経験価値マーケティングは，需要者が消費行動によって得る総体的な価値を戦略的経験価値モジュール（表 3-2）に基づいて分析することを基本的コンセプトとしている[11]．4P分析による機能便益アプローチに対し，経験価値分析は需要者の経験する価値に基づく，情緒便益アプローチといえる．

経験デザインに成功した欧米企業の例としてアマゾン社，ナイキ社，ハーレーダビッドソン社，スターバックス社などが知られている．このうちスターバックス社は，単に淹れたてのコーヒーを提供するだけではなく，職場でも家でもない第三の場所，すなわち「顧客の隠れ家」における経験を提供することで顧客の支持を勝ち取ったといえる．スターバックス社は，この第三の場所を探り当てたことにより，「スターバックスのある生活（ライフスタイル）」を提供するに至っている．

また，日本企業でも近年，経験デザインを意識した取り組みとして，オムロンヘルスケア「血圧みまもり隊 Medical LINK」，日立システムズ「Smart Business Gateway」，デンソー「ユーザー中心研究開発プロジェクト」，リコー「インド農村部での BOP project」，コクヨファニチャー「Creative Lounge MOV」，任天堂「Wii」などが成功事例として報告されている[12]．

表 3-2 戦略的経験価値モジュール

Sense （感覚的経験価値）	美や興奮に関する顧客の感覚に訴求する感覚的要素
Feel （情緒的経験価値）	気分や感情に影響を与えるための感情的刺激
Think （認知的経験価値）	驚き，好奇心，挑発などを組み合わせ，顧客の創造的な志向に訴求する方向指示型と結合連想型のアプローチ
Act （行動的経験価値）	行動やライフスタイルの代替的なパターンを示唆することで肉体的経験価値を高め，社会的相互作用を高めること
Relate （関係的経験価値）	顧客個人の自己とブランドのなかに反映されている幅広い社会や文化の文脈とを結びつけ，顧客のための社会的アイデンティティを構築すること

f. デザイン思考によるイノベーション

ビジネスの成功にはイノベーションが欠かせないが，(A)～(C) のいずれの領域におけるイノベーションであっても，イノベーションとは創造的にビジネス

[10] 経験経済下のビジネスとして，最も分かりやすい成功事例は，ディズニーランドであろう．

[11] B.H. シュミット著（嶋村和恵・広瀬盛一訳）『経験価値マーケティング』（ダイヤモンド社，2000）

[12] 野村総合研究所「国際競争力強化のためのデザイン思考を活用した経営実態調査報告書」（2014）

上の問題を解決するプロセスである．イノベーションプロセスが探求されるなかで近年，デザイナーのような考え方により創造的に問題解決を実現すること，すなわち**デザイン思考**によるイノベーションに注目が集まっている[13]．その背景には1990年代からデザイン思考によるイノベーションを実践してきた米デザインファームIDEO[14]社による実践の歴史がある．

ここで，デザイン思考における「デザイン」は，単に商品・サービスを差異化するための要素を意味するものではない．デザイン思考とはエスノグラフィー（行動観察）などに基づき，（しばしば明確に認識されていない）顧客の真の願望や問題の本質に迫るインサイト（洞察）を得て，各種専門家のチームがブレイン・ストーミングやラピッドプロトタイピング（簡単かつ迅速な試作）などを含むさまざまな知的協業を行うことにより，事業構想・商品企画を創造的に行うためのフレームワークである[15]．

デザイン思考によるイノベーションは，顧客インサイトから出発し，さまざまなバックボーンをもったメンバーのチームワークによりイノベーションを実現させるため，技術革新のための論理的思考法とは異なる特徴を有している（表3–3）．

表3–3　デザイン思考の特徴

訓練された創造性の発揮.
人間中心に合わせた焦点.
環境中心に据えた関心.
視覚化能力の発揮.
勇気づけられた楽観主義.
適用可能性へのこだわり.
多面的能力を発揮する傾向.
総合的なビジョン.
ゼネラリストの視点.
言語をツールとして操る能力の発揮.
チームワークとの親和性.
二者択一の必要を避ける（両立する）融通性.
おのずから達成される実用性.
定性的情報に基づいて体系的に開発する能力の発揮.

出典：C.H. Owen "Design Thinking : Noteson its Nature and Use", Design Research Quarterly, Vol. 2, No. 1（2007), pp. 16–27 に基づき筆者作成.

最近のデザイン思考による製品開発の成功例として，銀行ATMのリデザインが報告されている．

国際的銀行であるBBVAは，顧客のニーズに基づき，ユーザー経験を考慮した機器システムを開発するプロジェクトをIDEOと協力して立ち上げたが，担当するデザインチームは，まず顧客のニーズを深く理解するために，米国ほか数ヵ国で自行および他行のATMユーザーにインタビューし，その利用状況を観察した結果，操作時にパーソナルな空間を作ろうとする行動や順番待ち行列のでき方などの多様な実態を把握した．チームはさらにガソリンスタンドや電車の切符販売機のようなセルフサービスの経験までも調査した．

これらの調査を通じて得たインサイトに基づき，既存のATMが提供するほとんどの機能を満たし，新しいセルフサービスの流れを有するATMを開発するための方針を定めた．それは，シンプルで自由度があり，直観的に操作できるATMを目指すものであった．また，ラピッドプロトタイピングの後に，ストーリーテリング[16]を用いることにより，新しいATMに対する理解を深め，着想を新たにすることができた．

その結果開発されたATMは，プライバシー問題を改善し，利用者が背後に並ぶ行列に感じるストレスをなくすために，行列に対し90度の角度で設置され，半透明パネルで目隠しされるものとなった．また，使い勝手を向上させるために，すべての操作がタッチスクリーン上で完結するようにし，現金，伝票，カードは一つのスリットから出入りする構造で，画像表示と機器内部の動作や実際の現金などの出入りとがビジュアルに連動し，利用者に安心感を与えるものとなった．

チームはまた，デザインコンセプトが技術開発，構造設計，実装という開発プロセスにわたって維持されるよう，機器メーカーであるNCR社および富士通の協力を得て，機器が設置されている壁を通して機器内部に現金などを供給する新しい内部機構を開発した．

[13] 鈴木公明「デザイン思考によるイノベーション―プロセスとしての経験デザイン」日本知財学会誌第8巻第1号(2011)

[14] 1991年に三つのデザインファームの合併により創設され，(A)(B)(C) すべての領域にわたるデザインのコンサルティングを行っている．

[15] デザイン思考の各プロセス自体は，特段目新しいものではなく，意識的かつシステマティックに，そして可逆的に各プロセスを実践する知的協業に特徴があるといえる．

[16] 消費経験に関する個人的物語を話してもらうこと．

チームが「もし，アップル社がATMを開発したらどうなるか」と考えて取り組んだ結果，デザイン思考により画期的な製品が開発された事例である．

デザイン思考によるイノベーションの成功例として，これまで欧米における事例が多く報告されてきたが，日本においても実践が始まっており，デザイン思考に基づく組織デザインの成功例として，サイバーエージェント「新事業創造制度」，Yahoo! Japan（ヤフー）「現場への意思決定の委譲」などの事例が，また，デザイン思考に基づく新規市場創出の成功事例として，コクヨファニチャー「マドレ」，リコー「THETA, MultiLink-Panel」，富士ゼロックス「DocuWorks ドキュメントトレイ　オプション」，ブリヂストン「ゼロ・スパイク　バイター」などが報告されている．

従来，デザインは技術に対する補完的資源である「プロダクトデザイン」を意味するものとして認識されがちであったが，現在ではイノベーションと創造的な事業戦略構築に貢献する「デザイン思考」の背景にある思考様式であると認識されつつある．

デザイン思考は事業戦略の構築や商品開発の局面にパラダイムシフトをもたらし，その多面的・総合的性格は，イノベーションの発生プロセスを大きく変化させるものである．したがって，イノベーションの成果を保護し，ビジネスを支援する知的財産戦略においても，このパラダイムシフトに対応するために全体的な見直しの必要が生じている．

3.1 節のまとめ

日本経済の発展のためには，日本企業が技術革新に基づくイノベーションだけでなく，ほかの領域におけるイノベーションについても強力に推進することが必要である．

イノベーションは，技術領域と非技術領域のいずれにおいても取り組むべき課題であり，知的財産業務がこれらの双方に深く関わっていることを認識すべきである．そして，知的財産業務にもまた，イノベーションが求められている．

3.2 研究開発と知的財産

3.2.1 研究開発と特許制度

a. 知的創造サイクル

図 3-6 に示す知的創造サイクルに示されるように，研究開発によって創造された知的財産を権利という形で保護し，知的財産権として保護された知的財産を活用して利益をあげ，その利益を元に研究開発を行い，創造→保護→活用のサイクルを回してスパイラルアップさせることが，事業経営にとって重要である．

単純に考えれば，このように知的創造サイクルを円滑に回し続けて，それによって新しい技術を研究開発し，研究開発された技術を知的財産権として保護したうえで，保護した権利を活用して利益を獲得し続けていくことは可能である．しかし，何の計画ももたずにやみくもに研究開発を行い，開発された技術を知的財産権として権利化したとしても，事業を守るために権利を活用でき，さらには利益を上げることができるような知的財産権を獲得することはできない．

たとえば，自社の事業と関係性が薄い技術を開発した場合，その技術を権利化することはできても，自社の事業を守るための活用は難しい．もちろんライセンスによって利益を得ることができる可能性はある．その場合，自社で事業をしていないような分野での特許技術ということになるため，ライセンシーにとって，クロスライセンスの効かない非常に脅威となる知的財産権に化ける可能性がある．

ただし，そもそも研究開発を行うような最先端の技

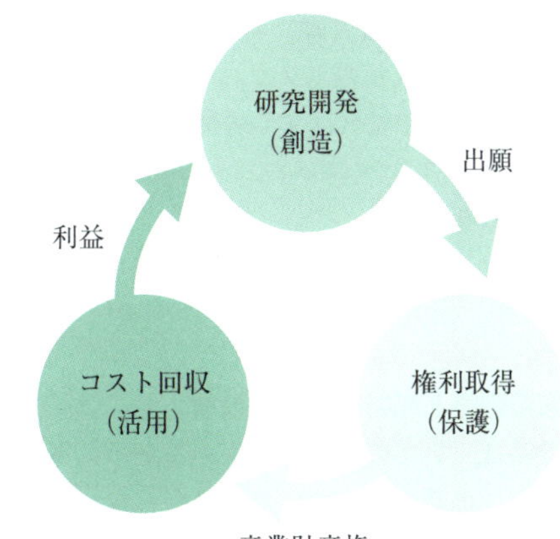

図 3-6　知的創造サイクル
出典：特許庁パンフレット

術に依存して事業を行っているような企業はなかなか見つからない．ならば，将来的にその技術を使用する企業が現れてくるまで，自社の事業と関係の薄い技術に関する権利を維持しておくのは大変な負担になる．相手企業も，事業の開始にあたって，先行技術調査を当然行うため，そのような知財権が既に存在していれば，ライセンスを申し込んでくれることもあるかもしれないが，その特許技術を回避する別の技術を開発したり，事業の開始を諦めてしまう場合もある．そのような研究開発の費用対効果を考えた場合，活用できるかどうかわからない技術を権利化し，保持し続けることのほうが，企業にとっては遥かにリスクが高い．

したがって，知財戦略が本当に目的とすべきなのは，自社の事業に活用できる技術を使って，ビジネスで得られる利益を最大化させることだと考えられる．このように考えると，知財戦略，事業戦略，研究開発戦略の各々の戦略は相互に関連しており，「ビジネスにおいて利益を最大化する」という目的も共通してくる．知財戦略を成功させるためには，それぞれを単独で考えるのではなく，ビジネスにおいて得られる利益を最大化するという共通目的のもとに，知財戦略・事業戦略・研究開発戦略を三位一体としてとらえた戦略を立てて実行する必要がある．

b. ビジネスにおける知財戦略の重要性

知財戦略を機能させるためには，知財戦略と事業戦略と研究開発戦略とを三位一体のものとして連動させて行う必要がある．知財戦略とは，知的創造サイクルで考えると，特に「保護→活用」の部分で真価を発揮する．

保護における知財戦略は，研究開発で創造された技術をどのような権利として確保し維持するかが問題となる．保護の方法としては，特許，実用新案，意匠，商標，著作権，営業秘密（ノウハウ）等がある．ICT ビジネスは，世界中で展開する可能性があるため，どの国で権利化を図るかについても，知財戦略上重要な決定事項である．

c. 事業戦略，研究開発戦略と知財戦略の三位一体の戦略

(i) 事業戦略と知財戦略の関わり

事業戦略は，事業の方向性を決めるために重要な役割を果たす．事業を進めていくにあたって，事業の進んでいく方向に，自社の特許ポートフォリオを構築し，特許ポートフォリオによる参入障壁を構築したり，競合他社とのクロスライセンスが可能な状態にしていくために必要となるのが知財戦略ということになる．

ICT ビジネスにおいては，一つのビジネスを行ううえでも，そこに必要となる特許は数百～数万という件数の特許群になることが多く，到底，特定の１社の保有する特許群だけではカバーしきれない．そのため競合他社が保有する多くの知財権も必然的に関係してしまうために，自社が保有する権利をクロスライセンスや通常ライセンスの材料として活用して，ビジネスを継続させていく必要がある．

このように ICT ビジネスにおいては特に，他社との権利関係が複雑になるため，事業戦略上では，他社のビジネスを排除するよりも，他社の権利が存在してもなお，自社の権利を活用することによって，いかにその市場でビジネスを展開し，あるいは継続し続けていくことができるかを考え，必要な知財戦略が重要である．

(ii) 研究開発戦略と知財戦略の関わり

研究開発戦略とは，新規技術を研究開発するために必要となる．生まれてくる新規技術は，ビジネスにおいて活用すべき知的財産権の元となる．ビジネスにおいて利益を生み出すための技術を研究し，開発していくためには，知財戦略との関係が重要になってくるともいえる．知財戦略と研究開発戦略の関わりを知的創造サイクルの上で考えると，その関係は「創造」の部分において密接に連携すべきものである．

研究開発によって産み出される技術によってビジネスを成功させるためには，研究開発のために割くことのできる経営資源を，どの分野にどれだけ配分するかを考える必要がある．「戦略」の本質とは，限られたリソースをどの分野にどれだけ投入すれば，最大の成果を上げられるかを考えることにあるからである．研究開発戦略を立ててビジネスを成功させるため，どのような技術を開発していくかを考えるには，他社の技術動向，今後ビジネスを展開していくうえで重要な技術分野など，さまざまな情報が必要となる．

研究開発戦略を支える知財戦略の観点から考えると，これらの情報を集めて具体的な研究戦略を練るには，特許ポートフォリオの検討が有効である．特許ポートフォリオとは，自社や競合他社の保有している特許権の集合としての特許網が，どの分野にどの程度存在しているか，その特許権の権利範囲の分布そのものを意味している．これらは特許マップを作成することで視覚化され権利範囲が明確になり，自社および競合他社の技術動向や，強み弱みを把握することができ

る．これらはICT分野などのように，一つの製品に対して数百～数万件の特許が含まれているような技術分野で，特に効果的な指標といえる．

この特許ポートフォリオを利用して研究開発戦略を立てることで，ビジネスに必要となる技術の研究開発を効率的に行うことができるようになる．

(iii) 知財戦略のあるべき姿

ICTビジネスで限られた経営資源を有効活用して最大の利益を生み出すためには，事業戦略，知財戦略，研究開発戦略のそれぞれを連動して三位一体の経営戦略を行うことが非常に重要である．そのため，知財戦略のみ単独で構築しても，それだけでは有効に機能しない．事業戦略，研究開発戦略と連動して同じ経営目的の下で三位一体で構築されることによって，各戦略が互いに相乗的に機能し合ってはじめて，ビジネス上の利益を最大化することができる．

知財戦略① 権利化戦略

知財戦略において，その根幹となる知的財産をどのような法的手続きで，どこに，どのように権利化をするか，その権利化戦略は非常に重要である．具体的な権利化戦略について述べる．

知的財産権は基本的に属地主義をとっているため，たとえ自国でのみ権利化した技術を他国で侵害されたとしても，その国で権利を保有していない場合には，その侵害行為について行使できる権利そのものが存在しない．そのため，ビジネスを行っていくには，開発した技術をどの国に出願し権利化するかということが非常に重要になってくる．

ビジネスをグローバルに展開していく場合には，どの国でどの権利を取得する必要があるかを検討する必要がある．この場合に大事なのは，その前提としてどの国でビジネス展開を行うのか，あらかじめ十分な検討を行い，事業戦略および研究開発戦略と知財戦略とを三位一体で進めながら，権利化を行っていく必要がある．つまり研究開発では，米国にビジネス展開を行うのであれば米国の，中国でビジネス展開を行うのであれば中国の特許を含めて先行技術調査を行わなくてはならない．さもないと，せっかく多額の研究開発資金を投資して研究開発を行なって技術確立ができたとしても，国外へ事業展開する段階で，その国の先行特許が発見されて事業展開ができなくなる怖れがあるからである．

競合他社とのクロスライセンスなどまで考慮に入れた特許ポートフォリオの勢力図も知っていなければ知財面で安心して事業を開始できない．また，ビジネス展開する国での市場性やロジスティックス，必要なリソースの調達など，事業面での採算性も十分考慮しなくては，知財面で必要な特許出願が十分できていたとしても，事業が頓挫し，無駄な投資になりかねない．

このように，事業と研究開発と知財の三つには，それぞれに必要なリソースがあり，それらのリソースをバランスよく，最小のコストで最大の成果が得られるように配分することが三位一体の戦略であり，そのなかで知財戦略に必要な権利化をどのように行っていくのかを検討するのが，知財戦略における出願戦略ということになる．ここで事業展開に必要十分な国に，特許出願を行って権利化を図る必要がある．また，万が一望まぬ特許訴訟が起きた場合に，訴訟を有利に進められるように，その国での判例も知っておく必要がある．

特許訴訟などの判例により，誰が考えても結論が明らかな事件はほとんど起きず，そういうケースでは裁判に至る前に企業間交渉で決着がついたり，たとえ訴訟が提起されたとしても，実際の判決が下される前に，和解してしまうことが多い．裁判所にとっても白黒がはっきりしていないグレー領域での判断であることが多く，その意味で過去の判例は重要となる．

日本だけで出願する戦略をとった場合，出願から1年6ヵ月後には出願公開されて世界中に知れ渡ってしまうため，日本以外の国に対しては，ただ単に技術内容を公開したのと同じことになってしまう．

ICTビジネスの場合，別の国で同じようなビジネスが事業化されたとしても，そのサービスは容易に世界中に展開されることになり，大きなビジネスチャンスの喪失を招く可能性がある．同時に，自分たちが日本内でのみビジネス展開をしようと考えていたとしても，国外からアクセスされて利用されてしまうと，意図せず他国の権利者の権利を侵害してしまうリスクも捨てきれない．

すなわち，現在，そして将来も含めて，事業展開を行う可能性のある国，あるいは特許技術を権利として保護しておかなければならない国については，事業部門と連携して，どの国に出願するかをきちんと見極めておかなければならない．

知財戦略② ライセンス戦略

知財戦略にとって，自社の知的財産を権利化する権利化戦略の他に，権利化した知的財産権を誰にどのように行使するか，あるいは，他社の権利をどのように使用するか，そこには，別の章で説明するライセンス戦略が非常に重要になってくる．

(iv) 特許制度

日本特許法第1条に,「この法律は，発明の保護及び利用を図ることにより，発明を奨励し，もって産業の発達に寄与することを目的とする」とある．すなわち，発明者に，一定期間，独占的な権利を与えて発明の保護を図ることにより，その発明の公開を図ることとしている．この一定期間が過ぎれば，人類共通の財産として，その発明は誰でも自由に実施できるため，技術の進歩を促し，産業の発達に寄与することになる．発明は，特許庁に出願手続きを行って，原則1年6ヵ月で公開され，公衆の知るところとなる．出願後3年以内に特許庁に審査請求を行い，審査手続きを経て特許になると，特許公開の代償として，出願日から20年間は独占排他権を得ることができるが, 20年経った時点で特許権は満了し，その後は，人類共有の財産として皆が自由に使えるようになる（図3-7).

特許法上，該当する発明は，産業の発達に寄与する法目的から，次の四つの要件すべてを満たさなければならない.

(1)　自然法則の利用

重力のような自然法則を利用していることが必要である．永久機関のように，自然法則に反するものは該当しない．また，重力そのものなど自然法則それ自体も該当しない．アルゴリズムなど計算手法そのものも該当しない．さらに，トランプのルールなど，自然法則を利用しない人為的な取り決めも該当しない.

(2)　技術的思想

技術的な特徴を有する具体的な手段であり，知識として伝達が可能であることが必要である．ゴルフのスイングなどの技能や，成績データの単なる提示は該当しない.

(3)　創作であること

新しいことを生み出している必要がある．自然界にもともと存在する天然物の発見は，創作にはならない．しかし，発見した天然物を用いて新たな物質を生み出すことは創作になる.

(4)　高度（進歩性：容易でない）

誰でも思いつくような簡単なアイデアは保護しないことを意味する.

また，これら特許法上の四つの要件を満たす発明というだけでなく，産業の発達に寄与する発明を特許として保護するため，前記の特許法上の発明に該当するだけでなく，さらに次の特許要件をすべて満たさなければならない．これらを満たしてはじめて，特許として登録されるものになる.

・産業上の利用

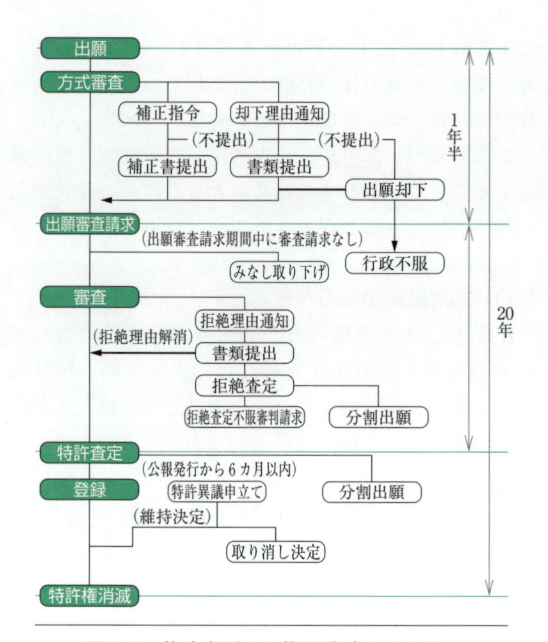

図3-7　特許出願から権利消滅までの流れ

・新しい（新規性）
・最初の出願
・公序良俗に反しない
・特許出願明細書の記載要件を満たしている（発明の公開）

特許法上の発明のカテゴリーとしては，商品だけでなく，その使用方法や製造方法も保護対象となる.

特許出願手続

具体的な特許出願手続の流れを図3-7に示す．概略を説明すると，特許権の存続期間は出願から20年間であるが，審査を経て特許が認められるまでに何年もかかる場合が少なくない．まず，出願から1年6ヵ月で，発明の内容が許出願公開公報として公になる．特許出願の審査は，自動的には行われず，審査請求がなされて初めて順番に審査が行われる．その審査請求は永遠にできる訳ではなく，出願から3年以内に限られる．審査の結果，拒絶理由通知が発せられることは珍しくない．この拒絶理由通知に対し，断念せずに，意見書や必要な補正書の提出で対応して，権利化を図ることが一般的である．それでも，拒絶される場合には，拒絶査定が発せられるが，あくまでも権利化を図りたい場合，拒絶査定不服審判という手続きを執ることができる．その結果，やはり，特許にすべきでないとの審決がなされた場合には，審決取消訴訟で争う途が残されている．なお，早期に審査の着手を図りたい場合，発明を実際に使用している場合などの一定の要件を満たせば，早期審査制度を利用できる.

表 3-4 特許と実用新案の比較

	特許	実用新案
保護対策	発明．自然法則を利用した技術的思想の創作のうち高度なもの	考案．物品の形状，構造または組み合わせに係る自然法則を利用した技術的思想の創作
審査内容	様式上の審査と，特許性の実体的審査	形式的な審査のみ
審査期間	出願審査請求から平均1～2年	出願から4～6ヵ月
権利期間	出願日から20年	出願日から10年
権利行使	権利行使できる	実用新案技術評価書の提示が必要

d. 実用新案制度

実用新案制度は，日用品等「考案」とよばれる，さほど高度ではないアイデアを保護する制度で，出願してから10年で権利が満了する．考案は，実用新案法では「自然法則を利用した技術的思想の創作」と定義されている．特許法と異なるのは，「高度」かどうかという要件である．特許と異なり，実体審査を省略した無審査登録制度で運用されているので，届け出さえすれば，所定の書面としての形式を備えているかどうかだけを確認されて（形式審査），問題がなければ登録される（表 3-4）．

ただし，無審査であるため，権利行使を無条件に行うことはできない．権利行使を行う場合は，改めて特許庁に技術評価を願い出て実用新案技術評価書を取得し，それを提示して警告してからでないと権利行使できない．

実用新案法では，商品などの物品の形状，構造，その組み合わせを保護の対象とするが，特許法で保護対象とする，方法や材料そのものは保護の対象とはしない．例えば商品の形状として「断面が六角形の鉛筆」，構造として「メガネフレームの折り畳み構造」，組み合わせとして「ラジオ付き懐中電灯」などが実用新案権として挙げられるであろう．

3.2.2 知的財産情報の収集・分析

知財戦略の策定や知財実務の遂行にあたり大変重要な情報収集解析の基礎について述べる．研究開発，提携（アライアンス）および事業化，などのあらゆる場面で戦略を策定したり，意思決定したりすることが必要となる．この際に関係する情報を収集し，分析し，解析して，適切な戦略を策定するとともに，的確な意思決定を行うことが重要となる．

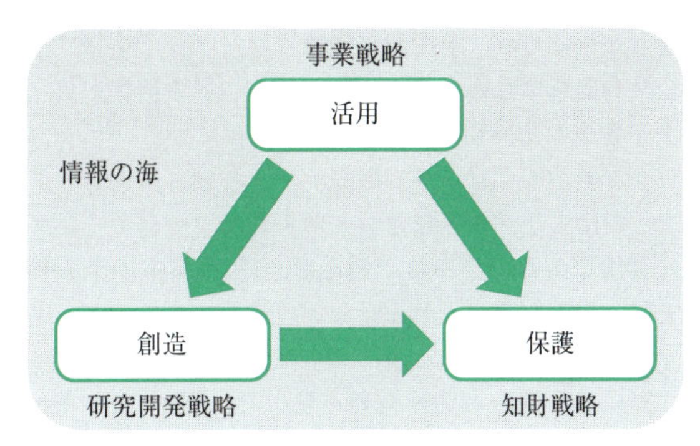

図 3-8 知的創造サイクル

a. 情報収集解析の役割と重要性

知的創造サイクルは，まず創造し，次に創造されたものを保護し，さらに保護された成果を活用し，活用することで得られるリターンを創造に回すというサイクルで説明されているが，知的財産は活用されなければ意味がないので，創造および保護は活用と調整しながら進めることが大切である．図 3-8 に示すように，私たちの周りに溢れている情報の海（特許，市場，製品などに係る情報）から必要な情報を収集して調査解析し，ビジネスモデル（活用）を描き，これに基づき研究開発テーマを設定して研究開発を実行し（創造），ビジネスモデルに適合した形で的確な権利取得（保護）を行うことになる．市場動向や技術動向などの開発環境は時々刻々変化するため，定期的にその変化を把握してビジネスモデルに反映していくことが不可欠となる．したがって，活用（ビジネスモデル）と創造，保護との調整もそれに合わせて実行されなければならない．

このように，情報の海を対象とした情報収集解析は，企業経営において不可欠な手段である．具体的には，「創造」を担う研究開発戦略，知的財産として保護を，ときには活用を担う知財戦略，さらには活用を担う事業戦略の策定や意思決定に情報収集解析はなくてはならない手段である．なお，情報収集解析は調査分析や調査解析のように表現される場合も数多くある．

b. 情報収集解析で対象とする情報

前述した「情報の海」には，世の中に存在するありとあらゆる情報が含まれるが，代表的なものとして，特許情報，学術情報，新聞記事（Web 記事を含む）情報，マーケット情報，法制度情報（訴訟情報を含む）

などが挙げられ，新聞記事情報やマーケット情報には企業動向をはじめ多くのカテゴリーに属す情報やデータが含まれる．IT 分野で話題となっている「ビッグデータの活用」は，商品販売データや顧客属性データなどの膨大なデータを分析・解析してマーケティングに利用するものである．例えば，JR 東日本の子会社では，自動販売機と Suica などの電子マネーのデータを分析し，列車に乗る前にミネラルウォーターを買って移動中に飲むという行動を見出し，「落ちないキャップ」を採用したと報じられている．また，米政府は，2 億ドルを投じて，複雑で大規模な電子データから知識と洞察を抽出する能力を強化するための取り組みを開始することを発表した．このほか，ビッグデータ活用に関する記事が，最近，数多く報じられている．情報収集解析が企業や国家の競争力を向上させるうえで大変重要であることを示しているものといえる．

ここでは，データと情報をひとまとめに「情報」で示しているが，データと情報は似て非なるものである．**データ**とは「客観的な事実を数値，文字，図形，画像，音声などで表したもの」であり，**情報**とは「ある特定の目的に役立つ資料や知識」である．ある目的に役立つデータ，またはデータを元に加工されたものが情報となる．例えば，特許情報はそれ自体が技術情報として有用な情報であるが，特定の技術に関係する多くの特許情報のそれぞれを，目的に応じた角度（視点）から分類し，これらの分類データ（属性データ）の集団を解析して有用な情報に昇華させるのが情報収集解析である．

特許は，現在，全世界で年間約 198 万件，日本で 34 万件程度が出願されており（2010 年），かつ長期間にわたって情報が蓄積されてきている．このような膨大な特許情報源から関係する情報を引き出して解析し，企業経営の羅針盤とすることの有用性，重要性が指摘されている．なお，知的財産分野においては，特許情報とそれ以外の情報（非特許情報）という区分がよく使用されている．

c. 情報収集解析のステップ

情報収集解析は，通常，五つのステップで実行される．情報収集解析は，研究開発テーマの探索，技術開発の方向の評価，競合企業の動向把握，強い知的財産の取得，提携相手の探索や評価など，多様な目的で実施される．企画段階において，その目的を明確にしておくことが重要であり，曖昧な状態のまま作業を進めることは労多くして効少ない結果になっている．

目的が明確になったならば，その目的を果たすうえで必要な情報を特定し，収集することになる．ここで，例えば，過去 5 年間の情報とするのか，過去 20 年間の情報とするのかで対象とする情報量が大きく変わるため，目的を果たすうえで最適な期間を設定することが重要となる．また，商用のデータベースを検索して収集できるのか，商用のデータベースがない場合は一般的な検索エンジン（Google 検索など）を利用するのか，さらには検索式をどのように設定するかなどについて決定する．収集した情報は整理したうえで蓄積することになる．

ここで，個々の情報を複数の項目（日付，企業・機関名，内容 1，内容 2，……）で構成した情報記録簿の形（通常は電子ファイル）で蓄積・保存する．また，検索式を利用して収集した情報には目的に合わないものが含まれる場合が多々ある．このため，精度を上げることが必要な場合は，収集した情報のそれぞれを吟味したうえで取捨選択することが必要となる．

上記のようにして得られた情報記録簿に，特定観点からの分類区分などを付与し，ある観点 1 と別の観点 2 の関係を 2 次元マップの形で図示化（可視化）することで，例えば「課題」（観点 1）と「解決策」（観点 2）の関係を把握することが可能となる．特許情報を対象とした 2 次元マップが，パテントマップと称されている．特定の観点を設定し，個々の情報に分類区分などを付与する行為はまさしく解析そのものといえる．

しかしながら，前述の解析作業は基本的に人間が行うことになるので，膨大な情報件数を対象に解析作業を行うことは困難である．このため，最近になって，データマイニング（データ群から価値ある情報を掘り起こすこと）あるいはテキストマイニング（テキスト情報を対象としたデータマイニング）を利用した解析手法が研究され，実務において利用されはじめた．本項では，情報収集解析の基礎について解説することを目的としていることから，マイニング技術を利用した解析については割愛している．

関係者あるいは関係部門間で解析の結果を共有することが重要であり，このために可視化が不可欠な手段となる．結果を踏まえた行動に繋がってはじめて情報収集解析の目的が達成されることになる．

d. 特許情報の収集解析

ここまでは収集解析の対象とする情報を特定しなかったが，ここからは知財分野に深く関係している特許情報の収集解析について解説する．

特許情報については，独立行政法人 工業所有権情報・研修館の特許情報プラットフォーム（J-PlatPat）

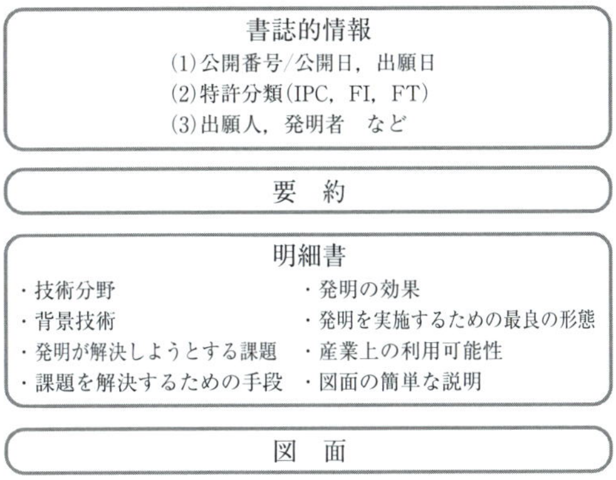

書誌的情報
(1)公開番号/公開日，出願日
(2)特許分類(IPC，FI，FT)
(3)出願人，発明者 など

要 約

明細書
・技術分野 ・発明の効果
・背景技術 ・発明を実施するための最良の形態
・発明が解決しようとする課題 ・産業上の利用可能性
・課題を解決するための手段 ・図面の簡単な説明

図 面

図 3–9 特許情報の内容

のデータベースをはじめ，外国特許庁のデータベース，さらには多くの商用データベースを利用して必要な特許情報を収集することができる．内外特許庁のデータベースは無料で利用できるが，目的によって得手不得手がある．したがって，有料である商用データベースの利用も収集する際の重要な選択肢となる．データベースに蓄積されている個々の特許情報には，出願日，公開日，出願人，特許分類などの書誌的情報と，要約，特許請求の範囲，明細書内容，図面などの詳細情報が含まれている．特許情報の最大の特徴は，発明内容に応じた特許分類が付与されていることから，必要な特許情報を的確かつ効率的に検索し収集できる点にある（図 3–9）．

特許情報データベースにアクセスし，特許分類，検索キーワードおよび検索期間などからなる検索式を入力して，解析の目的に合った特許情報群を検索し収集する．検索結果は，通常，表計算ソフト（Excel など）で保存できる CSV 形式で出力されるため，前述した情報記録簿である電子ファイルが作成される．

商用データベースの場合では，特許分類，出願人，出願時期に対応した特許出願件数などの推移を可視化した図表（パテントマップの一種）を作成する機能を利用できるので，情報記録簿が不要となる場合もある点を補足しておく．

特許情報の活用目的は，経営情報として活用，技術情報として活用，および権利情報として活用の三つに大別できる．一般的に，経営情報として活用する場合は収集範囲が広くなるので，書誌的情報のみを利用した解析となる（表 3–5）．

e. パテントマップ

情報記録簿にある個々の特許情報を，解析目的に応じて整理するとともに，特定の観点から分類し，たとえば2次元マップのような形で可視化したものがパテントマップと称されている．ここでは，技術情報として活用する二つの事例を紹介する．

表 3–5 特許情報の活用目的

経営情報として活用	・ライバル企業の動向監視 ・市場参入状況 など
技術情報として活用	・技術開発の流れ，方向の検証，確認 ・研究開発テーマの探索，選定 ・空白（未踏）技術の発見 など
権利情報として活用	・技術的範囲の確認 ・特許取得の可能性 など

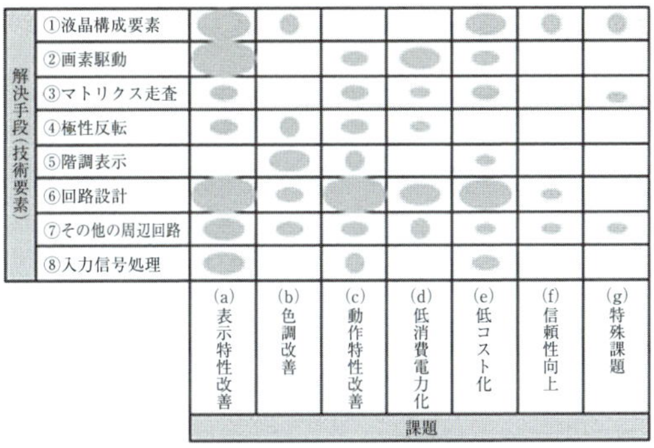

解決手段（技術要素）
①液晶構成要素
②画素駆動
③マトリクス走査
④極性反転
⑤階調表示
⑥回路設計
⑦その他の周辺回路
⑧入力信号処理
(a)表示特性改善
(b)色調改善
(c)動作特性改善
(d)低消費電力化
(e)低コスト化
(f)信頼性向上
(g)特殊課題
課題

図 3–10 パテントマップの例 A

(i) パテントマップ例 A：課題と解決手段の関係

図 3–10 は，液晶表示パネルにおける課題と解決策（技術要素）の関係を示している．マップ例 A は，液晶パネルのそれぞれの課題に対しどのような解決手段，すなわち技術要素が発案され特許出願されてきたかを出願件数の多寡に応じた円の大きさで表示している．この結果から，集中的に開発されている技術，重視されている課題などを把握することができる．図 3–10 は，長期間にわたって出願された特許出願を合計した件数で示しているが，例えば一定期間ごと，あるいは出願人ごとの件数で解析すればさらに有用な情報を獲得できる．

(ii) パテントマップ例 B：技術分野対応の権利化状況

図 3–11 は，オンライン・ショッピングに関係する登録特許の件数を技術分野に対応して表示している．これらの特許は2000 年頃に大きな話題となったビジネスモデル特許と称されるもので，日本，米国，欧州で成立した登録特許である．図の横軸にオンライン・

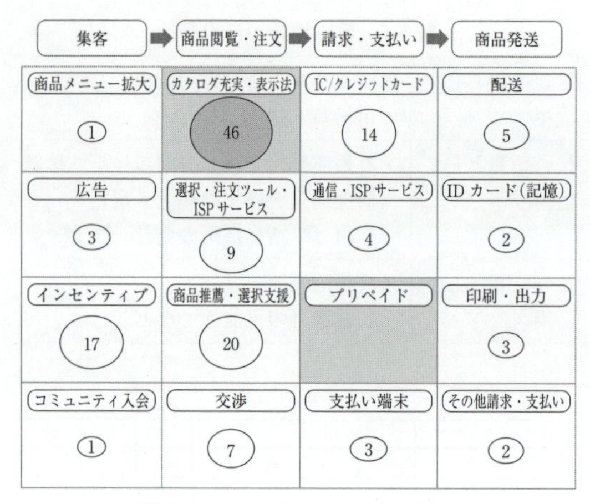

図 3-11　パテントマップの例B

ショッピングビジネスの流れの各段階を示し，縦軸には各段階で行うことや利用することを示している．図3-11から，どの技術分野に企業などが力を傾注しているのか，あるいはどの分野が重要と認識しているのかなどの情報を獲得することができる．また，どの分野が空白であり，技術的に未踏となっているのかが把握できる．具体的には，ショッピング・サイトにきた客にカタログをみせ，注文してもらうために，カタログを充実させ表示法を工夫することに多くの企業などが知恵を絞ったことが理解できる．一方，支払い方法については，プリペイドに係るものが存在しないことがわかる．このほかにも権利者別の解析などを通して有用な情報を獲得することができる．これらの獲得した情報に基づき，オンライン・ショッピング事業分野の戦略を立案し，意思決定する．

(iii)　特許情報と非特許情報の融合

特許情報の解析とは，膨大な特許情報を特定の利用目的に応じて収集・整理・分析・加工し，図面・グラフ・表などで可視化することである．そして，可視化されたパテントマップは有用な情報となる．しかしながら，特許情報の解析だけでは，情報収集解析のステップの「企画」で示したような目的を達成するうえで不十分な場合が多く，特許情報と非特許情報の融合させることが必要となる．具体的には，マーケット情報，法制度情報，学術情報などの非特許情報を特許情報の解析で裏付け検証したり，あるいは，特許情報の解析結果を非特許情報で裏付け検証を行う．特許情報は技術情報そのものであるので，技術の動向は解析できるが，その背景や理由などについて調べることは困難である．したがって，異質の情報と抱き合わせる（融合させる）ことで，解析結果により説得力をもたせることができる．

3.2.3　研究開発と営業秘密保護

企業などにおける研究開発活動の成果は，技術的な資源として企業活動に活用されるが，その技術的資源をライバル企業などによる模倣から保全するためには，何らかの法的な保護が必要である．

技術的資源を法的に保護することを考える場合，代表的な手段が特許法や実用新案法による権利取得である．

しかしながら，特許権，実用新案権による技術の保護は，国家が権利設定を行い厳格に管理されるメリットがあるものの，1）権利内容が公表されてしまう点，2）権利期間が満了したのちには万人が利用可能となるなどのデメリット面も存在する．

このデメリットは，保護しようとする技術が製造プロセスにおけるノウハウなどである場合には特に大きくなる．なぜならば，ノウハウは，社会に対して秘匿することで経済価値が維持されるものであり，また，そのノウハウを使用する機会がある限り，将来にわたって価値が存続するため，有限の保護期間が設定されることになじまないからである．

このため，研究開発の過程で発生した技術的資源について，特許出願して特許権を取得すべきか否か，判断に迷う事態が生じる．このような問題に対応できる制度が不正競争防止法による営業秘密の保護である．

ここで不正競争防止法とは，不法行為法（民法）の特別法に位置付けられる法律である．不法行為法は，民法709条において，損害賠償を基本とする法制となっているが，競業者間で行われる不法行為については，事後的な金銭的請求権を定めるのみでは救済が十分でない場合があると考えられることから，不正競争防止法は民法とは別に損害賠償請求権を規定するとともに，差止請求権を規定している．

現行の不正競争防止法は，不正競争行為として9種類の行為類型を規定しているが，特に研究開発の成果との関連性が高いのは，a. 営業秘密に係る不正行為と，b. 技術的制限手段に対する不正行為である．

a.　営業秘密に係る不正行為

営業秘密の漏えいなどについての議論は，以前からなされてきたが，技術革新や経済社会の情報化に伴い，営業秘密の経済価値が増大するなかで，累次の改正により営業秘密に関する多様な不正行為の類型が拡大されており，さらに，悪質な行為類型については刑

表 3-6 営業秘密に関する不正競争の行為類型（①〜③，⑪〜は，営業秘密とは無関係な規定のため省略）

④ 窃取等の不正な手段により営業秘密を取得する行為（不正取得行為）と，不正取得行為により取得した営業秘密を使用し，または他人に開示する行為 ⑤ 営業秘密を取得する際に，不正取得行為の介在について悪意* または重過失の転得者による取得と，その後に使用しまたは開示する行為 ⑥ 上記 ① の不正行為が介在したことについて，転得者が営業秘密を取得したときには善意または無重過失であっても，その後に悪意または重過失に転じ，その営業秘密を使用しまたは開示する行為 ⑦ 営業秘密の保有者が，ビジネス上の必要等に応じて従業員等の他人に営業秘密を示した場合に，その他人が図利加害目的** で営業秘密を使用しまたは開示する行為	⑧ 営業秘密を取得する際に，上記 ④ の不正な開示行為または守秘義務違反による不正な開示行為の介在について悪意または重過失の転得者による取得と，その後に使用しまたは開示する行為 ⑨ 上記 ④ の不正な開示行為が介在したことについて，転得者が営業秘密を取得した時には善意または無重過失であっても，その後に悪意または重過失に転じ，その営業秘密を使用しまたは開示する行為 ⑩ ④〜⑨ までの悪意または重過失で譲り受けた場合の使用により生じた物の譲渡・輸出入等する行為

* それを知っていること
** 不正の利益を得る目的又は保有者に損害を加える目的

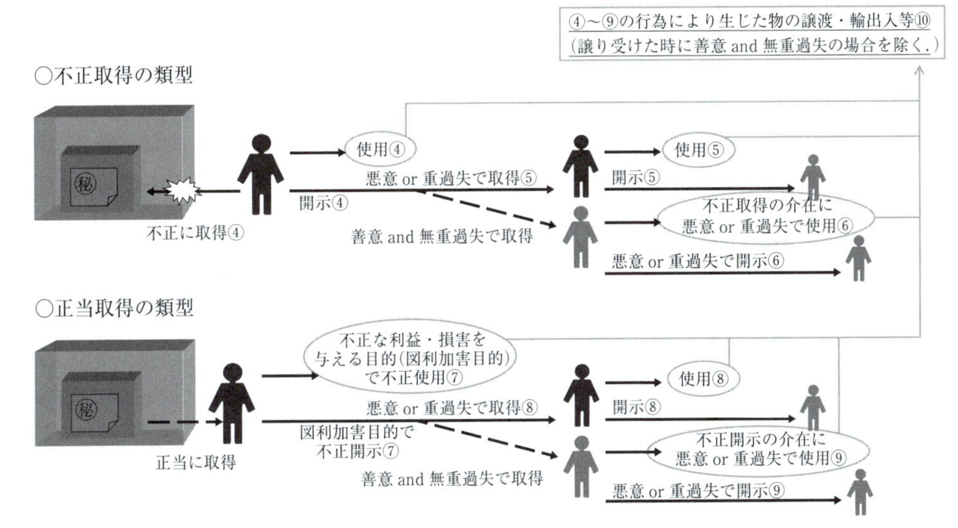

図 3-12 営業秘密侵害行為類型（民事）．○囲いの数字は，第 2 条第 1 項各号の該当号数．
悪意 or 重過失 ＝ 当該行為があったことを知っている，あるいは重大な過失により知らない
善意 and 無重過失 ＝ 当該行為があったことを，重大な過失なく知らない
出典：経済産業省 知的財産政策室「不正競争防止法」（2016）に基づき作成

事罰化とその強化がされている．また，裁判手続きにおける営業秘密の保護についても強化されている．

営業秘密に関する具体的な不正競争の行為類型は多岐にわたる（表 3-6，図 3-12）．

営業秘密に関する不正競争行為が問題となった事件には，美術工芸品等販売顧客名簿事件[17]，セラミックコンデンサー事件[18] などがある．

また，最近の事件としては，2012 年 4 月に，新日本製鐵が方向性電磁鋼板に係る自社技術に関する営業秘密を，韓国の鉄鋼大手ポスコ社とその日本法人が不正に取得し，使用しているとして，不正競争防止法に基づき損害賠償と方向性電磁鋼板の製造・販売差止めなどを求めて東京地方裁判所に提訴したが，2015 年

[17] 東京地裁平成 11 年 7 月 23 日判決，判例時報 1694 号 138 頁

[18] 大阪地裁平成 15 年 2 月 27 日判決

表 3-7　営業秘密侵害罪の類型

① 図利加害目的で，詐欺等行為又は管理侵害行為によって，営業秘密を不正に取得する行為 ② 不正に取得した営業秘密を，図利加害目的で，使用又は開示する行為 ③ 営業秘密を保有者から示された者が，図利加害目的で，その営業秘密の管理に係る任務に背き，（イ）媒体等の横領，（ロ）複製の作成，（ハ）消去義務違反＋仮装，のいずれかの方法により営業秘密を領得する行為 ④ 営業秘密を保有者から示された者が，第 3 号の方法によって領得した営業秘密を，図利加害目的で，その営業秘密の管理に係る任務に背き，使用又は開示する行為 ⑤ 営業秘密を保有者から示された現職の役員又は従業者が，図利加害目的で，その営業秘密の管理に係る任務に背き，営業秘密を使用又は開示する行為 ⑥ 営業秘密を保有者から示された退職者が，図利加害目的で，在職中に，その営業秘密の管理に係る任務に背いて営業秘密の開示の申込みをし，又はその営業秘密の使用若しくは開示について請託を受け，退職後に使用又は開示する行為	⑦ 図利加害目的で，②，④～⑥ の罪に当たる開示によって取得した営業秘密を，使用又は開示する行為（2 次的な転得者を対象） ⑧ 図利加害目的で，②，④～⑦ の罪に当たる開示（海外重罰の場合を含む）が介在したことを知って営業秘密を取得し，それを使用又は開示する行為（3 次以降の転得者をすべて対象） ⑨ 図利加害目的で，②，④～⑧ の罪に当たる使用（海外重課の場合を含む）によって生産された物を，譲渡・輸出入する行為 (1) 国外で使用する目的での ① 又は ③ の行為 (2) 日本国外で使用する目的を持つ相手方に，それを知って ②，④～⑧ に当たる開示をする行為 (3) 日本国外で ②，④～⑧ に当たる使用をする行為 (4) 営業秘密侵害罪の未遂行為 (5) （営業秘密侵害罪は非親告罪） (6) 営業秘密侵害罪（営業秘密侵害品の譲渡等は除く）は，国内で事業を行う保有者の営業秘密について，日本国外で罪を犯した者にも適用 (7) 秘密保持命令違反罪は，日本国外で罪を犯した者にも適用

末にポスコ社が新日本製鐵に 300 億円の支払いをすることで和解が成立した．

この背景には，2007 年にポスコ社から中国メーカーに，鋼板技術を流出させたとして逮捕されたポスコ社の元社員が，裁判において「流出したのはポスコ社の技術でなく新日本製鐵の技術」だと主張し，新日本製鐵の元社員の個人名を挙げたことから，新日本製鐵がこの情報を証拠として利用した，という事情がある．新日本製鐵は，ポスコ社による営業秘密不正取得に加担したとして，元社員個人に対しても，不正競争防止法に基づき損害賠償を求める訴訟を提起した．

法制度の整備とは別に，経済産業省は「営業秘密管理指針」を定めて，企業における営業秘密の管理強化に指針を与えている．企業における知的財産マネジメントにおいては，例えば開発された技術を特許出願するか，営業秘密として秘匿するか，あるいは技術情報として公開するか，また，営業秘密とする場合，不正競争防止法により保護されるためには，どのような管理が必要か，など，多様な観点に基づく検討が必要になる．技術の性質，ビジネスモデル，ビジネスステージ，市場環境などにより最適な対応策は異なるので，慎重な戦略策定が必要になる．

b. 営業秘密に係る不正行為に対する刑事罰

企業が保有する営業秘密の漏えい・盗用事件が多発している状況を受け，2015 年 7 月に営業秘密に係る不正行為に対する刑事罰が強化された（表 3-7，図 3-13～3-14）．強化の方向性は，行為類型の追加，海外における行為の罰則強化，未遂罪の設定，営業秘密侵害罪の非親告罪化，海外犯の処罰などである．

3.2.4 学会発表と特許出願

a. 学会発表

社会の発展のために，学者が研究成果を学会などで発表することは積極的に認められるべきであることに異論はないであろう．

しかし日本の特許制度においては，特許出願より前に公開された発明は原則として特許を受けることはできない．しかし，刊行物への論文発表などによって自らの発明を公開した後に，その発明について特許出願をしても一切特許を受けることができないとすることは，発明者にとって酷な場合もあり，また，産業の発達への寄与という特許法の趣旨にもそぐわないといえる．

このため，特定の条件の下で発明を公開した後に特許出願した場合には，先の公開によってその発明の新規性が喪失しないものとして取り扱う規定，すなわち

○不正な手段(詐欺・恐喝・不正アクセスなど)による取得のパターン

(1 号)図利加害目的で，詐欺等行為又は管理侵害行為によって，営業秘密を不正に取得する行為

(2 号)不正に取得した営業秘密を，図利加害目的で，使用又は開示する行為

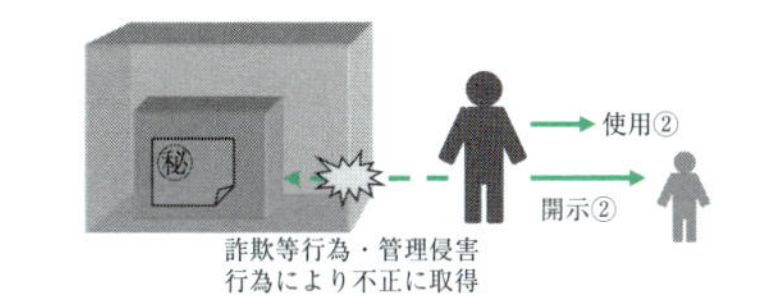

○正当に営業秘密が示された者による背信的行為のパターン

(3 号)営業秘密を保有者から示された者が，図利加害目的で，その営業秘密の管理に係る任務に背き，(イ)媒体等の横領，(ロ)複製の作成，(ハ)消去義務違反＋仮装，のいずれかの方法により営業秘密を領得する行為

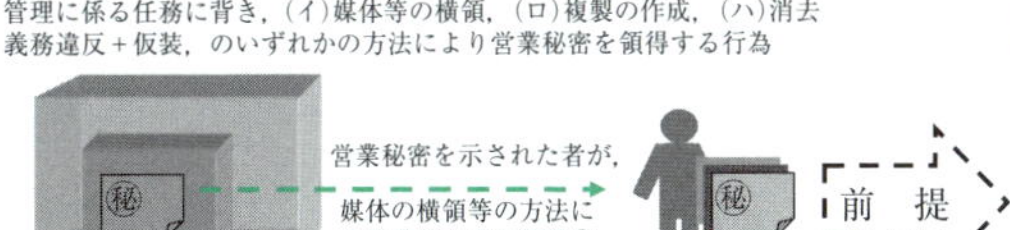

(4 号)営業秘密を保有者から示された者が，第 3 号の方法によって領得した営業秘密を，図利加害目的で，その営業秘密の管理に係る任務に背き，使用又は開示する行為

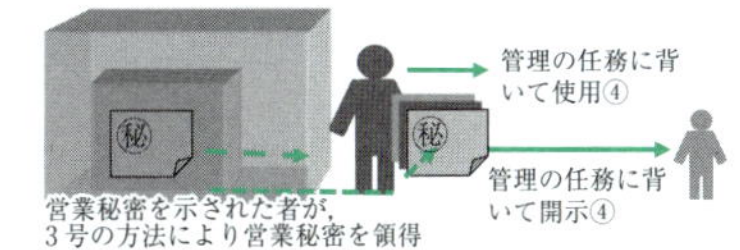

(5 号)営業秘密を保有者から示された現職の役員又は従業者が，図利加害目的で，その営業秘密の管理に係る任務に背き，営業秘密を使用又は開示する行為

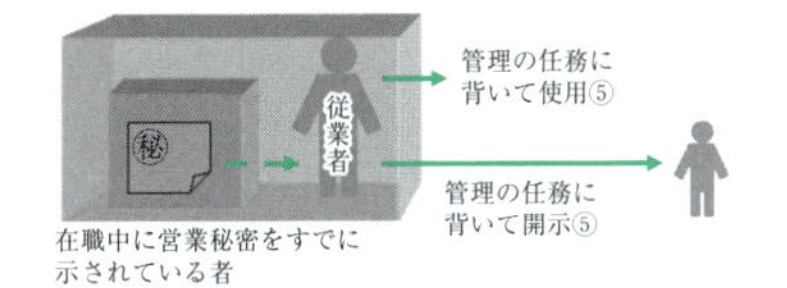

(6 号)営業秘密を保有者から示された退職者が，図利加害目的で，在職中に，その営業秘密の管理に係る任務に背いて営業秘密の開示の申込みをし，又はその営業秘密の使用若しくは開示について請託を受け，退職後に使用又は開示する行為

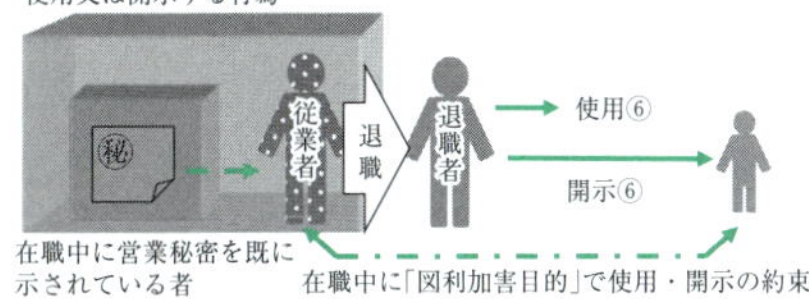

図 3–13　営業秘密侵害罪の累型（第 21 条第 1 項，第 3 項）①
出典：経済産業省 知的財産政策室「不正競争防止法」2016

○転得者による使用・開示のパターン

(7 号)図利加害目的で，②，④～⑥の罪に当たる開示(海外重罰の場合を含む)によって取得した営業秘密を，使用又は開示する行為(2 次的な転得者を対象)

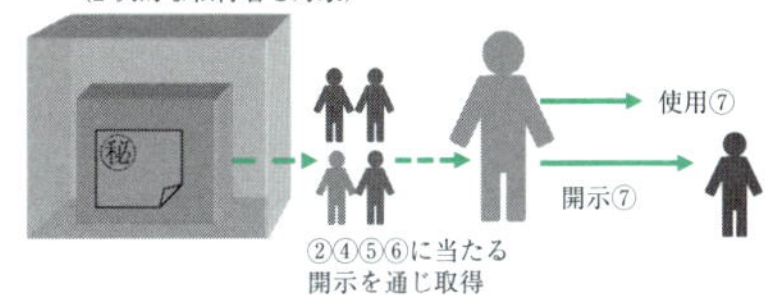

(8 号)図利加害目的で，②，④～⑦の罪に当たる開示(海外重罰の場合を含む)が介在したことを知って営業秘密を取得し，それを使用又は開示する行為(3 次以降の転得者をすべて対象)

＊平成 27 年改正事項

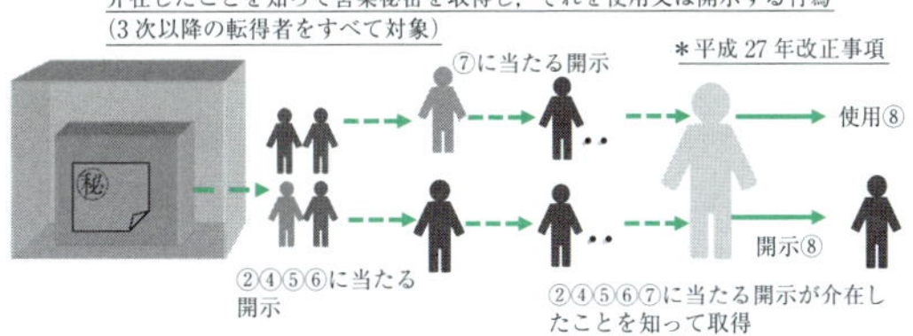

○営業秘密侵害品の譲渡等のパターン

＊平成 27 年改正事項

(9 号)図利加害目的で，②，④～⑧の罪に当たる使用(海外重課の場合を含む)によって生産された物を，譲渡・輸出入する行為

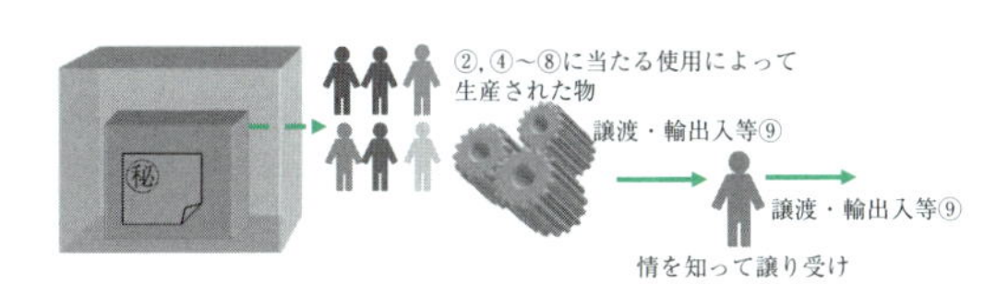

○海外重罰のパターン(21 条 3 項)

＊平成 27 年改正事項

(1 号)日本国外で使用する目的での①又は③の行為

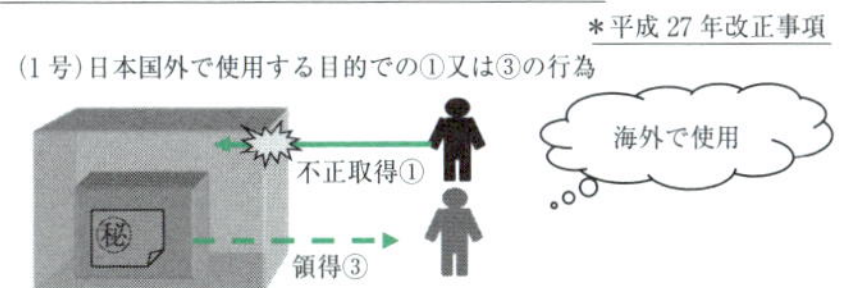

(2 号)日本国外で使用する目的を持つ相手方に，それを知って②，④～⑧に当たる開示をする行為

(3 号)日本国外で②，④～⑧に当たる使用をする行為

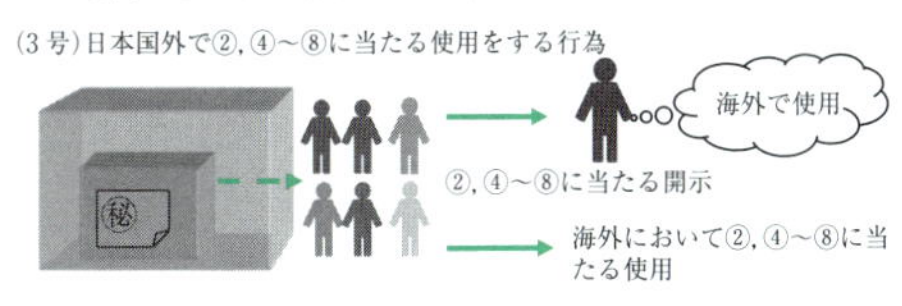

※第 21 条第 1 項第 3 号を除くすべての類型について，その未遂行為も処罰の対象(第 21 条第 4 項)

図 3–14　営業秘密侵害罪の累型（第 21 条第 1 項，第 3 項）②
出典：経済産業省 知的財産政策室「不正競争防止法」2016

発明の新規性喪失の例外規定（第30条）を整備している．

b. 新規性喪失の例外規定

特許法第30条において，学会発表などで新規性を失った発明でも一定の条件と手続をすれば，「新規性は失われなかった」と扱うことが定められている．まずは，特許法の条文を確認してみよう．

> 第三十条（発明の新規性の喪失の例外）
> 特許を受ける権利を有する者の意に反して第二十九条第一項各号のいずれかに該当するに至つた発明は，その該当するに至つた日から六月以内にその者がした特許出願に係る発明についての同条第一項及び第二項の規定の適用については，同条第一項各号のいずれかに該当するに至らなかつたものとみなす．
> 2　特許を受ける権利を有する者の行為に起因して第二十九条第一項各号のいずれかに該当するに至つた発明（発明，実用新案，意匠又は商標に関する公報に掲載されたことにより同項各号のいずれかに該当するに至つたものを除く．）も，その該当するに至つた日から六月以内にその者がした特許出願に係る発明についての同条第一項及び第二項の規定の適用については，前項と同様とする．
> 3　前項の規定の適用を受けようとする者は，その旨を記載した書面を特許出願と同時に特許庁長官に提出し，かつ，第二十九条第一項各号のいずれかに該当するに至つた発明が前項の規定の適用を受けることができる発明であることを証明する書面（次項において「証明書」という．）を特許出願の日から三十日以内に特許庁長官に提出しなければならない．
> 4　証明書を提出する者がその責めに帰することができない理由により前項に規定する期間内に証明書を提出することができないときは，同項の規定にかかわらず，その理由がなくなつた日から十四日（在外者にあつては，二月）以内でその期間の経過後六月以内にその証明書を特許庁長官に提出することができる．

具体的には，以下のポイントを満たすことが必要である．

(ⅰ) 主体

特許を受ける権利を有する者が発表すること．

(ⅱ) 出願期限

学会などで公表してから6ヵ月以内に特許出願を行うこと（予稿集が発行された場合は予稿集の奥付に記載されている発行日が公表の日付となる）．

(ⅲ) 証明する書面

特許庁に特許出願の手続をする際に，「新規性喪失例外規定」を適用する旨を記した願書を提出し，かつ，特許出願後30日以内に，発明の新規性喪失の例外規定の適用の要件を満たすことを証明する書面を特許庁に提出すること．

(ⅳ) 証明する書面の提出期限

「責めに帰することができない理由」により特許出願の日から30日以内に「証明する書面」を提出することができないときは，その理由がなくなった日から14日（出願人が在外者である場合は2ヵ月）以内で，特許出願の日から30日の期間の経過後6ヵ月以内にその「証明する書面」を特許庁長官に提出することができる．

「責めに帰することができない理由」の具体例や手続等は『方式審査便覧04.04』に記載されている．

(ⅴ) 救済を求める書面

救済が認められるためには，以下の二つの要件が満たされていることが必要である．

(1)　手続をすることができる期間（以下「所定の期間」という．）内に手続することができなかったことについて，出願人，権利者，申請者又はその代理人（以下「出願人等」という．）の「責めに帰することができない理由」があること．

(2)　所定の期間内にすることができなかった手続を救済手続期間にすること．

なお，(1) の「出願人等の責めに帰することができない理由」とは，「天災地変のような客観的な理由に基づいて手続をすることができない場合」のほか，「通常の注意力を有する当事者が通常期待される注意を尽くしてもなお避けることができないと認められる事由」をいうものと解されている．

救済手続期間内に，所定の期間を徒過した手続を行う．その際，上申書または手続書面に設けた【その他】欄（以下「上申書等」という．）において，当該手続をすることができなかった理由が「出願人等の攻めに帰することができない理由」に該当することを具体的かつ十分に記載し，その記載した事実を裏付ける証拠書類を提出しなければならない．

c. 発表者が注意すべきこと

以下，発表者である研究者の留意点を検討する．

(i) 例外規定の有効国

「新規性喪失の例外規定」は日本国内においてのみ有効であり，このような規定のない外国においては特許を取得することはできない．例外とされるのが米国である．米国は先発表主義を採用しているため，発表してから1年以内の出願であれば特許を取得することが可能である．欧州特許庁などは，日本のような新規性喪失の例外規定をもっていないので欧州特許庁などでの特許取得は困難となる．

(ii) 予稿集への記載

学会発表に基づいて他者が独自に改良発明をして先に出願されれば，発表者が特許権を取得できない可能性が生じる．他者の出願については，予稿集の発明の記載に基づいて新規性がないとの上申書を特許庁に提出することが奨められる．

(iii) 大学内での発表会

卒業論文や修士論文の発表会など大学で開催される発表会においても，不特定の参加者が聞くことができ，秘密保持の誓約もないようであれば「公表されたもの」として扱われる．これを避けるためには，発表会で発明が「公知」とならない取扱いを行う必要がある．具体的には，審査会の参加対象者の範囲を明示し，参加者全員に発表内容が秘密であることを伝え，秘密保持の誓約書に署名してもらうとともに，資料の配布を行わないことが大切である．

> 東京高判平 12.12.25（平 11（行ケ）368）
>
> 発明の内容が，発明者のために秘密を保つべき関係にあるものに知られたとしても，特許法29条1項1号にいう「公然知られた」には当たらないが，この発明者のために秘密を保つべき関係は，法律上又は契約上秘密保持の義務を課せられることによって生ずるほか，…社会通念上又は商慣習上，発明者側の特段の明示的な指示や要求がなくとも，秘密扱いとすることが暗黙のうちに求められ，かつ，期待される場合においても生ずるものであったというべきである．

(iv) 公然知られた発明

研究発表会や審査会において全員に守秘義務を課していたにもかかわらず，その参加者が研究発表会の内容を公表してしまった場合は「公然知られた発明」となる．このような場合は，特許を受ける権利を有する者の意に反して，「公然知られた発明」に至ったものに該当するので，その公表日から6ヵ月以内に特許出願をすれば特許法第30条第2項の適用を受けることができる．そうすれば，参加者の公表によって，新規性などが否定されることはない．ただし，参加者の公表日から6ヵ月を過ぎた場合，意に反する公表であっても特許法第30条第2項の適用は受けられないことに注意されたい．

(v) 大学内での公開

卒業論文や博士論文などを図書館などで公開するまでの間は一般図書と別に管理して原則としては閲覧させない．仮に閲覧者が出た場合には，その都度秘密保持の誓約書に署名をもらうことが必要となる．そうすれば，通常の特許出願が可能となる．

(vi) 平成23年の特許法改正（平成24年4月1日施行）

平成23（2011）年の特許法改正で適用対象外だった「集会・セミナー等（特許庁長官の指定のない学会等）で公開された発明」や「刊行物でないテレビ・ラジオ等で公開された発明」なども特許法30条の適用対象になったがこれを過信してはならない．特許庁が新規性喪失を認めても，発明に接した第三者が出し抜いて改良発明を出願した場合，研究者の特許取得は困難となる．

(vii) 外部機関への提出資料

科学研究費（科研費）などの公的機関の申請書類は秘密状態が保たれていると考えてよいが，その研究が採択された場合は研究の要旨がインターネットや公報で公開される可能性があるので注意が必要である．これはあくまで原則なので，公募要領などで確認することが重要である．

(viii) 企業の公募の注意

企業などが主催する公募の場合，「後日機密や知的財産権の問題が生じないようにするため，記入内容はすべてオープンな情報とみなします」との文言が入っているケースが多いので注意が必要である．

d. 平成23年改正の留意点

詳細については，特許庁がホームページ『発明の新規性喪失の例外規定の適用を受けるための出願人の手引き』平成23年9月（平成27年3月改訂）を参照されたい．特に，従来の規定より拡大された事項があるので確認されたい．ここでは，特に重要な変更点を紹介する．

（i） 例外対象の拡大

法改正前の適用対象は，試験の実施，刊行物への発表，電気通信回線を通じての発表，特許庁長官が指定する学会での文書発表，特定の博覧会への出品などによって公開された発明に限定されていた．しかし，近年における発明の公開態様の多様化への対応などを踏まえて，「特許を受ける権利を有する者の行為に起因して第29条第1項各号のいずれかに該当するに至つた発明」のすべてが適用対象とされることになった（ただし，内外国特許庁・国際機関により発行された公報に掲載された発明は除く）．

（ii） 証明に必要な基本的な事項

① 公開日

発明の公開日とは，特許法29条第1項各号のいずれかに該当するに至った日，すなわち，不特定の者に秘密でないものとしてその内容が知られた日（公然知られた日），発明の内容が公然知られる状況または公然知られるおそれのある状況でその発明を実施した日（公然実施をされた日），発明が記載された刊行物が頒布された日，または，発明が電気通信回線を通じて公衆に利用可能となった日のうちの，最も早い日を意味する．

② 公開場所

学会などの公開場所を明記しなければならない．

③ 公開者

実際に公開を行った者を意味するが，実際に公開を行った者を特定することが困難な場合は，公開者として公開行為に責任を有する者を記載することができる（例えば，企業が多数のアルバイトを雇用して発明の試供品を路上配布させた場合には，実際に発明の公開行為をした者を特定することが困難であるため，アルバイトを雇用した企業を公開者として記載することができる）．

④ 公開された発明の内容

証明する対象を特定し得る程度に記載すること．なお，「試験の実施により公開された場合」，「刊行物（書籍，雑誌，予稿集等）等への発表により公開された場合」，「電気通信回線を通じて公開された場合（予稿集や論文をウェブサイトに掲載した場合，新製品をウェブサイトに掲載した場合，発明した物を通販のウェブサイトに掲載した場合等）」「集会（学会，セミナー，投資家や顧客向けの説明会等）での発表により公開された場合」などひな形が前述した手引きに公表されているので参照されたい．

> 市場性に関する考え方（国立研究開発法人　科学技術振興機構（JST）のホームページ http://www.jst.go.jp/chizai/pat/doc/kangae.pdf）
>
> 市場性とは，発明を利用した製品の海外における売上の見込みを表すものである．発明が，特定の用途において実用化され，一定の売上を上げ，特許に要した費用以上の実施料収入が得られなければ，外国出願をする意味はない．よって，発明の利用分野全体の市場規模，その用途に用いた場合の従来技術に対する優位性から予想される市場占有率等を中心として評価する．なお，新規性喪失の例外規定（30条）を適用した国内出願に基づく外国出願については，大多数の国で権利化が不可能であることから，市場が限定されることが厳しく勘案される．

3.2 節のまとめ

欧州の特許制度は日本よりも新規性喪失の例外規定の適用は厳しいので注意が肝要である．

他方，米国の特許制度は「先発表主義」であるため，学会発表をしても発表から12ヵ月以内に出願すれば新規性などで拒絶されることはない．また，学会発表することにより「優先日」が確保できる．さらに，米国などの国は「論文出願（論文形式で特許庁に出願し，12ヵ月以内に特許明細書を提出すればよい制度）があるので研究者に大変有利という声もあるが，現状は米国以外は特許権は未公開の有用な技術に対して与えられるものであることから，発表前の出願が基本である．

国立研究開発法人　科学技術振興機構（JST）の海外への特許出願の支援条件も市場性が限定されることから「30条適用がないもの」は厳しく査定される．2015年4月からは基本的に30条適用の案件は受け付けないとされている．学会発表前（特に予稿集の公開前）の特許出願を強く奨める．

「証明する書面」の記載例3
[3.3.2]（論文雑誌）の場合

発明の新規性の喪失の例外の規定の適用を受けるための証明書

1．公開の事実

① 発行日　　平成２３年１２月２０日

② 刊行物　　実践　遺伝子工学，第５６巻，第９号，第１９３～１９６頁，
株式会社特許出版

③ 公開者　　特許一郎、経済花子

④ 公開された発明の内容
特許一郎と経済花子が、実践遺伝子工学、第５６巻、第９号、第１９３～１９６頁にて、特許一郎が発明した肝臓癌モデルマウスを用いてビタミンCの機能の探索をした結果について公開した。

2．特許を受ける権利の承継等の事実

① 公開された発明の発明者
特許　一郎　（神奈川県○○市・・・）

② 発明の公開の原因となる行為時の特許を受ける権利を有する者（行為時の権利者）
特許　一郎

③ 特許出願人（願書に記載された者）
国立大学法人　特許大学　（東京都○○区・・・）

④ 公開者
特許　一郎
経済　花子　（神奈川県○○市・・・）

⑤ 特許を受ける権利の承継について
公開の事実に記載の公開行為により公開された発明は、特許一郎によって発明されたものであり、公開時の平成２３年１２月２０日において、特許一郎は特許を受ける権利を保有していた。
平成２４年１月１７日にその発明に係る特許を受ける権利は、特許一郎から国立大学法人特許大学に譲渡され、その後、平成２４年４月２０日に国立大学法人特許大学が特許出願を行った。

⑥ 行為時の権利者と公開者との関係等について
（行為時の権利者の行為に起因して、公開者が公開したこと等を記載）
行為時の権利者である特許一郎自ら、「肝臓癌モデルマウスを用いたビタミンCの機能探索」について公開の事実に記載のとおり公開を行った。
また、経済花子は、その公開された発明については特許を受ける権利を有する者ではなく、単に実験補助者の立場で公開者の中に名を連ねただけである。

上記記載事項が事実に相違ないことを証明します。

平成２４年５月１日

国立大学法人　特許大学学長
特許　次郎　㊞

「証明する書面」の記載例2
[3.3.2]（学会予稿集）の場合

発明の新規性の喪失の例外の規定の適用を受けるための証明書

1．公開の事実

① 発行日　　平成２３年１０月１５日

② 刊行物　　平成２３年ポリマーリサイクル学会全国大会講演予稿集，第294頁，
一般社団法人ポリマーリサイクル学会予稿集編集委員会

③ 公開者　　特許花子

④ 公開された発明の内容
特許花子が、平成２３年ポリマーリサイクル学会全国大会講演予稿集の第２９４頁にて、特許花子が発明した、生分解性ポリマーのシャンプーボトルへの応用技術について公開した。

2．特許を受ける権利の承継等の事実

① 公開された発明の発明者
特許　花子　（神奈川県○○市・・・）

② 発明の公開の原因となる行為時の特許を受ける権利を有する者（行為時の権利者）
特許　花子

③ 特許出願人（願書に記載された者）
特許　花子

④ 公開者
特許　花子

⑤については、①から③までが完全に一致しているので記載を省略することができます。

⑤ 特許を受ける権利の承継について
公開の事実に記載の公開行為により公開された発明は、特許花子によって発明されたものであり、その後公開時の平成２３年１０月１５日を経て、特許出願時の平成２４年４月５日に至るまで、特許を受ける権利は特許花子が保有していた。

⑥ 行為時の権利者と公開者との関係等について
（行為時の権利者の行為に起因して、公開者が公開したこと等を記載）
行為時の権利者である特許花子自ら、生分解性ポリマーのシャンプーボトルへの応用技術について、公開の事実に記載のとおり公開を行った。

⑥については、②と④が完全に一致しているので記載を省略することができます。

上記記載事項が事実に相違ないことを証明します。

平成２４年４月２３日

特許　花子　㊞

文　献

［1］平塚三好，阿部仁『ICT 知財戦略の基本がよくわかる本』（秀和システム，2015）

［2］皆川長三郎『グローバル経営を推進する　知財戦略の教科書』（秀和システム，2013）pp. 273-280

［3］特許庁ホームページ『発明の新規性喪失の例外規定の適用を受けるための出願人の手引き』2011 年 9 月（2015 年 3 月改訂）
http://www.jpo.go.jp/iken/pdf/h23hatsumei_150204_kekka/01.pdf

3.3　技術分野と知的財産

3.3.1　物理系技術と知的財産

a．発明と発見

ニュートンは，リンゴが木から落ちるのをみて，「重力」を発見したといわれているが，発見（discovery）については，日本では特許の対象とならない．特許法第 2 条の規定では，「この法律で「発明」とは，自然法則を利用した技術的思想の創作のうち高度のものをいう」と定義されている．発見とは，すでに物理的に存在していて，たまたま人間が知らなかっただけであって，人間の創作行為たる発明（invention）ではない．すなわち，重力という自然法則は，人間の創作行為ではないので，特許の対象外となるのである．

そもそも，すでに章で述べたように，自然法則そのものは，たとえ人間が発明できると仮定しても，あくまで，「自然法則を利用した技術的思想の創作」と定義しているため，やはり，特許の対象とはならない．すなわち，自然法則そのものや数学の公式そのものは，アルゴリズムなど計算手法そのもの，トランプのルールなど，自然法則を利用しない人為的な取り決めも，特許の対象とはならない．

なお，米国では，下記の憲法第 1 条第 8 節第 1 項と米国特許法 100 条において，発見も保護対象としているが，判例によって特許の対象から除外されている．

> 米国憲法第 1 条第 8 節第 1 項
> To promote the Progress of Science and useful Arts, by securing for limited Times to Authors and Inventors the exclusive Right to their respective

Writings and Discoveries
（著作者および発明者に，一定期間それぞれの著作および発見に対し，排他的権利を保障することによって，学術および技芸の進歩を促進する）．

b. 物理学と特許

物理系の技術に関する発明を知的財産として保護する法律は，やはり，特許法である．もちろん，実用新案登録で保護することも可能であるが，強力な特許での保護を図るのが一般的である．

具体的な例を挙げて，物理と特許の関係を説明する．

（i） 質量とエネルギー：$E = mc^2$

人類史上に残る物理学者といえば，アインシュタインが挙げられるであろう．スイスの特許局に就職したアインシュタインは特殊相対性理論や光電効果を発表し，後にノーベル物理学賞を授賞した．この理論の中で，アインシュタインは，質量とエネルギーの関係を示す $E = mc^2$ という方程式を導き出し，人類が原子力発電はじめ，核技術という新しいエネルギー源を獲得することにつながった．しかし，この $E = mc^2$ という方程式そのものは，先に説明した通り，特許の対象とはならない．

（ii） KS 鋼：本多光太郎（東京理科大学初代学長）

第一次世界大戦中の日本では，磁石鋼の輸入が困難となり，国内調達の必要性に迫られた．そこで，本多光太郎は，磁石鋼の研究に取り組み，KS 鋼と称される強力な永久磁石鋼を発明した．この KS 鋼によって，磁石鋼を用いる計測機器や大型モータ，発電機等の性能が向上し，産業の発展に貢献した．その発明は，1918（大正 7）年に特許第 32234 号として，登録されている．本多光太郎は，物理学者の長岡半太郎から指導を受けたことで鉄鋼の研究の道に進み，KS 鋼を発明し，のちに，東京理科大学の初代学長となった．また，「産業は学問の道場なり」との名言を残し，日本の十大発明家の一人とされている．なお，KS 鋼とは，鉄，コバルト，タングステン，クロム，炭素含む磁石鋼材で，KS とは研究を支援した住友吉佐衛門のイニシャルである．

本多光太郎

1907 年のドイツ留学から帰国後，東北帝国大学理科大学の教授となったが，第一次世界大戦の勃発により磁石鋼の輸入が途絶したため，強力な磁石鋼の開発に着手し，抗磁力が従来品の 3 倍で，焼入硬化型の永久磁石鋼としては最強の抗磁力を有する KS 鋼を発明し，特許を取得（特許第 32234 号）．1933 年，世界一強力な永久磁石合金である新 KS 鋼（NKS 鋼）を発明した．（1870-1954）

（iii） 窒化ガリウム系化合物：青色 LED

青色 LED の発明で，2014 年に日本人三名（カリフォルニア大学教授の中村修二は米国籍）が合同でノーベル物理学賞を授賞した．20 世紀中の実現は無理だといわれてきた青色を発する LED を発明したのである．色の三原色（Red, Green, Blue）を発する LED が揃ったことで，白色含めたフルカラー化が実現した．このことによって，大幅な省電力化・薄型化・軽量化が図れるディスプレイ，信号機，照明器具など，さまざまな製品が社会に普及し，地球温暖化防止にも貢献すると期待されている．受賞者の一人であり，名古屋大学名誉教授の赤崎勇が発明者として取得された特許第 2623466 号公報の一部を紹介する．赤崎の発明は，名古屋大学に，億単位の特許料収入をもたらした産学官連携の成功モデルともいわれる．赤崎は，発光ダイオードの材料として窒化ガリウム系化合物を研究し続け，その花が大きく開いたともいえる．なお，共同で研究を行った赤崎の弟子である天野浩も同賞授賞三名の一人である．

【特許番号】第 2623466 号
【登録日】平成 9 年（1997）4 月 11 日
【発明の名称】窒化ガリウム系化合物半導体発光素子
【特許請求の範囲】
【請求項 1】サファイア基板と，サファイア基板上に有機金属化合物気相成長法により形成された窒化ガリウム系化合物半導体（$Al_XGa_{1-X}N$；X = 0 を含む）の気相成長膜を有する発光素子であって，前記気相成長膜は，前記気相成長時に導入されたシリコンを含むことにより抵抗率が 3×10^{-1}～8×10^{-3} Ω cm であることを特徴とする発光素子．

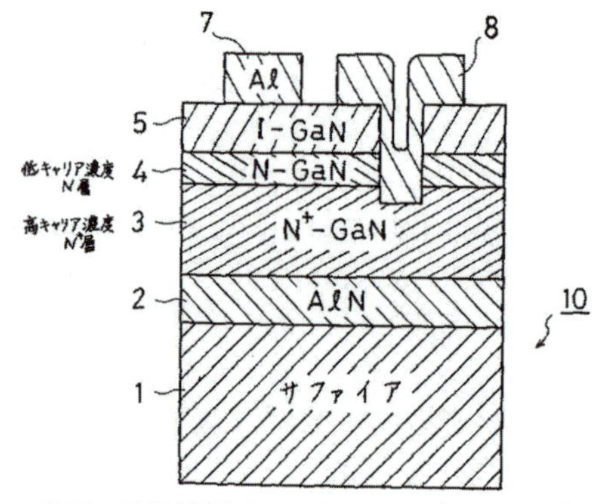

出所：特許情報プラットホーム（J-PlatPat）

3.3.2 機械・建築・土木系技術と知的財産

特許の分野では「機械」という用語は，「電気」や「化学」に属さない幅広い技術の総称として使用されることが多い．理由は，特許制度が誕生した時代に電気や化学の技術は一般的ではなかったからである．機械という言葉にはいわゆる一般機械に加えて，家庭用品などの日用品や文房具などの雑貨，運動用具，衣類，履物，道具類などもその範疇に含まれると考えられる．

もちろん建築や土木も長い歴史をもつ技術であり，特許制度の誕生のルーツである．

a. 機械・建築・土木系技術は知財制度のルーツ

特許法のルーツは機械・建築・土木系技術の発明である．1332 年，ベネチア共和国の国王が「風車の建築技術」が欲しくてバルトロメオ・ベルデに対して「指定期間内に風車を完成させれば土地を与える」という約束（＝特許）を与えたことが有名である．このように優れた「技術」を他国から「移転」するために特許制度は創設された．

その後，1469 年にグーテンベルクの発明である活版技術を伝えるヨハン・シュパイエルという印刷職人にベネチア共和国は印刷業の独占権を与え，1474 年に世界最初の成文の「特許法」を制定することとなった．

特許制度が誕生した時代にガリレオ・ガリレイ（1564～1642 年）が国王に自分の創作物である「灌水器」の発明の保護を訴えている言葉が残っている（守誠著『特許の文明史』（新潮社，1994 年））．

> 陛下よ，私は，非常に簡単に，費用も少ししかかからず，大いに利益のある，水を揚げ耕地に灌水する機械を発明しました．即ち，ただ一頭の馬の力で，機械に附いている 20 本の口からひっきりなしに水が出るのです．しかし，私のものであり，非常に骨を折り沢山の費用を使って完成したその発明が誰でもの共有財産となるのは嫌ですから，恭しく御願い致しますが，…私と私の子孫，或いは私や私の子孫からその権利を得た人々の外は誰も，上記の私の新造機械を製作したり，たとえ作っても，それを使用したり，…することを 40 年間，或いは陛下が思召す期間内は許されないように，若しこれを犯す者は陛下が適当と思召す罰金に処し，私がその一部を戴きますようにして戴きたいと存じます．そうして下されば私は社会の福祉のためにもっと熱心に新しい発明に思いを凝らして陛下に忠勤を励みます（現代表記に改変）

まさに自分が一所懸命に発明したアイデアは自分の財産であることが自覚されはじめた時代であった．

その後，蒸気機関という画期的な発明が誕生した．しかし工業社会を構築した一番の技術は蒸気機関の技術ではなく，グーテンベルクが発明した印刷技術だった．ここで，印刷技術の影響の大きさを語るピーター・F・ドラッカーの言葉を紹介する（P・F・ドラッカー著（上田惇生訳）『テクノロジストの条件』（ダイヤモンド社，2005 年））．

> 活版印刷の発明は，書物の大量生産をもたらし，社会を一新し，文明を生んだ．印刷本の出現こそ真の情報革命だった．近代を生んだものは蒸気機関ではなくこの印刷本だった．印刷革命は労働力を変えた．数千人にのぼる教育ある修道士から生計の資を奪った．300 冊の印刷にわずか一日しかかからなくなった．活版印刷が宗教革命をもたらしたわけではない．だが活版印刷がなければ，マルチン・ルターの宗教改革も地方の小さな運動に終わっていたはずである．ルターはメディアとしての活版印刷の本質を理解し，それを利用した．

このように新しい技術は単に新製品を作るだけでなく，社会を大きく変革し，文化を構築することがある．そして，この印刷技術は「特許法」だけでなく「著作権法」を生み出す契機ともなった．

b. 機械・建築・土木系技術と知的財産

前述のとおり，特許権と著作権のルーツは同じである．したがって，知的財産権の保護領域を考えるとき，異なる知的財産権の保護領域が重なっている点に注意した方がよい場合がある．どの知的財産権で保護するかは戦略次第である．

機械・建築・土木系の技術分野では，「特許権」，「実用新案権」，不正競争防止法の「営業秘密にかかる権利」は技術に関するものであることは明らかであるが，「意匠権」，「商標権」，「著作権」もとても重要な知的財産権である．以下，主な権利ごとに重要な視点を解説する．

(i) 特許権・実用新案権

特許権も実用新案権も「技術的思想」を保護する権利である．技術的思想の「技術」とは，一定の目的を達成するための具体的手段であり，知識として伝達できるだけの客観性が要求されるものである．また「思想」とは，具体的な物（形態）ではない．つまり特許法が保護しているのは具体的な技術自体ではなく，従来技術の問題点を解決する技術の作用と効果という一連の考え方である．

これに対して，著作権法で保護される著作物は，思想または感情を「表現したもの」であり，表現の中にある思想や感情そのものが保護されるのではないことに留意されたい．

下記の事例は，車両の空気抵抗を低減するために，車両の前部に外気取入口を設置した車である．

事例：特許第3168796号（トヨタ自動車株式会社）

【請求項1】車体前端部に車幅方向に沿って配設されたバンパと，エンジンルーム内に設けられ外気によって冷却される被冷却体と，エンジンルーム下面に配設されたアンダプレートと，を有する自動車の前部車体構造において，バンパ前面に形成された前部外気取入口と，この前部外気取入口の内周下部を構成し車体後方上側へ向けて湾曲した圧力制御板と，前記被冷却体の前方位置のバンパ下面と前記アンダプレートとの間に設けられた下部外気取入口と，この下部外気取入口の後側に設けられバンパ下面に沿ってアンダプレート方向へ流れる空気流に沿う形状とされたアンダプレート前部と，このアンダプレート前部先端のエアカット部から被冷却体方向へ延びる導風板と，を備え，前記圧力制御板により，前記前部外気取入口から吹き込む空気圧によって，前記被冷却体の前部から前記下部外気取入口の内側部へかけての空気圧を変化させることを特徴とする空気抵抗低減車両前部構造．

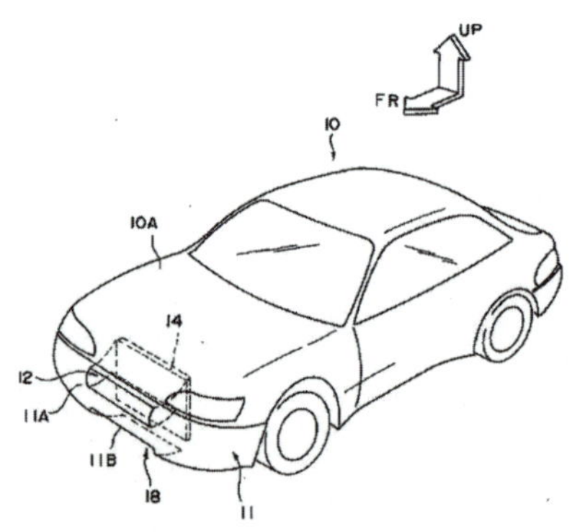

特許権と実用新案権の相違は「高度性」と指摘されることが多いが，技術的思想が高度であるから特許権，高度でないから実用新案権というわけではない．実用新案権では「方法」などが保護されないので，保護対象や権利期間などの事情に応じてどちらで権利を取るかが決められる傾向がある．また，特許権は権利設定までに特許庁の審査官によって審査されるが，実用新案権では基礎的要件（単一性など）以外は審査されないので権利が不安定と考えられる傾向がある．このため出願件数が少ないのが現状である．

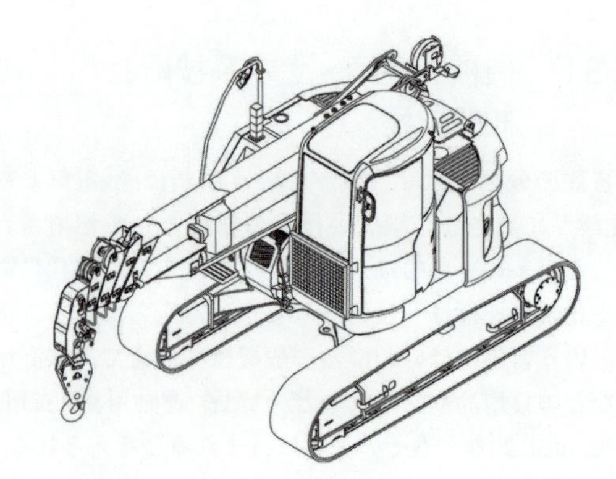

図 3-15　事例：意匠登録 1388224（コベルコ建機株式会社）【意匠に係る物品】建設用自走式クレーン

(ii)　意匠権

この分野でも意匠権によるデザインの保護は重要である．一般的にデザインは見た目と考えられるがデザインの本質は見た目だけではなく，機能が内在していることが多い．

図 3-15 の事例は「建設用自走式クレーン」であるが，クレーン全体のデザインを保護することにより，先端の伸縮構造など，多数の技術が内在していることが理解できると思う．

(iii)　商標権

商標による保護も重要である．特に，車両などに商標は車両のデザインを変えても長年継続して使用される傾向が高い．事例は「ブルーバード」である．1960 年に出願され，翌年商標登録されている．商標権は 10 年ごとに継続手続を行えば，半永久的に使用できるブランドを保護する権利である．

豊田佐吉

専売特許条例の公布を機に「発明を生涯の仕事としよう」と決心し，1891 年に木製人力織機の特許を取得した（特許第 1195 号）．1894 年発明の糸繰返機の商業的成功を得て，3 年後に日本初の動力織機を完成し特許を取得．その後も織機開発を続け，1903 年には緯糸を自動補充する自動杼換装置を完成し自動織機の最初の発明となった．生涯で特許権 84 件，実用新案権 35 件を取得．（1867-1930）

事例：商標第 578787 号（日産自動車株式会社）
登録日　昭和 36 年（1961）8 月 15 日
出願番号　商願昭 35-8261
出願日　昭和 35 年（1960）3 月 17 日
存続期間満了日　平成 33 年（2021）8 月 15 日
商品及び役務の区分並びに指定商品又は指定役務　12
荷車，馬車，人力車，自動車並びにその部品及び附属品，自動車の発動機（その部品を除く.），自動車のベアリング，自動車の緩衝器，自動車の制動機，二輪自動車・自転車並びにそれらの部品及び附属品，二輪自動車の機関（その部品を除く.），二輪自動車・自転車のベアリング，二輪自動車・自転車の歯車，二輪自動車・自転車のブレーキ，小児用車，航空機並びにその部品及び附属品，鉄道車両並びにその部品及び附属品，鉄道車両の原動機（その部品を除く.），航空機の車輪，鉄道車両の車輪，自動車の車輪，二輪自動車・自転車の車輪，乳母車・人力車・手押し車・荷車・馬車・リヤカーの車輪，航空機のタイヤ，自動車のタイヤ，二輪自動車・自転車のタイヤ，乳母車・人力車・手押し車・荷車・馬車・リヤカーのタイヤ，サドル，ペダル，船舶並びにその部品及び附属品（「エアクッション艇」を除く.）

ブルーバード

(iv)　著作権

この分野では，建築物が著作権法で保護されていることが重要である．すべての建築物が保護の対象となるわけではなく，いわゆる芸術といえるような創作性を備えていることが必要とされている．このため，普通の建て売り住宅は該当しない．ちなみに，プレハブハウスなど移動可能な建築物は意匠権で保護されている．

建築物の著作権問題で話題となるのが，公道から著作権を有する建築物の写真を撮った場合，これをブログなどにアップすることは著作権侵害となるかどうかの問題である．これについては屋外の場所（街路，公園など公衆に開放されている屋外の場所）に恒常的に設置されている建築の著作物についてはブログなどにアップしても著作権侵害とならないという例外規定がある．

(v)　営業秘密に係る権利

企業や大学内に存在する有用な情報は基本的には営業秘密にあたる．特許出願されて公開公報が出て発明の内容が公になるまでは営業秘密であることに注意しなければいけない．

c．物の発明と方法の発明

日本の特許法には，発明の種類を直接定義した条文はなく，発明の実施に関する定義規定のなかで間接的に規定している．この規定によると，「物の発明」「方法の発明」「物を生産する方法の発明」の 3 種類がある．

特許法第二条（定義）
第二条　この法律で「発明」とは，自然法則を利用した技術的思想の創作のうち高度のものをいう．
2　この法律で「特許発明」とは，特許を受けている発明をいう．
3　この法律で発明について「実施」とは，次に掲げる行為をいう．
一　物（プログラム等を含む．以下同じ.）の発明にあつては，その物の生産，使用，譲渡等（譲渡及び貸渡しをいい，その物がプログラム等である場合には，電気通信回線を通じた提供を含む．以下同じ.），輸出若しくは輸入又は譲渡等の申出（譲渡等のための展示を含む．以下同じ.）をする行為
二　方法の発明にあつては，その方法の使用をする行為
三　物を生産する方法の発明にあつては，前号に掲げるもののほか，その方法により生産した物の使用，譲渡等，輸出若しくは輸入又は譲渡等の申出をする行為
4　この法律で「プログラム等」とは，プログラム（電子計算機に対する指令であつて，一の結果を得ることができるように組み合わされたものをいう．以下この項において同じ.）その他電子計算機による処理の用に供する情報であつてプログラムに準ずるものをいう．

(i)　物の発明

物の発明は構成要件に経時的要素がないものである．機械・建築・土木系技術分野で大変重要である．発明の技術的思想を特定するため，物の発明の表現には下記の特徴がある．

物は特定の用途に用いられることが多い．もちろんほかの物と組み合わされて使用されることもある．それぞれの用途に適した形状や構造をもつ．したがって，物の発明に関する明細書は，そのものの特定の用途に適した構造，形状，機能などが明確に理解できるように記載することが必要である．そして，この分野の発明の対象となるものについての理解を助けるために，図面が不可欠である．

「特許請求の範囲」に発明を特定するための要件を

記載するのであるが，物の発明における特許請求の範囲の記載にあたっては，形状で規定するか，構造で規定するか，機能で規定するか，これらの組合せで規定するかをよく検討することが必要である．

一般的には，形状または構造を表す記載に，機能を表す記載を付加することが多い．複数の要素が組み合わされる場合は，これらの要素間の関連性と作用的な関連性が重要である．

幼児用コップというわかりやすい事例で紹介する．

事例：実公平7-25335号公報（ピジョン株式会社）

【請求項1】容器本体と，該容器本体上縁外周に螺合し，且つ前記容器本体の径よりも小径を有し上方へ突出する内筒部を有する蓋体と，前記内筒部外周に螺合しストローを挿通保持する注ぎ口を有するキャップと，前記注ぎ口外周に着脱自在に嵌合するベルト付きベースリングと，前記ベルト先端と連結片により係合し前記注ぎ口より外方へ突出するストローをカバーするフード本体とを有することを特徴とする幼児用コップ．

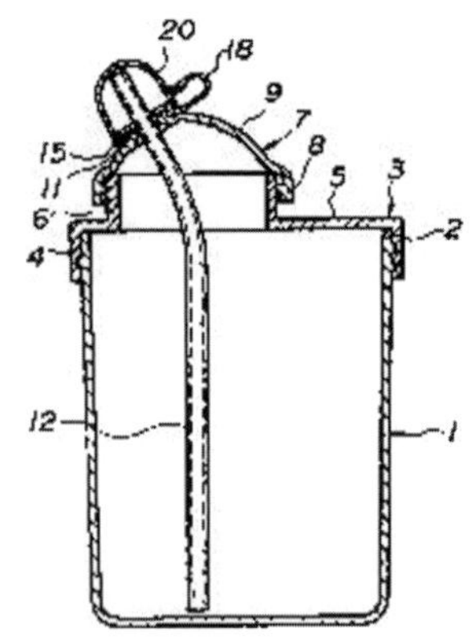

上記のような特許請求の範囲は文章でわかりにくいと思うが，下記のような分かち書きをすると少し構成要件がわかりやすくなる．

[分かち書き]

① 容器本体と，

② 該容器本体上縁外周に螺合し，且つ前記容器本体の径よりも小径を有し上方へ突出する内筒部を有する蓋体と，

③ 前記内筒部外周に螺合しストローを挿通保持する注ぎ口を有するキャップと，

④ 前記注ぎ口外周に着脱自在に嵌合するベルト付きベースリングと，

⑤ 前記ベルト先端と連結片により係合し前記注ぎ口より外方へ突出するストローをカバーするフード本体とを有することを特徴とする幼児用コップ．

（ii） 方法の発明

方法の発明は，発明を特定する要件に経時的要素，つまり「時間のパラメーター」があることが特徴である．

方法の発明には，「物を生産する方法の発明」と「その他の方法の発明（例：通信方法，測定方法等の発明，物を使用する方法の発明，物を取り扱う方法の発明）」がある．

機械・建築・土木系技術の分野の事例で紹介する．この発明は特許請求の範囲がきわめて広い．特許請求の範囲が広いということは，一般的に権利範囲の限定が少ないということなので，特許請求の範囲の文章が短いという特徴がある．

下記の事例の発明はビールの充填方法の改良に関するものであるが，特許請求の範囲は「ビール充填ラインの充填機より前に液体窒素滴下手段を設け，容器内に液体窒素を滴下後，ビールを充填することを特徴とするビールの充填方法」ときわめて短い．これは大変強い特許権といえる．

この特許請求の範囲に「容器内に液体窒素を滴下後，ビールを充填する」とあるように順番が規定されているので方法のカテゴリーの発明となる．

この発明はきわめて簡単に容器内空気を窒素ガスに置換し得，酸素によるビールの酸化を防止し得るビールの充填方法を提供することを目的とするものである．この発明のビールの充填方法はビール充填ラインの充填機より前に液体窒素滴下手段を設け，容器内に液体窒素を滴下後，ビールを充填するものである．

事例：特公平6-33118号（アサヒビール株式会社）

【請求項1】ビール充填ラインの充填機より前に液体窒素滴下手段を設け，容器内に液体窒素を滴下後，ビールを充填することを特徴とするビールの充填方法．

1 容器，2 リンザー，3 フィラー，4 高気水注入機，5 キャッパー，シーマー，6 液体窒素滴下装置

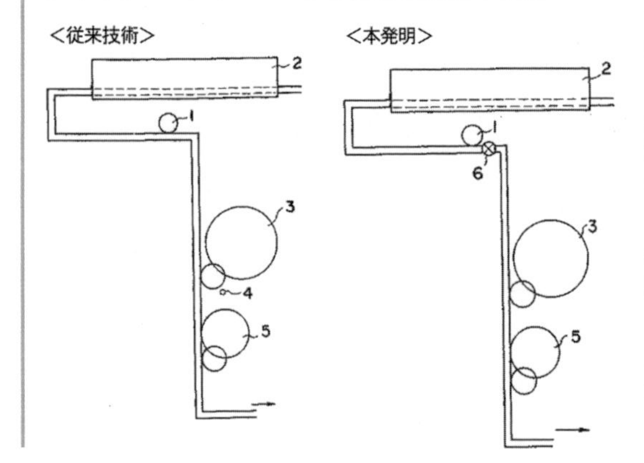

d. 発明の詳細な説明の書き方のポイント

機械・建築・土木系技術の分野では，他の技術分野と同様に，「発明の属する技術分野」，「従来の技術」，「発明が解決しようとする課題」，「課題を解決するための手段」，「発明の実施の形態」…に項分けして記載することが原則であることは同じである．

しかし，「課題を解決するための手段」と「発明の実施の形態」の間に，項分けするかどうかは別として，「作用」を実質的に記載することを強く奨める．理由は，「作用」とは，課題を解決するための手段（普通は「特許請求の範囲」と同じ）が奏する機能であるから，「特許請求の範囲」全体を担保する記載となるからである．化学の分野では作用が不明のため，記載できないことが多い．

また，発明の詳細な説明の記載は，当業者が，その発明の技術的意義を理解でき，特許出願時における当業者の技術常識に基づいてその発明を実施できる程度に，具体性をもって記載することが必要である．発明の技術的意義を理解してもらうためには，その物の用途や使用方法，有用性，利点などを明瞭に記載することが必要である．

そして，当業者が発明を実施できる程度に記載するためには，使用する材料や製造のために採用し得る加工方法などの手段，場合によっては，製造に使用される材料や部品の入手経路，計測器のメーカー名など，具体的に説明することが必要である．

製造方法や使用方法が，特許出願時に当業者にとって技術常識から自明であればその記載を省略することができる．

3.3.3 農学系技術と知的財産

農林水産物分野における知的財産としては，農林水産物の育成方法などの「特許権」，農業機械のデザインの「意匠権」，農作物に関する「育成者権」，地域のブランドを示す「商標権」や「地理的表示」などがある．今まで農林水産業での知的財産の活用は目立たなかったが，状況が激変している．

近年，税関で種苗法違反の農作物を止める事件が報道されるなど，知的財産を巡る問題が顕在化しはじめている．農林水産省は2006年に農林水産省内に知的財産推進本部を立ち上げて育成者権などの保護・活用強化のための取り組みを強化している．日本の農林水産物や「食」を海外に積極的に販売する「攻めの農政」の要は知財戦略である．

a. 農林水産業と知財法

農林水産業においても，より高品質の農作物の提供を目指してたゆまぬ技術開発や品種改良が重ねられてきた．サントリーの青いバラなどは「特許法」と「種苗法」の両者で保護されている．UPOV条約（植物の新品種の保護に関する国際条約）の改正を受け，現在は種苗法と特許法の二重保護も可能となっている．一般的に，掛け合わせなどの古典的な手法で開発された種苗は「種苗法」で，植物の融合技術などバイオ技術により開発された種苗は「特許法」で保護される傾向が強いという見解もある．

1896（明治29）年，御木本幸吉は水産学界の権威である箕作佳吉と知り合い，アコヤ貝の中に異物が混入すると，身を守るために真珠質を分泌して異物を包みこみ真珠となるというアドバイスを受け，人工真珠の研究に取り組み半円形真珠の製造方法の特許を取得した（特許第2670号）．水産業における特許出願も多い．微生物，動物についても特許出願が行われ，特許が登録されているものもある．

2014年，ヤンマーがスポーツカーを意識したカッコいい農業機械を発表した．農機具もデザインの時代になった．デザインは「意匠権」で保護される．

商品やサービスの標章は「商標法」で保護されるが，登録商標と品種名称は同一や類似であってはいけない．商標法により，種苗法による品種登録を受けた品種名称と同一または類似の商標をその品種登録を受けた種苗と同一または類似の商品や役務に使用する商標は登録できないとされている．「他人の品種名称」とは規定されていないので，通常，商標登録の出願人と育成者権者が同一でも拒絶されると解釈され，異議申立理由や5年の除斥期間の無効理由となっている．

2015年6月からは日本でも農林水産物の地域ブランドを守る「地理的表示制度」が制定された．登録の対象の「特定農林水産物等」には，食用の農林水産物

御木本幸吉

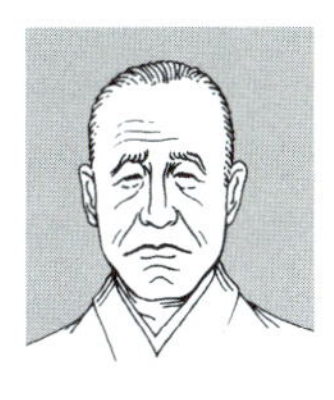

1890年の内国勧業博覧会に真珠，アコヤ貝などを出品したのを機に真珠養殖の研究をはじめ，1893年にアコヤ貝の殻の内面に半円形の養殖真珠をつくり，特許を取得した（特許第2670号）．その後，円形真珠養殖の研究を続け，1908年に特許を取得した真珠素質被着法により，日本の真珠養殖業は飛躍的に発展した．真珠稚貝の養殖関連の発明でも特許を多数取得．（1858-1954）

および飲食料品はすべて含まれるが，非食用の農林水産物・加工品については政令で指定されたものに限られる．なお，ワインなどの酒類や医薬品などについては「農林水産物等」の定義から除外された．「特定農林水産物等」とは，特定の場所，地域または国を生産地とするものであること，品質，社会的評価その他の確立した特性が①の生産地に主として帰せられるものという要件を満たす農林水産物などをいう．

また，不公正な競争行為を禁止する「不正競争防止法」，貿易ルールを定めた「関税法」「関税定率法」などによっても農林水産物の付加価値は保護される．

b. 近年の農林水産物の知財問題

(i) サクランボの紅秀峰事件（育成者権）

山形県は，高級サクランボ「紅秀峰（べにしゅうほう）」（図 3-16）の穂木（ほぎ：枝のこと）が海外へもち出された事件に対して，オーストラリア・タスマニア州のサクランボ生産販売会社社長らを種苗法違反（育成者権の侵害）で 2005 年 11 月に県警に告訴した．

2007 年 7 月，「紅秀峰」の品種登録期間が終了してからさらに 3 年間にわたって「紅秀峰」の種苗や収穫物を日本に輸出しないなどの条件を付加して和解し，先の刑事告訴を取り下げた．

事件の概要をみてみよう．紅秀峰は，山形県農業総合研究センターが品種改良して開発したサクランボで，佐藤錦と並ぶ高級サクランボの双璧といわれる．佐藤錦に比べてやや大きめであり，酸味も薄くその分甘味がある．さらに実が固くて日もちがよく，収穫時期が佐藤錦の終わった 7 月上旬から始まるため，市場でも競合しない．山形県にとって重要なブランド果実である．

1991 年，山形県は種苗法による品種登録をして育成者権を取得した．これで 18 年間は県の許諾がなければ譲渡や販売が禁じられたことになる．ところが，登録から 8 年後の 1999 年，山形県を訪れたオーストラリア人に，県内のサクランボ農家が紅秀峰の穂木をプレゼントしていた．オーストラリア人は，県の許諾を受けないままオーストラリアにもち出して自分の農園で接ぎ木をして増殖，生産した．増産して日本向けに輸出も考えていたという．

図 3-16　紅秀峰
出典：山形県農林水産部生産技術課提供

2005 年 5 月，国内のグルメ情報誌に山形県の農家がオーストラリア人に紅秀峰の苗をあげたことが「美談」として取り上げられ，すでにオーストラリアで栽培された紅秀峰が逆輸入される計画が紹介された．そこで山形県は，逆輸入されれば県内のサクランボ農家が打撃を受けるため調査を開始し穂木のもち出しを確認し，2005 年 11 月に育成者権の侵害でオーストラリア人を県警に告訴した．山形県は，農林水産省とも相談しつつ法的な対抗措置を講じたという．

告訴後，双方が代理人を立てて和解交渉を進めた結果，和解した．和解の内容は，相手側は故意ではなかったとしながらも種苗法に違反する行為であったことを認め，そして県民に対する謝罪の意志を表明したこと，2 点目は，紅秀峰の育成者権満了後の 2009 年 11 月 20 日から 2012 年 11 月 19 日までの 3 年間を付加期間として日本に種苗および収穫物を輸出しないと誓約したことである．和解後，県は県警への告訴を取り下げた．日本の育成者権に関する訴訟がほとんどない中で，育成者権者である県として毅然とした姿勢で侵害行為に対抗したことを評価する声は多い．

紅秀峰の事件に見るような育成者権の侵害事件は，このほかにも多数発生している．最近特に問題となっているのは，外国にもち出された新品種が外国で栽培され，その収穫物が日本に輸入されて国内の農家に打撃を与えることである．栽培コストは外国収穫物にかなわないため，野放しにすると日本の農家は壊滅的な打撃を受ける．

(ii) インゲン豆の雪手亡事件（育成者権）

北海道が育成者権になっているインゲン豆の「雪手亡」（図 3-17）の種苗が無断で中国にもち出され，その収穫物が日本に輸入された事件がある．同じ北海道の小豆の「きたのおとめ」も同様の被害にあっている．北海道が育成した白あん用の「いんげん（雪手亡）」は 1995 年に品種登録された．北海道は海外ライセンスを行わなかったにもかかわらず，中国などで栽培された．北海道は輸入を止めるため，1999 年から DNA で識別できるように技術開発に着手し，2002 年に中国産のいんげんが「雪手亡」であることを公表した．

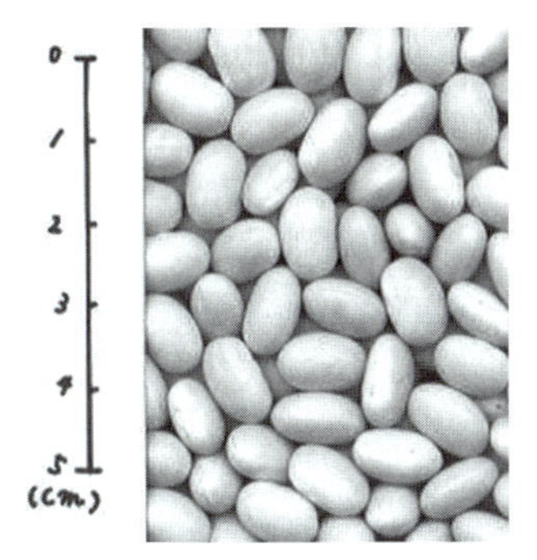

図 3-17　いんげん「雪手亡」
出典：北海道立中央農業試験場　作物研究部　畑作科ホームページ

政府は，2005年に育成者権の効力が及ぶ範囲を種苗および収穫物だけでなく，「加工品（種苗を用いることにより得られる収穫物から直接に生産される加工品であって，政令で定めるもの）」についても拡大し，加工品を利用する行為についても育成者権の効力が及ぶよう法改正を行った．北海道立中央農業試験場では「あん」となっても識別できる技術も開発している（北海道立中央農業試験場 HP）．

育成者権を保護するためには，DNA 品種識別技術など遺伝子技術の開発が重要となっている．

(iii)「ひのみどり」の輸入差止事件（育成者権）

2001年，熊本県は品種登録したイグサの新品種「ひのみどり」の畳表を中国国内で2003年夏に発見した．畳表はイグサの「収穫物」として種苗法で保護されている．

他方，加工品の輸入に関しても不自然な動きがあった．2001年4月23日から11月8日にイグサの収穫物である畳表についてセーフガードの暫定措置が発動されたとき，「ゴザ類」の輸入が8月以降に急増した．ゴザは種苗法がまだ保護の対象としてない「加工品」である．夏に使われるものの輸入が8月に多いのは不自然な現象であった．

「ひのみどり」の育成者権をもつ熊本県は，DNA 鑑定を行った結果，中国で同品種が無断で栽培されている疑いがあり同品種を使った畳表が日本に輸入される恐れがあると，2003年12月2日に長崎税関へ関税定率法に基づく輸入差し止めを申し立てた．これが実行できたのは，2003年4月の関税定率法の改正により無断栽培品の輸入の差し止めが可能となっていたからである．「ひのみどり」は法改正後の初めての差し止め事件となった．

(iv) 中国におけるブランド米の商標登録事件（商標権）

日中両国首脳の合意に基づき，2003年以来4年ぶりに日本から中国への輸出が解禁されたときに判明した事件である．「食べたことがないうまさ」として日本のコメを中国の富裕層を中心に売り込むというのが農林水産関係者の意気込みだった．

ところが新潟県産「コシヒカリ」と宮城県産「ひとめぼれ」について，中国でコメの区分でそれぞれの中国表記となる「越光」と「一目惚」が先に商標登録されていたことが2007年7月に判明した．「一目惚」は遼寧省盤錦市の企業が2005年に商標登録していた．また，「越光　KOSHIHIKARI」も東京都内の企業が商標登録していた．「秋田県産あきたこまち」についても，2003年に吉林省の企業が「秋田小町　AKITA-KOMACHI」として商標登録していた．

関係者によると，「新潟県産コシヒカリ」「宮城県産ひとめぼれ」として商標登録しようとしたが無理とわかり，銘柄のパッケージなどの意匠の登録なども検討しているという．他に登録が可能な適切な商標があるかどうか検討中であるが，中国では申請から登録まで1年間以上を要するため，中国のスーパーで発売されたコメ袋には漢字ではブランド名が表記できず，「新潟県産」「宮城県産」として販売した．

(v) 青森商標事件（商標権）

このような事例は先取り商標事件とよばれるようになった．日本にとって最初といってよい事件が「青森商標事件」である．2002年，中国・広州市の企業が中国商標局に「青森」という地名を果実や野菜，米，麺類など5分野で商標登録申請したため，2003年7月に青森県や青森市など関係団体が商標登録を阻止するために異議申立を行った．この商標が登録されれば，年間約200トンを輸出する中国で「青森リンゴ」などの名称が使えなくなるなど，中国市場に「青森」や「青森産」と表示した産品を輸出できなくなるからである．三村申吾・青森県知事は外務省などにも働きかけを要請した．

2007年9月11日，青森県は「2007年度一般会計補正予算案」に中国などの漢字圏で「青森」の商標申請がされていないかを常時監視するための「海外商標監視対策事業費」約150万円（半年分）を盛り込んだことが発表された．「青森」というのは，中国語できれいな森という意味になるという．クリーンで新鮮なイメージの言葉のためか今後も使用される可能性が高いと県は判断した．具体的には，国内の特許事務所に依

図 3-18　カボチャの空中栽培法（特許第 2509148 号公報）

頼して，中国，香港，台湾で，青森の商標申請が行われていないかを定期的に調べるという．

佐賀県でも，イチゴ「さがほのか」の輸出を睨んで2006 年 3 月に「佐賀穂香」の商標登録を中国に申請したが「佐賀」も「穂香」も登録済みだった．「佐賀」という県名は中国語では特段意味がないとされる．

中国の商標法をみると，「公衆に知られた外国地名は商標とすることができない．ただし，その地名が別の意味をもち又は団体商標，証明商標の一部とする場合はこの限りではない．（第 10 条第 2 項）」と規定されている．つまり，「外国地名」が中国国内で公衆に知られていなければ商標登録が可能であることになる．「青森」や「佐賀」が中国の公衆に知られた地名と証明できるかどうかが重要となる．さらに，日本と中国は漢字文化圏であるため，「青森」のように「地名が別の意味をもつ」可能性がある．県名の保護は重要な課題である．

（vi）　カボチャの空中栽培法（特許権）

空飛ぶパンプキンは，アーチ状の骨組みの上にネットを被せて，空中栽培されたカボチャである（図 3-18）．

この空中栽培法では苗の密植栽培が可能なため収量性がよく，地面に触れないため果実底のグランドマーク（緑黄色）がつかない，通気性がよいので病害虫の発生が軽減される，空中に吊るされて生育するために変形果が少ない，などの利点がある．この栽培法は独自に開発された栽培技術であり，特許権（特許第 2509148 号）も取得している．この特許技術を活用して生産組合を組織し，空飛ぶパンプキンの名称でブランド野菜として展開しているものである．

図 3-19　変わった形のスイカ（意匠第 1304011 号公報）

（vii）　変わった形のスイカ（意匠権）

2006 年夏，少し驚くような形のスイカが発表された．スイカなのに，目と鼻と口があり，人の顔にみえる（図 3-19）．「人面スイカ」というニックネームが付き，多くのテレビ番組などで報道された．これは福岡県筑後市の農家で栽培され，模倣する者を排除するため，意匠権を登録した．このスイカは大玉で 8 万円の高値で販売されている．ただし，食用には不向きという．

アイデアの源泉は，「四角いスイカ」などの変わった形のスイカを知ったことで，今までとは全く異なる形のスイカを生産するための容器を考え，弁理士のアドバイスを受けて意匠権の取得を決めたとされる．

c. 農林水産分野の知的財産戦略

（ i ）　農林水産省の動き

日本の農林水産物や食品は，高品質で高付加価値であり，安全・安心という他国に類をみない特質・強さを有している．これは日本にとって重要な知的財産であると考えられる．2003 年 3 月に施行された知的財産基本法の下，知的財産権の取得・保護のための法制度の整備や，DNA 品種識別技術の開発等が推進され，農林水産物・食品の特質・強さを知的財産権として権利化し，「守り」と「攻め」の両面で積極的に活用できる環境が急速に整った．

そこで，知的財産の積極的・戦略的な創造・保護・活用により日本の農林水産業の国際競争力の強化，輸出促進，食品産業の海外進出の促進等を図るため，2006 年 2 月に「農林水産省知的財産戦略本部」が設置された．

（ii）　農林水産省知的財産戦略

2006 年 6 月には，政府・知的財産戦略本部から

「農林水産省における知的財産戦略の対応方向」が発表された．これを受け，農林水産省知的財産戦略本部は 2007 年 3 月に，農林水産業・食品産業の競争力の強化と農山漁村地域の活性化を図るために「農林水産省知的財産戦略」を策定した．農林水産分野における知的財産の創造・活用を促進するための施策を戦略的かつ総合的に推進する方向を打ち出したのである．この知的財産戦略は，農林水産業者や都道府県の普及指導員等のすべての農林水産業関係者，農林水産業における技術・ノウハウを「知的財産」と認識することが重要であるとの認識に立ち，農林水産業者，普及指導員，農協の営農指導員等が活用できる指針を作成することである．

(iii)　新たな農林水産省知的財産戦略

2010（平成 22）年 3 月には農山漁村の 6 次産業化や国際競争力の強化と地域活性化につなげることを目的として，2014（平成 26）年度までの 5 年間を実施期間とする新たな知的財産戦略が策定された．

ポイントは，「農林漁業者等現場の技術・ノウハウ等の伝承・活用の促進」，「食文化の創造・活用」，「海外における日本ブランド展開」，「植物新品種の保護強化（審査の迅速化と権利侵害対策の強化），（東アジア植物品種保護フォーラム・品種保護制度の国際標準化の推進）」，「海外での商標権侵害対策」，「家畜の遺伝資源の保護対策」などであった．

(iv)　農林水産研究知的財産戦略 2020

2015 年に農林水産省は農林水産省知的財産戦略検討会で「農林水産研究知的財産戦略 2020」が策定された．ポイントは「技術流出対策とブランドマネジメントの推進」，「知的財産の保護・活用による海外市場開拓」，「国際標準の戦略的な活用」，「伝統や地域ブランド等を活かした新事業の創出」，「ICT による農林水産業の知の抽出と財産化，及びその活用による新事業の創出」，「種苗産業の競争力の強化」などである．

(v)　欧米中の知的財産戦略

日本では 2003 年頃から急速に知的財産戦略を構築しているが欧米はどうか．

欧州では野菜や花きなどの農林水産業を知的財産権で保護することの重要性は古くから認識されている．現在，国や EU 共同体における農林水産分野の知的財産戦略はないが，オランダでは先進的な取組みが行われている．オランダが欧州を代表する契機としてチューリップ・バブルがあげられる．16 世紀末，ネーデルラント連邦共和国（現在のオランダ）でチューリップが人気となった．本格的に栽培が開始されたのは，ライデン大学の植物園が設立された後の 1593 年頃と考えられている．チューリップは鮮やかな色彩とユニークな形状を有する花で，当時の欧州の花と大きく異なっていたため，チューリップを育てることが貴族のステータスシンボルとなり，新品種は高額で販売された．黒いチューリップの球根に億単位の値段が付いたという逸話もあるほどで，世界ではじめての金融バブルといわれている．現在でも，花市場はオランダにあり，物も情報も一番集まっている．オランダはフランスやドイツに比して，知財管理を徹底する体質を有しており，欧州でビジネスするには，オランダを通じて行われることが多く，健全で継続的な輸出促進が期待されている．オランダも国を挙げて支援している．

米国では企業がビジネスの戦略を決め，国の支援が必要な場合にロビー活動を行って国を動かすことが多い．米国の農林水産業を牽引しているのがカーギル社やモンサント社などの巨大企業である．カーギル社は，1865 年にアイオワ州の小さな穀物商からはじまり，1970 年代には，五大穀物メジャーの一つとよばれるまでに成長し，世界の穀物取引に大きな影響力をもっている．モンサント社は，ミズーリ州に本社をもつ多国籍バイオ化学メーカーである．遺伝子組み換え作物の種の世界最大手として有名である．2017 年には大手製薬企業のバイエル社が買収を行う予定である．

中国は食糧の確保と農家の所得向上を実現するため，米や小麦などの主食を増やすための技術的な改良を促すことはもちろん，地理的表示保護制度の導入などにより農林水産物の付加価値を向上させようとしている．2015 年の中国の植物新品種出願件数は約 17000 件と日本の出願件数 941 件を大きく上回っている．また，2017 年 1 月に中国初の知的財産権関連の国家計画「国家知的財産権保護・運用に関する『十三・五』計画」を発表し，知的財産戦略を加速している．

3.3.4　化学・医薬系技術と知的財産

a.　化学分野の技術

化学は実験の学問であり，実験してみてはじめて作用や効果がわかることも多い．このため特許を取得する際にも，電気や機械などの他の分野ではみられない特徴があり，留意が必要である．

化学分野の発明の主なものとしては，以下のものが挙げられる．

- 化合物（化学物質ともよばれる）
- 組成物（物質を混合した物，例：合金，ガラス，

セラミックス，ポリマー）
・用途を限定したもの（用途発明という．例：医薬品，農薬．具体例：化合物 A を有効成分とする抗菌剤）
・製品（例：フィルム，繊維，食品）
・製造方法（例：化合物の製造方法，合金の製造方法，フィルムの製造方法）

b. 化学分野の代表的な発明

(i) ラーメンの特許

化学分野の発明のうち，身近なものとして食品分野の特許が挙げられる．日本が得意とする分野の一つであり，その代表例がインスタントラーメンやカップラーメンである．

インスタントラーメンは，1950 年代に日清食品の創業者である安藤百福が開発した．安藤は，屋台のラーメンに行列ができているのを見て，手軽にラーメンが食べられないかと考えた．夫人が天ぷらを揚げているのを見て，油の熱で乾燥することにより麺を多孔質とし，湯で戻すことにより簡単に調理することができる麺の保存を思いついたとされている．この発明は「即席ラーメンの製造法」として特許権を取得している．（特許第 299524 号）

また，1960 年代に安藤はカップラーメンを開発した．容器を縦長の発泡スチロールとすることで，熱くなく持ちやすいものとし，底に比べて口が広い円錐台状の容器に麺を宙づりにすることにより，カップの強度を保ち運搬により麺が折れることを防止し，下部に隙間があり上にいくほど詰まりを大きくして麺を入れることにより，湯を入れた後 3 分間で均一に戻すことができるようにしたものである（図 3-20）．この発明は「容器付スナック麺の製造法」として特許権を取得している．（特許第 924284 号）

特許権を取得することにより自社の技術を保護する

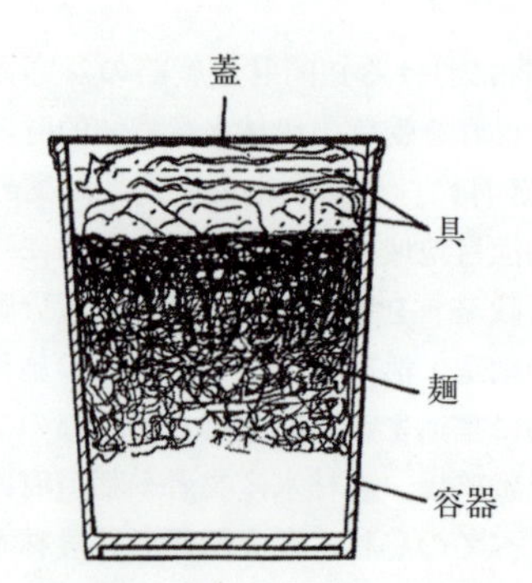

図 3-20　カップラーメンの構造
出典：特許第 924284 号の図面

とともに，インスタントラーメンはその特許を他社も使えるようにして，業界全体の技術レベルを保つことに成功したとされている．

(ii) 光触媒の発明

日本が誇る技術の一つに酸化チタンを用いた光触媒がある．東京理科大学の現在の学長である藤嶋昭は，1967 年に酸化チタンによる水の光分解現象を発見した．この現象は指導教官の本多健一の名前とともに「ホンダ・フジシマ効果」として広く知られているが，この効果の発見から 20 年以上経っても実用化はなされなかった．

1990 年に東陶機器（現 TOTO）と酸化チタンの応用に関する共同研究が始まり，この研究から二つの重要な機能が見出された．一つは酸化チタンのもつ光触媒反応による酸化分解作用であり，有機化合物が二酸化炭素と水に分解されるというものである．もう一つは酸化チタンをコーティングした材料に光をあてると，水が膜状になって広がる光誘起超親水性である．これらの反応を利用して応用技術を探索し，TOTO は数多くの特許を，日本のみならず，米国，欧州，中国，韓国，台湾，インドのほかアセアン諸国で取得し

池田菊苗

1901 年から東京帝国大学教授として物理化学の研究を行うかたわら，応用研究として，昆布のうまみの研究を行い，うまみ成分がグルタミン酸ソーダであることを突き止め，これを主成分とする調味料の製法を発明し，特許を取得した（特許第 14805 号）．調味料は商品化され，うまみを与える食品添加物として広く普及した．退官後もグルタミン酸ソーダの製法研究に従事．（1864-1936）

藤嶋昭

東京大学大学院在学中に，水溶液中の酸化チタン電極に光を照射することにより酸化チタンが触媒となって水を分解し，酸素と水素が発生するホンダ・フジシマ効果を発見した．特許取得（特許第 2756474 号）．その後の，光触媒の超親水性や酸化分解作用についての研究成果が，セルフクリーニングガラスや自動的に汚れが落ちるエアコンフィルターなどの開発を促した．（1942-）

ている．

酸化チタンは有機化合物を分解するため抗菌作用を有し，それをコーティングしたタイルや壁は病院内の感染防止に役立ち，また脱臭効果も有するため衛生機器に使用されている．さらに建物の外壁に使用することによって，汚れの付着を防止することもできる．これらの製品は国内のみならず，アジア諸国にも輸出されており，開発途上国の衛生環境の向上に役立っている．また超親水性であるためガラスの曇りを防止することができ，自動車のサイドミラーなどにも幅広く利用されている（東京理科大学光触媒国際研究センターホームページを参考にした）．

c. 医薬品の特許保護

医薬品は，有効成分が明らかになれば，それを製造することはそれほど難しくないため，特許権でその成分を保護することに大きな意義がある．医薬品の開発には数千億円の費用がかかるといわれており，一つの特許権を取得することにより，その製品を保護することができるため，医薬品は特許による保護が最も有効な分野であるといえよう．

2015年のノーベル生理学医学賞を受賞した北里大学特別栄誉教授の大村智は，米国メルク社に在職していたウィリアム・キャンベル（W.C. Campbell）とともに，土壌から分離された微生物の一種である放線菌から，寄生虫に対して強い殺虫作用をもつ化合物を発見し，エバーメクチンと命名した．エバーメクチンは，寄生虫には殺虫作用をもつものの，ヒトなどの哺乳動物には親和性が低く中枢神経系には浸透しないことがわかったため，抗寄生虫活性を高めて哺乳動物への作用をさらに低減させるために有機合成の手法を用いて改良し，そのジヒドロ誘導体であるイベルメクチンが開発された（図 3-21）．

この物質は，1981年から動物薬として販売され，ウシ，ヒツジ，ブタ，イヌなどの寄生虫駆除に用いられている．

動物薬として使用している間に，ヒトを失明に至らせるオンコセルカ症に対しても有効なことが明らかとなり，さらにリンパ系フィラリア症，糞線虫症，ヒトや動物の疥癬の治療にも優れた効果があることがわかってきた（北里大学ホームページを参考にした）．

土壌から特定の微生物を単離し，その微生物の用途を発見すれば，微生物自体の特許権を取得することができる．また化合物について用途を発見すれば，化合物自体の特許権を取得することができ，その構造の一部を改変した化合物についても，特許権を取得することができる．このようにして大村博士は，微生物や化合物を発見し，それを改変することによって数多くの発明をし，それに対して特許が付与された．

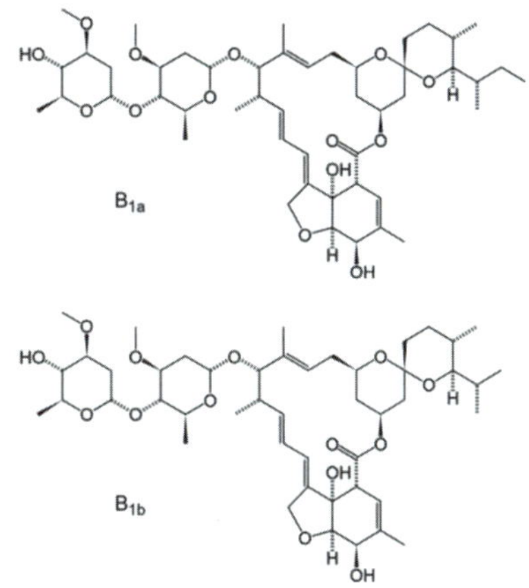

図 3-21　イベルメクチンの構造

医薬品の開発の成果として最も有効な特許権は化合物（化学物質）の特許権であり，「物質特許」とよばれている．新規な化合物を発見あるいは合成し，それが特定の疾病の治療に適用できることが確認されれば，「特定の化合物を有効成分とする特定の疾病の治療薬」のみならず，新規な化合物自体の特許権を取得することができる．この場合，その化合物を別の用途に使用する場合であっても権利が及ぶことになり，「物質特許」は一般に強い権利である．また，化合物の特許権の取得にあたっては，実際に医薬品として用いる一つの化合物だけでなく，骨格が共通し，同じ薬効を有する化合物群の特許権を取得することが，他者の参入を防ぐために重要である．

ある化合物 A がある薬効を有することが確認された場合には，「化合物 A を有効成分とする抗菌剤」という形で特許権を取得することができる．この場合，化合物 A が公知の物質であったとしても，化合物 A が抗菌作用を有することを見出したことにより，用途に新規性が認められて特許権を取得することが可能である．このような発明を一般に「用途発明」とよぶ．

この場合に「化合物 A を有効成分とする抗菌剤」の特許権を取得して抗菌剤を製造しようとすると，化合物 A の特許を利用しなければ実施することができない．これを「利用関係」とよび，抗菌剤の発明を実施しようとする者は，化合物 A の特許権者に利用の許諾を求める必要がある．このように特許権を取得したからといって，その発明を自由に実施できるとは限らず，他者の特許権を利用していることもあるため，他者の特許権に抵触していないかの調査が必要である．

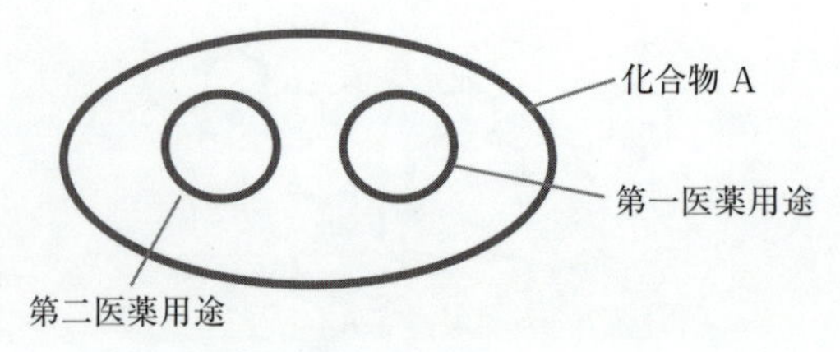

図 3-22　利用関係のイメージ図

その後，化合物 A が高血圧の治療に使用できることを見出した場合には，たとえ化合物 A を抗菌剤として使用することが知られていたとしても，用途に新規性が認められて，「化合物 A を有効成分とする降圧剤」として特許権を取得することが可能である．このような発明を「第二医薬用途発明」とよんでいる．医薬品の場合，同じ化合物を有効成分とするものであっても，用途が異なれば，それぞれ特許権を取得することができる（図 3-22）．

さらに，同じ化合物で，同じ疾病を対象とする医薬品が知られていても，それを特定の用法や用量で疾病に適用する場合には，用法や用量を特定することによって特許権を取得することも可能である．用法や用量を変更することも研究開発の一つの成果であり，それにより，これまで 1 日に 3 回服用しなければならなかった医薬を，ゆっくり効くようにして 1 日に 1 回の服用で済ませることができれば，患者の生活の改善につながるからである．

例えば，化合物 A を喘息治療薬として使用することが知られていたとしても，その投与方法が新しければ，「30〜40 μg/kg 体重の化合物 A を，ヒトに対して 3ヵ月あたり 1 回経口投与するように用いられることを特徴とする，化合物 A を含有する喘息治療薬」という形式で特許権を取得することができる．

d. 特許権の取得における留意点

(i) 先行技術調査の重要性

化学分野に限らないが，研究者が研究を開始するにあたり，それまでにどのような先行技術が公表されているかを調査することは重要である．先行技術調査を行わないと，自分の研究が無駄になるおそれがあり，その結果，特許出願をしても特許権を取得することができないからである．

先行技術調査を行う際には論文だけでなく，特許の調査も行う必要がある．研究開発の結果，成果が得られた場合にその成果が特許権として保護されるためには，特許出願の時点においてその技術がすでに知られたものでないこと（新規性），すでに知られた技術から，その技術分野の平均的な技術者であれば容易に考えつくものでないこと（進歩性）といった要件を満たさなければならない．新規性や進歩性を否定する証拠としては，論文だけではなく，特許文献を含むあらゆる文献や情報が対象となる．特許文献の場合には，出願から公開まで 18ヵ月の期間があり，自分の出願より前に出願されており，自分の出願の後に公開された文献も先行技術となるので，先行技術文献調査は，出願時だけでなく公開時にも行う必要がある．さらに特許権を取得しても，審査において見落とされた先行技術が存在することもあるため，ライセンスや権利行使にあたっては，後に無効とされることがないよう十分な調査を行うことが必要である．

また特許文献は，技術文献として有用なだけでなく，権利を公示する文献としても重要な意味をもつ．自分が特許権を取得している技術を実施する場合であっても，基本的な技術について他者が特許権を取得している場合があり，実施により他者の特許権を侵害することもあり得る．したがって，関連する技術分野において，どのような特許権が成立しているかを十分に調査し，侵害していないことを確認することが必要である．

(ii) 適切な特許権の取得

特許出願においては，自己の開発した技術を保護し，他者が同様の技術を実施できないような特許権を取得することが必要であるが，その際にどのような明細書を作成し，特許請求の範囲をどのように記載するかが重要なポイントとなる．

特許請求の範囲は，明細書において開示された内容を超えて記載することができないため，広い権利を取得しようとするときには，明細書において発明の内容を十分に開示することが必要である．また特許請求の範囲が広いと従来技術を含み，新規性や進歩性が否定

高峰譲吉

農商務省勤務時にワシントンで行った特許制度調査が高橋是清専売特許局長に認められ，1886 年，専売特許局次長に任命された．農商務省退職後は研究に没頭し，1890 年に特許を取得した醸造法が米国企業に採用されたことを機に渡米し，ジアスターゼの製法を発明し特許を取得．また，減圧によるアドレナリン抽出法など独創的な結晶分離法を発明し，特許を取得した（特許第 4785 号）．(1854-1922)

される場合があるので，先行技術との差異を明らかにし，かつ余分な限定をしないような特許請求の範囲を作成する必要がある．

明細書には先行技術を記載するとともに，自分の発明と先行技術との差異を明確に説明する必要がある．特許請求の範囲を広く記載するためには，明細書に十分な実施例を記載することや，先行技術からみて進歩性があることを主張するために，適切な比較例を記載することが重要である．

医薬用途発明においては，通常，実施例が必要であるとされ，医薬用途を裏付ける実施例として，薬理試験結果の記載が求められている．

(iii)　特許群の形成

自己の技術を護り他者の参入を防ぐためには，基本的な技術のみならず，その後も研究開発を続けて応用技術の特許権も取得して，特許群を形成することが重要である．

特許出願は18ヵ月ですべて公開される．そのため，出願から公開までの18ヵ月は他者がその内容を知ることができず，その期間のリードタイムはあるものの，その後は他者もその技術を参照して，研究開発を進めることができる．その結果として他者が特許権を取得すると，その特許権を回避するか，あるいはその特許権を利用するためにはライセンス契約をすることが必要になり，自己の特許の実施を進めていくうえで障害となる．他者の参入を防ぐためには，技術の上流から下流まで，多種多様な特許権を群として取得することが有効であり，それによりその技術を長く保護することも可能となる．

例えば，医薬品分野においては，まず化合物の発明を出願し，その後に医薬用途発明を出願する．さらに医薬を構成する組成物（有効成分の他，賦形剤，徐放剤，口腔内崩壊剤など），有効成分を複数用いた組合せ医薬，用法や用量を特定した医薬など，それぞれの研究開発段階に応じた医薬品の特許権を取得していくことが重要である．

田中耕一

島津製作所技術研究本部中央研究所での化学分野の技術研究において，タンパク質などの高分子物質の質量分析を行う際に気化かつイオン化する「ソフトレーザー脱着法」を開発し，特許を取得（特許第1769145号ほか）．2002年に「ソフトレーザー脱離イオン化法」として，ノーベル化学賞を受賞した．(1959-)

e．特許権の存続期間の延長登録制度

医薬品や農薬については，安全性の確保のための承認（処分）を受けるために相当の期間を要するが，その期間は製品を市場に出すことができず，特許発明の実施をすることができない．その期間の回復のために，「特許権の存続期間の延長制度」が1987年に制定された．処分の対象となっている法律は，医薬品医療機器等法（旧薬事法）と農薬取締法である．回復できる期間は実施をすることができなかった期間であるが，5年を限度とすることとされている．実施をすることができなかった期間とは，特許権の設定登録の日から，承認が申請者に到達した日の前日まで（ただし，臨床試験の開始が特許権の設定登録日より遅いときは，臨床試験を開始した日から，承認が申請者に到達した日の前日まで）である．このように特許権の存続期間は通常は出願から20年であるが，医薬品や農薬の場合には，特許権の存続期間が延長され，最長25年の特許権を享受することができる．

日本においては，医薬品として重要な技術は「有効成分」と「用途」であるとして，長らく有効成分と用途に関して，はじめてなされた処分のみが延長登録の対象とされ，有効成分と用途が同じ医薬であれば，2回目以降の処分では延長登録が認められないという運用が行われてきた．

2011年の最高裁判決［平成21年（行ヒ）326号］により，この運用が否定された．対象となった特許権は，長時間にわたって徐々に有効成分が溶け出すという「徐放性成分」に特徴がある医薬品である．これに対してすでに処分を受けた医薬品は，本件処分と「有効成分」と「用途」は同じであるが，内服液であって，徐放性成分を使用しないものであった．このようにすでになされた処分は徐放性成分を使用しておらず，対象となった特許権の技術的範囲に属しないことから，徐放性成分を含む医薬品を製造販売するためには，本件処分を受けることが必要であったとして延長登録を認めた．これを受けて，特許庁は審査基準を改訂し，本件処分が特許請求の範囲に含まれており，かつ先行処分が特許請求の範囲に含まれない場合には，延長を認めることとした．これによって徐放性成分のような添加剤の発明に関しても，特許権の延長が認められるようになった．

また，従来，医薬品は延長登録の対象であるが，再生医療の治療に使用される細胞シートは，承認までに

時間がかかるにもかかわらず，医療機器に分類され，延長登録の対象とされていなかった．2013 年に薬事法が改正され，従来，医薬品と医療機器に分かれていた「再生医療等製品」を一つにまとめたことから，これを契機に，従来は医療機器とされていた細胞シートも延長登録の対象とされた．また薬事法の名称も，医薬品医療機器等法と変更された．

2015 年の最高裁判決［平成 26 年（行ヒ）356 号］では，有効成分と用途が先行処分と同じ処分であっても，用法や用量が異なる場合に，その処分に基づく延長が認められたため，これを受けて 2016 年に特許庁は審査基準を再度改訂した．

このように延長登録制度は徐々に変更されつつあるので，医薬品や農薬については延長登録を視野に入れた特許戦略を行っていくことも重要である．

3.3.5　ライフサイエンスと知的財産

a. ライフサイエンスの特徴

ライフサイエンス（生命科学）は近年の進展が著しい分野であるが，生物を対象としているため，他の技術分野とは異なる以下のような特徴があり，さまざまな議論がなされている．

（ｉ）素材が天然に存在する

遺伝子や微生物など，素材が天然に存在するものであることから，発明と発見との区別が困難である．発明には創作性が必要であるが，単離された DNA が特定の遺伝子としての機能を有することがわかった場合には，特許で保護されるのか．

（ii）ヒトの生命に関わっている

① 生命倫理（公序良俗違反）の問題

受精卵を破壊して得られる ES 細胞（胚性幹細胞）に関する研究成果は特許で保護すべきか．

② ヒトの治療・診断・手術方法の取扱い

治療方法，診断方法，手術方法に特許権が存在することによって，その技術が自由に利用できなくなり，利用するとなると医療費の負担が大きくなるのではないか．

③ 医薬品アクセスの問題

開発途上国で蔓延しているエイズやマラリアの治療薬は，特許権の存在により高額となり，患者に行きわたらない．強制的に実施することを認めるべきではないか（1.3 節，6.1.1 項参照）．

（iii）動物愛護の問題

特定の遺伝子を導入したがんに罹りやすいマウスは特許で保護すべきなのか．

b. 微生物，植物，動物

（ｉ）特許の保護対象

日本では，微生物，植物，動物それ自体も特許の保護対象であり，例えば，特定の遺伝子を導入した微生物は特許の保護を受けることができる．

これらの特許保護については，ライフサイエンス分野の技術が先行していた米国が，世界に先駆けて認めてきた．米国においては，先駆者が裁判で争うことが多く，多くの判例が積み重ねられている．

1980 年に米国最高裁は，生物であるからといって特許権を取得できないことはない旨を判示して，微生物も特許で保護され得るとの判断を示した．米国 GE 社の科学者チャクラバティが創り出した，原油を分解する 4 種類の細菌を交配して得た効率的に石油を分解する新種菌が対象であり，漏出石油の処理がその用途であった．この判決はチャクラバティ判決とよばれ，その判決においては「太陽の下，人間が創った物は特許の対象となる．」と判示した．

その後，植物については 1985 年に，遺伝子組換え技術で創り出した，動物の飼育のために必要な必須アミノ酸であるトリプトファンを大量に含有するトウモロコシに対して，米国の特許商標庁で特許権が設定された．

動物については米国の特許商標庁が，1987 年に，牡蠣そのものも特許可能であるとの判断を示し，1988 年には，ハーバード大学が開発した，通常のマウスにがん遺伝子を注入し，がんを高頻度に発症するようにした実験用マウスに対して特許権を設定した．

日本においても，微生物，植物，動物は特許の保護対象であり，他の分野と同様に，新規性や進歩性など

鈴木梅太郎

1907 年に東京帝国大学農科大学の教授となった当時，陸海軍の兵士に多い脚気患者の対策を研究し，米糠中に脚気を治癒する成分があることを実験的に突き止め，有効成分「アベリ酸」（ビタミン B1）の分離法で特許を取得（特許第 20785 号）．世界で最初に抽出されたビタミンとなった．さらに，「アベリ酸」が必須栄養素であることを証明し，ビタミン学の基礎を確立した．(1874-1943)

の要件を満たせば特許権を取得することができ，ハーバード大学が開発したマウスを含めて，多くの特許権が設定されている．

欧州においては，ハーバード大学が開発したマウスに対して1990年に特許権を設定したものの，その後の異議申立において公序良俗違反などを理由として，動物愛護団体や宗教団体の強い反対を受けた．最終的に2001年に異議申立は理由がないとの判断がなされ，特許権が維持された．

世界のほとんどの国が加盟している1995年に発効したWTO協定の一部に，知的財産権に関するTRIPS協定があるが，その27条には，微生物は特許の保護対象としなければならないと規定されており，動植物については保護対象とするかどうかは任意であるとされている．そのため，特許による保護を強くすることに消極的な多くの開発途上国においては，動植物は保護の対象から除外している．

(ii)　微生物などの寄託制度

特許権を取得するためには，その技術内容を公開することが必要であり，その分野の通常の技術者がその発明を実施できるように説明することが求められている．ここで実施とは，発明が「物」を対象としている場合には，その物を製造し，かつ使用することができるように，すなわち，製造方法と用途を記載することが必要である．

製造方法については，化合物であれば，原料とそこからの合成方法を記載するのが通常であるが，微生物は，ある土地の土壌を採取して，その土壌から単離して発見することが多い．このような場合に，その土地に行けば必ずその微生物を採取することができるとは限らず，それを再現できるように記載することは困難である．その一方で，微生物は増殖するという特性をもち，分譲したものを利用することが可能であるため，寄託制度が存在する（図3-23）．

すなわち，微生物などの生物学的材料に関する発明において，その生物学的材料を製造することができるように明細書を記載することができない場合には，生物学的材料を寄託する必要がある．そして，第三者がその発明を再現することができるよう，寄託された生物学的材料は一定の条件のもとに分譲される．

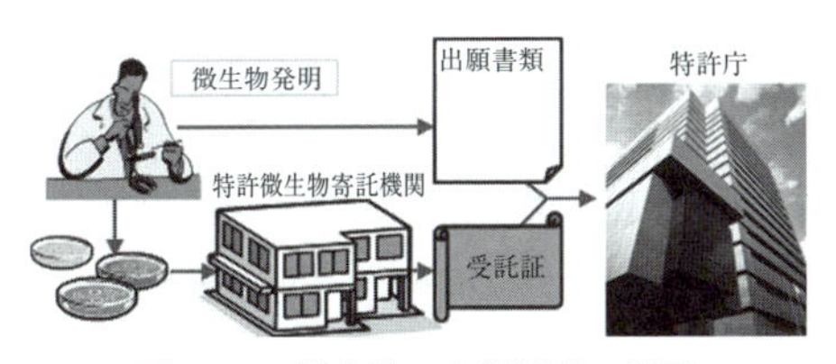

図3-23　微生物の寄託制度の概要
特許庁ホームページを参考に作成

微生物以外の，遺伝子，ベクター，組換えタンパク質，モノクローナル抗体，動植物などについても寄託することができ，動物の場合には受精卵，植物の場合には種子を寄託する．

日本における特許の寄託機関は，独立行政法人・製品評価技術基盤機構である．

日本の居住者が外国にも出願する場合には，日本の寄託機関に寄託すればよいという条約（特許手続上の微生物の寄託の国際的承認に関するブダペスト条約）があり，その条約に加盟している国の間では，自国の寄託機関に寄託すれば，外国の寄託機関に寄託する必要がないとされ，寄託の便宜を図っている．

c．細胞

2012年にiPS細胞の樹立によりノーベル生理学医学賞を受賞した京都大学教授の山中伸弥は，多くの特許を取得している．

ヒトの皮膚などの体細胞に少数の因子を導入し培養することによって，さまざまな組織や臓器の細胞に分化する能力とほぼ無限に増殖する能力をもつ多能性幹細胞に変化するが，この細胞をiPS細胞（induced pluripotent stem cell：人工多能性幹細胞）とよぶ．京都大学・山中らのグループは2006年にマウスの，2007年にヒトの皮膚細胞からiPS細胞の樹立に成功した．

山中は，数多くの遺伝子の中から，ES細胞で特徴的に働いている四つの遺伝子（Oct3/4，Sox2，Klf4，c-Myc）を見出し，レトロウイルスベクターを使って，これらの遺伝子をマウスの皮膚細胞（線維芽細胞）に導入し培養したところ，四つの遺伝子の働きによりリプログラミングが起き，ES細胞に似た，さま

山中伸弥

カリフォルニア大学サンフランシスコ校グラッドストーン研究所に博士研究員として留学し，iPS細胞研究を始める．2006年に，マウス人工多能性幹細胞（iPS細胞）を確立し，翌年，ヒト人工多能性幹細胞を生成する技術を開発し，論文発表．「成熟細胞が初期化され多能性をもつことの発見」により2012年のノーベル生理学・医学賞をジョン・ガードンと共同受賞した．(1962-)

ざまな組織や臓器の細胞に分化することができる多能性幹細胞を樹立した.

その後，山中らのグループは，上記の4遺伝子をヒトの皮膚細胞に導入してヒトiPS細胞の作製に成功した.

iPS細胞は，病気の原因の解明，新薬の開発や，細胞移植治療などの再生医療に活用できると考えられている．再生医療とは，病気やケガなどによって失われた機能を回復させることを目的とした治療法で，iPS細胞がもつ多分化能を利用してさまざまな細胞を作り出し，例えば，神経が切断される外傷を負った場合には，失われたネットワークを繋ぐことができるように神経細胞を移植するなどの治療が考えられる（京都大学iPS細胞研究所ホームページを参考にした).

山中らが取得した日本の特許権の主要なものは以下のとおりである.

> 特許第4183742号【請求項1】
> 「体細胞から誘導多能性幹細胞を製造する方法であって，下記の4種の遺伝子：
> Oct3/4，Klf4，c-Myc，及びSox2を体細胞に導入する工程を含む方法.」

上記は四つの特定の遺伝子を導入するものに限られている.

> 特許第5098028号【請求項1】
> 「下記の（1)，(2)，(3）および（4）の遺伝子：
> (1) Oct3/4遺伝子,
> (2) Klf2遺伝子およびKlf4遺伝子から選択される遺伝子,
> (3) c-Myc遺伝子，N-Myc遺伝子，L-Myc遺伝子およびc-Myc遺伝子の変異体であるT58A遺伝子から選択される遺伝子，および
> (4) Sox1遺伝子，Sox2遺伝子，Sox3遺伝子，Sox15遺伝子およびSox17遺伝子から選択される遺伝子,
> を体細胞に導入する工程を含む，誘導多能性幹細胞の製造方法であって，初期化される体細胞において前記遺伝子のいずれかが発現している場合には，該遺伝子は導入する遺伝子から除かれていてもよい，前記製造方法（ただし，Oct3/4遺伝子，Klf4遺伝子，c-Myc遺伝子およびSox2遺伝子を体細胞に導入する場合を除く)．方法.」

上記は導入される遺伝子が選択肢で記載されており，その組合せにより，上記の第4183742号と比較して広い範囲をカバーしている.

> 特許第5467223号
> 「以下の（1)～(3）の工程を含む，誘導多能性幹細胞の製造方法：
> (1) ES細胞で特異的な発現または高発現を示す遺伝子，Wntシグナルまたは LIFシグナルにより活性化される因子をコードする遺伝子，ES細胞の分化多能性維持に必須の遺伝子，およびそれらのファミリー遺伝子から，体細胞へ導入することにより内在性のOct3/4遺伝子及びNanog遺伝子を発現させる遺伝子の組み合せを選択する工程,
> (2) 工程（1）で選択された遺伝子の組み合わせを体細胞に導入する工程，および
> (3) 工程（2）で得られた細胞を培養する工程.」

第4183742号，第5098028号のようにiPS細胞を作製するための遺伝子が特定されておらず，機能的に記載されているため，より広いiPS細胞の作製方法が包含される.

京都大学iPS細胞研究所のホームページによれば，2015年11月現在，iPS細胞の日本の特許権は7件取得されており，米国，欧州の主要国，中国，韓国を始めとして，30ヵ国以上で特許が成立している.

京都大学は，iPS細胞関連の特許権を取得することにより，国内外の営利団体のライセンスの独占を防ぎ，適正かつ合理的なライセンス料でiPS細胞技術を広く社会に提供することができるとしている.

d. 医療方法

医薬品や医療機器といった「物」の発明は特許の保護対象である.

一方，日本においては，「ヒトを手術，治療，又は診断する方法」は「ヒトに対する医療行為」であって，産業上の利用可能性がないとされている．医療行為を特許の対象から除外する主な理由は，特別な手術や治療を必要としている患者がいたときに，その手術や治療の方法に特許権が存在していると，それが実施できないか，実施できるとしても高額なライセンス料を特許権者に支払う必要が生じ，その患者が負担できなければその手術や治療を施すことができないことになり，人道上許されることではない，というものである.

ただし，たとえば「ヒトの体内から採取した細胞にベクターを用いて外来遺伝子を導入し，細胞治療用の細胞を得る方法」は細胞の製造方法であって，患者を治療する工程を含まない方法であるので，特許の対象である．また，「ヒト誘導多能性幹細胞を，無血清培地中，X細胞増殖因子存在下で培養することを特徴とする，ヒト誘導多能性幹細胞を神経幹細胞に分化誘導する方法」も，「人間から採取したものを原材料として，医薬品又は医療材料の中間段階の生産物を製造

するための方法」であって，特許の対象である．このように患者を治療するという行為が含まれなければ特許の対象となる．

また，医薬品の投与方法は治療方法であり，特許の対象ではないが，医薬品の用法または用量を特定した発明は，「物」の発明として保護される（3.3.4 項 c. 参照）．

なお，米国においては，医薬用途発明は，用途が新しくても有効成分が同じであるので，新規性がないとされる．一方，「ヒトに対する医療行為」は特許の対象であるので，医薬用途発明は治療方法として特許権を取得することができる．しかし医療方法に特許権を与えて独占させることには問題もある．米国においては，1993 年に白内障の手術方法の特許権を取得した医師が，ほかの医師を特許権侵害で訴えたことを受けて，米国医師会が特許法の改正を求めた．当初は医療行為を特許の対象から除外するという法案であったが，1996 年の改正においては，特許の対象としたうえで，医師がその特許発明を実施しても特許権の侵害にならないという規定となった．

欧州においては，ヒトのみならず動物に対しても，治療方法，診断方法，手術方法を特許の対象から除外しているが，日本と同様に，医薬品の投与方法については物の発明として特許権を取得することができる．

TRIPS 協定においては，ヒトまたは動物に対する治療方法，診断方法，手術方法は特許の保護の対象から除外できるとされているため，多くの国で除外している．

e. 遺伝子工学

遺伝子工学に関しては，ヒトゲノムの解析にみられるように未だ解明されていない部分が多く，技術が急速に進展していることから，どこまで解明されれば特許権を取得することができるのか，その権利の範囲をどのように設定するのか，などについてさまざまな問題が提起されてきた．

1990 年代，米国はゲノム解析プロジェクトを推進し，その成果である遺伝子配列の保護を積極的に進めてきた．米国において，ヒトゲノム解析の成果物として，配列が明らかになった大量の遺伝子断片（ESTs）が出願され，1998 年に特許権が設定された．この出願はデータベースを用いた相同性（homology）検索により，当該遺伝子断片の配列に類似した配列を有するものの機能を基にして，当該遺伝子断片の機能を推定して記載したものである．この特許権の設定に対し，機能が不明な遺伝子断片に特許権が設定されると，その後の研究開発ひいては産業の発展に悪影響を及ぼすとの懸念が世界の研究者および産業界によって表明された．

そこで日米欧の特許庁において，機能や特定の断定的な有用性について示唆のない遺伝子断片は，特許を受けることができないことを明らかにした．すなわち，遺伝子について特許権を取得するためには，遺伝子の用途を明らかにしなければならないことが日米欧で合意された．

このように米国は，積極的に遺伝子の特許権を設定することにより，自国の優位な産業を保護してきたが，2013 年に最高裁判決が言い渡され，遺伝子自体の特許保護が否定された．

この事件では，遺伝子検査を行うミリアド社が保有する，乳がんと卵巣がんの発症に関係する遺伝子（*BRCA1* および *BRCA2*），これらのがんの原因を明らかにする遺伝子変異を比較する検査方法，これらの遺伝子を用いたスクリーニング方法の発明が，特許の対象か否かが争われた．この事件は，有名な女優が遺伝子検査の結果，乳がんの発症リスクが高いことがわかり，発症前に乳房を切除したことで話題になった．

最高裁判決の要旨は以下のとおりである．

> BRCA1 及び BRCA2 の配列それ自体はミリアド社が発見する前から存在し，同社がそれを造ったわけではない．したがって自然の産物であるから，単離 DNA それ自体は特許の対象ではない．一方，cDNA は自然の産物ではなく，人工物であるから特許の対象である．
> （注：cDNA は「相補的 DNA」を意味し，mRNA などを鋳型として逆転写酵素を用いて逆転写反応により合成されたものである）．

本判決によって遺伝子自体は特許の対象ではないこととなったが，2014 年に公表された米国の特許庁の運用においては，単離された遺伝子のみならず，天然から単離された化合物など，もともと天然に存在したものは特許の対象ではないとされ，内外から批判を浴びている．この運用によれば，土壌から単離された微生物や，微生物によって製造された化合物が医薬品として有用であることが発見された場合であっても，その微生物や化合物について特許を取得することができず，天然物であるがゆえに研究開発の成果を特許で保護することができなくなり，研究開発を阻害するものといえよう．

ちなみに日本においては，「天然物から人為的に単離した化学物質，微生物などは，創作したものであり，「発明」に該当する．」とされており，遺伝子も化学物質の一種であるため，特許の対象である．

欧州においても，「遺伝子の配列若しくは部分配列を含む要素であって，人体から分離されているもの，又はそれ以外に技術的な方法の使用によって生産されるものは，その要素の構造が天然の要素の構造と同一である場合であっても，特許を受けることができる.」旨が規定されている．また「生物学的材料であって，それが以前に自然界において生じていた場合であっても，自然環境から分離されているか又は技術的方法の使用によって生産されるものは特許を受けることができる.」とされている．

f. 生命倫理と特許

日本では，公序良俗を害するおそれのある発明は特許を受けることができないことを特許法で規定している（特許法 32 条）．しかしながら，公序良俗を害するか否かは，国家社会の一般的利益や道徳観，倫理観に関わるものであり，時代とともに変遷し，人により異なる．したがって，公序良俗違反の判断は抑制的に行うこととされており，特許庁の審査基準によれば，公序良俗違反とされる発明として，「遺伝子操作により得られたヒト自体」という明らかに公序良俗違反となる事例が挙げられている．

一方，欧州においては，ヒト胚の使用に関する発明について，特許権の設定を広範囲に制限する判断が示された．

EU（欧州連合）においては「バイオテクノロジー発明の法的保護に関する 1998 年の欧州議会及び理事会指令 98/44/EC（バイオ指令）」が存在し，EU 域内においては，この指令により「ヒト胚の産業又は商業的目的の使用」は特許の対象から除外される．CJEU（欧州連合司法裁判所）は 2011 年にこの規定を解釈する判決を言い渡した．

本判決の経緯は以下のとおりである．

ボン大学の研究者によるヒト ES 細胞から作製された神経前駆細胞の発明に対してドイツで特許権が設定された．これに対し，欧州の自然保護団体であるグリーンピースが，この特許は「ヒト胚の産業又は商業的目的の使用」であるため，特許の対象ではなく無効であると主張した．ドイツ連邦通常裁判所（最高裁に相当する）は，バイオ指令において定義がなされていない「ヒト胚」の解釈に関して CJEU に判断を求めた．

CJEU の判断の概要は以下のとおりである．

> ヒトの受精卵も，成熟したヒト細胞から細胞核を移植した未受精卵や単為生殖により刺激されたヒトの未受精卵も「ヒト胚」を構成する．
>
> 科学的研究を目的とするヒト胚の使用であっても，特許権を取得しようとすることは産業目的であるから特許の対象から除外される．
>
> ヒト胚の事前の破壊や原料物質としてのヒト胚の使用を必要とする場合には，発明として記載した部分にヒト胚の使用が記載されていなくても，特許の対象から除外される．（ジェトロホームページを参考にした）

この判断により欧州においては，ES 細胞を使用する技術である限り，受精卵の破壊を前提とするため特許権の取得ができないこととなった．一方，日本や米国においては特許権の取得が可能である．

明らかに生命倫理に反する発明には特許権を設定すべきでないが，そうでない発明を保護しないことは発明の秘匿につながり，技術の発展を妨げるものと考えられる．

3.3.6　電気・電子・情報系技術と知的財産

a. エジソン：生涯に 1000 種類以上の発明をした偉人

発明王とよばれたトーマス・エジソンは，電灯，発電機，セメント，蓄音機，映写機，トースターなどの現代生活を支える重要な発明をした．生涯で 1300 以上の発明を行ったともいわれた．このような数多くの発明によって，人類は，文明的な生活を享受でき，その発明がもとになって，エレクトロニクスなどの科学技術が驚異的に発展することができた．

エジソンの偉大な発明は，知的財産であり，権利として 1000 を越える特許が取得された．発明によって多くの産業が生まれ，経済が発展してきた．

この特許があればこそ，ライセンス収入が資金源となり，実験に必要な器具や施設等を調達でき，偉大な発明を次々と生み出していったのである．その生み出

杉本京太

1900 年に大阪市電信技術者養成所を修了した後，活版技術関係の仕事を経て邦文タイプライターの研究を行い，左右移動可能な活字庫，前後移動可能な印字部及び円筒型の紙片保持具で構成される独創的な機構の邦文タイプライターを発明，特許を取得（特許第 27877 号）．以後の邦文タイプライターの基本構成となり，邦文書類作成事務の能率化に大きく貢献した．（1882-1972）

された発明に基づき，さらに事業化されて産業経済が発展するとともに，特許に基づくライセンス収入がエジソンのもとに入り，さらなる発明を生み出していくといったサイクルが機能していたのである．

もちろん，エジソンは起業家として自らも企業を興し，なかには，現在でも一流企業として産業経済を牽引している企業もある．また，エジソンは，事業家として，ゼネラル・エレクトリック（GE）社の社長も務めた．

b. 回路素子：江崎ダイオード（トンネルダイオード）

江崎玲於奈は，ソニーの研究者時代に，「江崎ダイオード」とよばれる半導体（トンネルダイオード）を助手の黒瀬百合子とともに1957年に発明し，1973年にノーベル物理学賞を授賞した．

通常のダイオードでは，当然，逆方向（逆のバイアス方向）には電流は流れず，順方向（順バイアス）に電流が流れる．しかし，江崎ダイオードでは，p-n接合の特徴的な構造により，順バイアスで電圧を印加すると，量子トンネル効果により，電流が小さくなる電圧帯が現れる．この特性により，高周波の発振回路をはじめ，各種の電子回路の動作を高速化させることで，電子機器の性能を飛躍的に向上させ，エレクトロニクス産業の発展に貢献した．このトンネル効果を実現する半導体のp-n接合の構造に関する発明は，特許第2673362号として登録されている．

c. 応用事例 集積回路：IC（integrated circuit）

日本の基幹産業となったエレクトロニクス産業を支える集積回路の模倣行為と知財保護の現状について，集積回路の製作プロセスとともに解説しつつ，併せて，製品の知財による保護の在り方について考察する．

(i) システムLSI

半導体業界は，従来の垂直統合モデルから，設計と製造を切り分ける水平分業モデルに移行した．少量多品種，大規模論理回路の実現，設計コストと開発期間の短縮などの要求に対応するため，ICのなかでも，システムLSI（large-scale integration，大規模集積回路）の需要が高まった．このシステムLSIには，さまざまな機能の回路が実装されており（図3-24），半導体業界では，「IP（intellectual property）」や「IPコア」，「設計資産」とよぶ．

効率的にシステムLSIを設計・製造するため，自社開発以外の他者のIPも使われている．システム

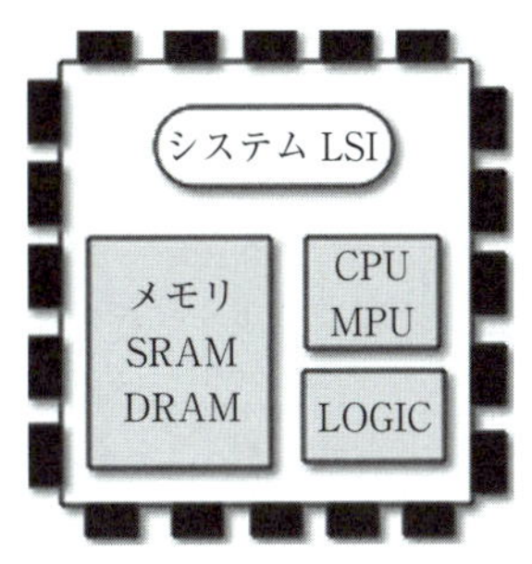

図3-24 システムLSI

LSIとそれを組み込んだ製品の保護，とりわけ集積回路のデザイン（設計）保護を現行の知的財産権法制のなかでどう捉えるのかがビジネス面でも法律面でも重要な課題である．

(ii) システムLSIと設計資産

前述したように，「電子部品」としてのICやLSIの設計データを半導体業界では，単に「IP」とよんでいる．半導体業界においては「IP」のほかに，「IPコア」「IPブロック」「マクロ」「VC（virtual component）」「ソフトIP」「ファームIP」「ハードIP」といった，多種多様な表現が使われている．

半導体業界で一般的に使われている「IP」は法律用語における知的財産とは必ずしも同一ではない．これらの「IP」は，既存の知的財産権の実定法上の権利類型のいずれかに該当するものではなく，知的創作物であるシステムLSIの設計資産のことを念頭におき，半導体業界で生成してきた用語である．つまり，一般的な法律用語とは区別しておくのが適切である．そこで，ここでは，「回路設計IP」という用語を用いる．

システムLSIの製作プロセスは，「システム設計工程」，「LSI設計工程」，「LSI製造工程」からなり，その設計資産としての回路設計IPは一般的に三つの形態(1)～(3)がある．

(1) ソフトIP

動作仕様を表す設計データでありハードウェア記述言語（Verilop HDL等）で記述されることが多い．

(2) ファームIP

一般に（論理）回路とよばれるレベルの設計データ．

(3) ハードIP

トランジスタの配置と配線情報を二次元の図形情報で表したLSIの設計データ．

(iii) 法的保護の必要性の背景

(1) 取引の対象としての設計資産（回路設計 IP）

システム LSI は，次の ①，②，③ の工程を経て開発される．

① システム設計工程：実現すべき機能の具体化を行う．

② LSI レイアウト設計工程：LSI に必要とされる機能からレイアウトという二次元のチップ表面に刻みの加工を施す．

③ LSI 製造工程：トランジスタの形状とその間の導線を微細加工技術でもってチップに刻み込む．

近年の国際競争の激化していく時代の流れにおいて，付加価値の源泉は，③ の LSI 製造工程そのものより，より上流の ① ないし ② の設計工程に移ってきていたのである．

なぜなら，システム LSI 設計段階の上流であれば，より融通性のあるシステム設計が可能となるからである．法的に問題となりやすいのは，② の工程で生成されるさまざまな機能を有するソフト IP である．

回路設計 IP を組み込んだシステム LSI を製造する場合，すべての回路設計 IP を自前で制作することは，現実的でないため，他社のソフト回路 IP が取引（再利用）されるマーケットができあがってきたのである．

なお，この回路設計 IP が取引の対象として流通する行為について，知財としての法的保護が十分ではなく，抜け穴となっていたことが，日本の半導体業界に少なからず影響を与えたと考えられる．

(2) システム LSI の模倣行為

リバースエンジニアリング技術と EDA（electronic design automation）ツールの進歩によって，深刻な問題が出現した．半導体製品の模倣である．リバースエンジニアリング技術の向上により，チップ製品からトランジスタその他素子と，それらの繋がり方などの LSI の回路設計情報を抽出し，その情報をもとに EDA ツールを用いて半導体製品が製造された（図 3-25）．

企業によってレイアウト設計ツールが異なれば，同じ機能を有する異なるレイアウトパターンの半導体製品の製造が，以前とは比べられないほど，容易に行われてしまうのである．

従来は，レイアウト作成に開発費の半分近くを費やしていたところ，EDA ツールの進歩によりレイアウト作成は大幅に効率化され，模倣がより簡単になってしまったのである．

優れた集積回路を世界に先駆けてゼロから製作している日本の半導体メーカにとって，システム設計や回路設計に膨大な労力と費用を投下しているところに，回路設計のただ乗りビジネスが出現することはきわめて深刻な問題となったのである．

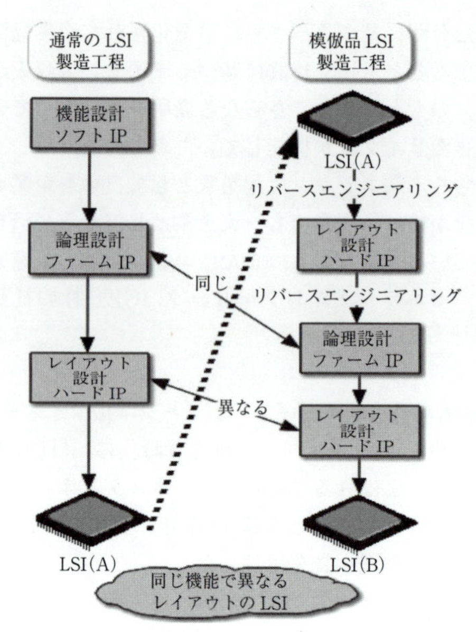

図 3-25　LSI のリバースエンジニアリング

(iv) システム LSI（集積回路）の保護法

ここで集積回路に係る保護法の現状について説明する．

(1)　半導体集積回路配置法

同法による半導体回路配置権によってデザイン段階のレイアウトの模倣を保護している．もし，設計工程において，上流の設計資産（回路設計 IP）が海外企業などに模倣され，日本企業のオリジナル製品とは異なるレイアウトの半導体製品が製造された場合，同法では対処できない．

すなわち，日本の半導体集積回路配置法は，最終の回路配置というレイアウトを保護しており，製品のデッドコピーを行わない限り適用されない．同じ機能を有するレイアウトの異なる製品に対しては，適用されないだろう．

そもそも，日本の半導体集積回路配置法は，その立法時において，最終の製品保護からスタートした．リバースエンジニアリングや EDA などの技術が大幅に進歩してきた半導体業界を鑑みると，レイアウトのみならず LSI 設計工程の上流の設計資産（回路設計 IP）を保護できなければ，海外の安価な模倣品によって，日本の半導体産業は市場を奪われてしまう．

(2) 特許法

設計段階の上流における設計資産（ソフトIP）は，論理処理関係を数学的に処理したアルゴリズムに近い性格である．アルゴリズムは，人為的な取り決めであることから，特許法の保護対象とは認められ難いであろう．

(3) 著作権法

システムLSIの設計資産については，次の二つの観点①，②から検討する．

① プログラム

システム設計段階における設計データの記述は，システムC言語などのプログラム言語で，ソフトウェア部分とハードウェア部分が切り分けて記述される．

ハードウェア部分は，表現上は「システムC」のようなプログラム言語で記述されるが，実質的には「HDL（ハードウェア記述言語）」に変換され（ソフトIPの生成），回路の設計データ（ファームIPの生成）となる．このファームIPは，ハードウェアを現実化するためのレイアウト設計データ（ハードIP）となる．

このHDL（ハードウェア記述言語）で記述された設計データ（ソフトIP）は，上記の著作権法上のプログラムの判断基準には該当しないと考えられている．

なぜならば，HDLによる記述自体は，「コンピュータによる自動的な作用を受けているに過ぎず（中略）論理合成ツールなる特定のソフトウェアに対する入力データとしての性格を有するもの」であり，著作権法に定める電子計算機を機能させるものではないと解されているためである．

② 設計図

著作権法の保護範囲は，「表現された」設計図が対象となる点に留意する必要がある．システムLSIは産業用に利用される実用物であることから，設計図については「学術，美術又は音楽の範囲に属するもの」の要件を満たさず著作物とはいい難いとも考えられる．LSI製造工程におけるマスクワークは，設計図の複製物との考え方もできるが，実際には多くのマスクワークを利用し「最先端の露光技術，エッチング技術，成膜技術やノウハウを用いてウェハー上にトランジスタ等の素子を形成し，これを導線で結合する手続を単純に複製行為と呼ぶには無理がある」と考えられている．

システムLSIの動作仕様を抽出し，異なる「表現」でファームIPやハードIPなどが実現された場合，保護は及ばない．

表 3-8 法的保護の可否（○：保護可能，△：要件次第，×：保護不可）

	半導体集積回路保護法	特許法	意匠法	著作権法	不正競争防止法
ソフトIP	×	△	×	○	△
ファームIP	×	△	×	△	△
ハードIP	×	△	×	△	△

(4) 不正競争防止法

「レイアウト設計に基づいて作成されたマスクパターンの場合は，商品に該当すると思われるため」，当該レイアウトパターンのデッドコピーを譲渡などをする行為は不正競争行為として規制することが可能と考えられる．

第三者へのアクセスを制限するなどして「秘密管理性」を担保すれば営業秘密に該当すると考えられる．不正競争防止法におけるシステムLSIの設計資産の保護は，営業秘密の要件を満たせば保護対象となりうると考えられるが，商品形態の模倣については，設計データとしての設計資産は該当しにくいものと考えられる．しかし，マスクパターンのように設計資産が有体物に化体された場合，該当する可能性がある．

(v) 法的保護の限界

半導体回路配置保護法では，いずれの設計資産も保護対象とならない．制定後，数十年が経過し，システムLSIに代表されるように半導体集積回路は大規模化・複雑化・システム化してきた．

リバースエンジニアリング技術やEDAツールの進歩により法律制定時には想定しえなかったシステムLSIの設計資産レベルの取引と模倣問題が生じている．特許法は保護の適格性について，そして，不正競争防止法は，商品形態あるいは営業秘密に該当するかのハードルをクリアする必要があり，そのハードルは高いと考えられる（表3-8）．

d. ICTの知財保護

ICTを知的財産権で保護するためには，特許権として権利化し保護する方法と，著作権としてソフトウェア・プログラムのソースコードを権利保護する方法，そして不正競争保護法を利用したビジネスの保護などがある．ここでは，ソフトウェアの特許法での保護について説明する．

(i) ソフトウェア発明保護の移り変わり

時代の変化とともに，進化していくICT技術を保護するように法律が改正されてきた．米国や欧州での法改正の流れとともに，この過程を解説する．

日本内では，1975年，特許庁の審査基準でコンピュータ・プログラムに関する発明を「方法」の発明として保護するように基準が改正された．しかしこの時点ではまだ，コンピュータ・プログラムは電卓型特許としての形態のみが保護されていたにすぎない．

1982年に特許庁が「マイクロ・コンピュータ応用技術に関する発明についての審査運用指針」を公表し，マイコン型特許が保護され，マイクロ・コンピュータがソフトで複数の機能を果たすものも，装置の発明として保護されるようになった．

1993年には日本で「コンピュータソフトウェア関連発明に関する審査基準」が公表されて，ソフトウェアによる情報処理自体が自然法則を利用している場合だけでなく，情報処理がハードウェア資源を利用している場合も「発明」として保護されることになった．

1997年には，日本でもソフトウェア関連発明に関する運用指針の改訂が行われ，ソフトウェア単体での特許認可が行われるようになった．つまり，運用でソフトウェアを「物」として記載することを容認しており，記録媒体を物の発明として保護する旨を明示している．2000年12月，「特許・実用新案審査基準」を改訂し，媒体への記録を必須としなくても，コンピュータが果たす複数の機能を特定する「プログラム」を「物」の発明として請求項に記載できるとした．ソフトウェアがコンピュータに読み込まれることによって，ソフトウェアとハードウェアとが協調して動作するような具体的手段で，目的に応じた演算や加工を実現することで，目的に応じた情報処理装置やその動作方法が構築される場合に，ソフトウェア関連発明が「自然法則を利用した技術的思想の創作」となるとしており，純粋なソフトウェア特許が認められるようになった．

2002年には，日本の特許法が改正されて，特許法上の発明の対象となる「物」について，プログラムなどの無体物が含まれることを明確にしたうえで，プログラムなどの定義規定をおいている．さらに，有体物の流通を念頭に規定されている発明の実施行為の定義規定についても，プログラムなどに関わる発明の，ネットワーク上における実施行為が含まれることが明確になるように改められている．

(ii) 日本の審査基準

具体的に，ソフトウェアに関する特許出願を行う際，注意しなければいけない点は，各国の審査基準に合った発明である必要がある．日本の審査基準を理解すれば，欧米で権利化するでも大体問題なく進められる．

日本特許法では，権利化できる発明の要件として，「自然法則の利用を利用した技術的思想」という条件がある．この要件を満たすために，特許庁では「コンピュータソフトウェア関連発明」に関して「特許・実用新案ハンドブック」附属書B第1章にまとめている．簡単に留意事項を次の通り抜粋する．

(iii) ソフトウェア関連発明のカテゴリーと特許請求の範囲（クレーム）の記述法

審査基準の抜粋を次の通り示す．このソフトウェアという特定の技術領域には特有の特許請求の範囲の記述法がある．

(1)　方法の発明

ソフトウェア関連発明は，時系列的につながった一連の処理又は操作，すなわち「手順」として表現できるときに，その「手順」を特定することにより，「方法の発明」（「物を生産する方法の発明」を含む）として請求項に記載することができる．

(2)　物の発明

ソフトウェア関連発明は，その発明が果たす複数の機能によって表現できるときに，それらの機能により特定された「物の発明」として請求項に記載することができる．

なお，プログラムやデータについては以下のように記載することができる．

(a) プログラムを記録したコンピュータ読み取り可能な記録媒体，又は記録されたデータの構造によりコンピュータが行う処理内容が特定される，「構造を有するデータを記録したコンピュータ読み取り可能な記録媒体」は，「物の発明」として請求項に記載することができる．

例1　コンピュータに手順A，手順B，手順C，…を実行させるためのプログラムを記録したコンピュータ読み取り可能な記録媒体

例2　コンピュータを手段A，手段B，手段C，…として機能させるためのプログラムを記録したコンピュータ読み取り可能な記録媒体

例3　コンピュータに機能A，機能B，機能C，…を実現させるためのプログラムを記録したコンピュータ読み取り可能な記録媒体

例 4 A 構造，B 構造，C 構造，…を有するデータが記録されたコンピュータ読み取り可能な記録媒体
(b) コンピュータが果たす複数の機能を特定する「プログラム」は，「物の発明」として請求項に記載することができる．
例 5 コンピュータに手順 A，手順 B，手順 C，…を実行させるためのプログラム
例 6 コンピュータを手段 A，手段 B，手段 C，…として機能させるためのプログラム
例 7 コンピュータに機能 A，機能 B，機能 C，…を実現させるためのプログラム」

請求項に記載するソフトウェア関連発明が，「自然法則を利用した技術的思想の創作」となる基本的な考え方は，次の通りである．

ソフトウェアによる情報処理が，ハードウェア資源（ハードウェアリソース）を用いて具体的に実現されている．

すなわち，抽象的なアイデアでは特許にならず，ハードウェア資源とソフトウェアが協働しているようすがわかるように記述する必要がある．

つまり，処理手段や記憶手段といったようなハードウェアが単に登場するだけでは十分ではなく，発明のポイントとなるソフトウェアの動作の流れとハードウェアが協働している様子を記述する必要がある．

(iv) ICT における知的財産上の問題

ICT の特徴として，コンピューティングパワーがユビキタスに存在し，いつでもどこでも自由にその能力を利用できることが挙げられる．インターネット時代に入り，その傾向にはますます拍車がかかり，海外に旅行に行っても，日本のパソコンやサーバーのなかに保管した情報にいつでもアクセスすることができ，慣れない旅行先でも日本のサーバーで情報収集することができる．

このように，インターネット時代の ICT は，国境を越えて機能を提供したり情報を送受信したりすることができる．しかし，知的財産関連法は属地主義であり，その権利の効力が及ぶのは，その国の領土内だけであって，基本的に，他国にまで知的財産権が及ぶことはない．外国では，その国のなかで制定されている知的財産関連法があり，それに従うしかなく，特許権を得るための手続きも，その審査基準も，国ごとに異なる．

したがって，極端な例では，日本で特許を出願して，特許権を取った発明も，外国で申請した場合には，必ずしも特許化できるとは限らない．このような権利としての安定性の問題もさることながら，国境を越えたサービスが可能なことによって，権利侵害の訴訟が難しいことも，問題の一つである．

実際に計算しているのは日本に置いてきたパソコンであっても，それを表示するのは，旅行先の外国といった場合，この利用形態を特許として日本で登録した人は，はたして特許権の侵害を訴えることができるのかどうか，また逆に，旅行先の国で特許を保有している場合，その国で特許侵害ができるのかどうか，難しい場合がある．

特許権以外でも，例えば海外で商標登録されているブランドを勝手に使用した場合，商標登録されていない国で，侵害を訴えることができるのか．中国でよく起きる事件で，日本で名前の知られた商品の商標を勝手に中国で別の人に登録されてしまう場合がある．この場合は，仮にも中国特許庁に登録されているのであるから，その名称が使われることを阻止するどころか，元祖である自分たちの方が逆に不正使用で訴えられかねない状況になる．

著作権でも問題が発生している．多くのオープンソースソフトウェアには，GPL というライセンス条件が付与されており，そのオープンソースソフトウェアを使用することで，GPL の契約に同意したものとみなされるような仕組みになっている．しかし，このオープンソースソフトウェアをもとに，自分たちで改変したプログラムに対して，どのような権利が発生するかは，国によって著作権法に違いがあるために異なる面がある．

また，クラウドを利用している場合には，そのクラウドに格納された情報の実体がどこに存在するのか，ユーザの関知するところではない．したがって，日本においておくと，著作権法上の侵害になると判断して米国のクラウドを利用したとしても，実は情報が日本のデータセンター上に格納されているということもあ

八木秀次

無線通信用の連続した電波の発生の研究を行ったドイツ留学からの帰国後，1919 年東北帝国大学工学部教授に就任し，短波・超短波通信の研究を行った．1925 年に論文発表した理論に基づき，八木アンテナの基本となる「電波指向方式」を発明し，特許を取得（特許第 69115 号）．簡単な構成で指向性通信を可能にし，今日の超短波，極超短波のアンテナで広く使用されている．(1886-1976)

りえるわけである．ましてや，米国には，裁判で互いにすべての証拠を提出し合うディスカバリーという制度があるが，クラウド内の情報をすべて提出しなさいというような，ディスカバリーが求められた場合，クラウドなのでデータはないとか，提出できる形には存在しない，というような回答ではすまない．必要なデータのバックアップやアクセス制限など，裁判所からの要請に対応できる体制が必要となるのである．

3.3 節のまとめ

科学技術の多様な発展により，バラエティーに富む技術分野が発達してきた．各技術分野の特徴を十分に把握したうえで，それぞれの知的財産の保護・活用の在り方に留意することが必要である．

文　献

［1］平塚三好『「もの」から「知財」の時代へ』（オーム社，2008）
［2］守誠『特許の文明史』（新潮選書，1994）．産業革命以来の欧米の発明と特許の歴史について詳しい．
［3］ピーター・F・ドラッガー『テクノロジストの条件』（ダイヤモンド社，2005）．ものづくりが文明を作ることが述べられている．
［4］生越由美他『社会と知的財産』（放送大学教育振興会，2008）．第3章に農林水産業関係の知財制度が記載されている．
［5］木下孝彦，平塚三好「システム LSI の設計資産（IP）の法的保護の限界と可能性」特許ニュース（経済産業調査会，2011）
［6］平塚三好，阿部仁『ICT 知財戦略の基本がよくわかる本』（秀和システム，2015）

コラム3　電話の発明と事業化

今日，私たちにとって電話のない生活は思いもよらない．私生活はもとより，仕事においても電話の存在しない世界は想像すらできない．それは19世紀末に起き，今日まで続くイノベーションといえよう．

電話を発明したのは誰であろうか．一般的な答えは，英国生まれのA.グラハム・ベルとされている．AT & T（米国電信電話会社）が1925年に，ベルの電話普及への功績をたたえて，ベル電話研究所を創立し，以後，この研究所からはトランジスタ，レーザー，電荷結合素子など，今日の技術開発の礎ともなる偉大な発明が数多く生み出されると同時に，数多くのノーベル賞受賞者を輩出してきた．

ベルが電話を発明したのは1876年とされる．同年2月14日に電話の特許が出願された．ただ，驚くべきは，同日に別の発明家からも同じ内容の出願（実際は，「予告記載」というアイデアの優先主張）がなされていたことである．その人物の名前は，E.グレイである．両名とも，米国のワシントンにある特許庁に出願をしたのだが，ベルの出願がグレイよりも2時間ほど早かったといわれている．米国は先発明主義（先に発明をした者に特許権が与えられる制度）の国であるから，本来，どちらの出願が先であったかは，本質的な問題とならないはずである．ただ，どちらが本当に先に出願したのかについては，いまだに議論が分かれている．

その後，ベルが出願をした日からわずか20日余りで，ベルに対する特許権が認められることになる．意外なほどに早い審査の結論であった．一説には，ベルの出願時間がグレイよりも早かったことが，ベルが特許取得に勝利した大きな要因であったといわれている．

グレイは，ベルが自分の特許を盗用したとして訴訟を起こす．またベルの特許の無効化に関して，永年にわたり争いが継続することになる．この訴訟でベル側が敗訴することはなかったが，ベルの特許の有効性に疑問を呈する，さまざまな興味深い記録が残されているのも事実である．

ただ，意外なことに，グレイはそれ以前に，ベルとの間で先に発明した者を決定する手続き（「インターフェアランス」という）を執ることを諦めてしまっていたことも，ベルに特許権が付与された大きな要因であったようである．それは，モールス電信中心の当時は，まだ電話自体の意義が発明者のグレイにも，ほとんど理解されていなかったためと推測される．

特許権取得の3日後に，ベルはグレイ型電話の実証実験に成功し，その後自身の義父G. G. ハバードに誘導されるかのようにその事業化を進め，電話の改良を行っていく．

1877年にはベル電話会社（現在のAT & T）が設立され，その10年後には米国で15万台もの電話が使われることになる．一つには，電話の性能が飛躍的に高まったことがある．それに一役買うことになったのが，かの偉大な発明家T. A. エジソンであった．

エジソンは，音の振動板と電磁石の間に炭素粒子を挟み，電気の抵抗変化を拡大させるという電話の改良発明を1877年に出願した．この技術により，以後の電話の性能が格段に向上した．ただ，この発明もエジソンの部下によるものといわれている．エジソンは，自身の支援者であった電信会社大手のウェスタン・ユニオン社に，自身の特許技術を譲渡する．

対して，ベルの会社はエジソンに似た技術の特許をエジソンより早く取得していた技術者のエミール・ベルリナーを1878年に雇い入れるなどして対抗した．

こうしてベル電話会社は，電話事業も開始したウェスタン・ユニオン社との間で熾烈な電話事業の競争と，熾烈な特許訴訟を展開していくことになる．

しかし，さまざまな偶然も奏功し，1879年には電話事業をベル電話会社が，電信事業をウェスタン・ユニオン社が担うことで，両社の和解が成立した．こうして，電話事業はベル電話会社が一手に担うと同時に，ベルの電話発明者としての地位が確定していった．

電話事業が盛んになるのと合わせて，ベルの功績は大きく称えられ，数々の栄誉と名声を得ることになる．逆説的にいえば，ハバードらの支援を受けた電話事業が成功しなければ，今日のベルの地位はなかったかもしれない．世紀をまたぐ巨大なイノベーションの裏側には，こうした特許と事業にかかる争いの歴史が垣間みられる．また，電話の原初的理論はC. Gペイジによる音振動の電気振動への変換理論（1837年）などに始まり，原型的な発明は，イタリアのA. メウッチ（1850年代），さらにはドイツのJ. P. ライス（1961年）によってなされていたともいわれているが，彼らの発明が実用化されることはなかった．

こうした一見，幸運に思えるベルの人生をみる一方で，彼が聴覚障害者に対する献身的な支援を行ってきたことも興味深い．ヘレン・ケラーの教育者サリバン女史は，ベルの父親の教え子であり，ケラーをサリバンに紹介したのもベルであった．ベルの母親も，またベルの最愛の妻メイベル（ハバードの娘）も聴覚障害者であった．電話発明者としての勲章がベルの頭上に降りたのも，こうした社会的弱者への奉仕に対する，大自然からの報償であったのであろうか．

4. 文化と知的財産

4.1 文化と知的財産の関係

知的財産は私たちの文化の中にどのように位置付けられるのだろうか．

仮に，旅行者がルーブル美術館で撮影したレオナルド・ダ・ヴィンチの『モナ・リザ』で絵葉書を作り，販売するとする．知的財産についてのルールである著作権法上，何も問題はない．500 年以上前に描かれた『モナ・リザ』には著作権はない．額縁に入った物体としてのタブロー（有体物）は，美術館やフランス政府の所有物かもしれないが，著作権はないので，誰でもその画像（無体物）を使うことができる．ただし，商用の利用の場合は，許可をとるのがよい．

ところが，今，小学生が描いた「お母さんの顔」は著作権の対象となる．親が「年賀状として使いたい」と思えば，法的には，著作権を有する我が子の許可が必要となる．

自社製品が新聞や雑誌に取り上げられたからといって，この記事を社員に閲覧させようとしてコピーするのも，著作権法上，問題がある．雑誌や新聞を発行している会社の許可を得なければならない．場合によっては記事の使用料を支払う．

パソコン，スマートフォン，デジタルカメラなどコピー機能をもつツールが世にあふれたおかげで，著作権法は老若男女を問わず，一般市民のものになった．インターネット時代の今日，誰もが情報発信者になるため，一般市民も避けて通れないのが著作権ルールである．

たいていの人は「他人の作品を無断でコピーしてはだめ」「他人の作品を自分の名前で公表してはいない」ということぐらいは教わらなくても，漠然と知っている．あるいは，一般的な倫理観から推測して，そのように理解しているだろう．

しかし，「レストランで会食後に店員に撮影してもらった写真の著作権は誰にあるのか」「録画したテレビ番組を社内会議で使ってよいか」という問題に正確に即答できる人は意外に少ない．

ルールを知っていようがいまいが，厳密にいうと，子の描いた「お母さんの顔」を年賀状に使ったり，他人のメッセージをメールで転送したりすることには，著作権の問題が絡む．本をコピーして集会で配ってもいけない．カラオケ店で歌えば，作曲者，作詞家，編曲者などに著作権の使用料金が徴収される．

つまり，意識しようとしまいと普通の生活のなかで著作権の存在が無視できない．こうなると著作権ルールは現代において文化に関する規律であるともいえる．

しかし，このルールに違和感をもつ人もいる．「著作権のおかげで，情報が自由に流通していないのではないか」という不満の声を聞くことがある．インターネットやSNSで情報が自由にやりとりできる時代に，著作権が情報流通を阻害しているというわけだ．デジタル機器は多かれ少なかれ「コピーするための」道具であるのに，「コピー禁止」を基本に据えた著作権法が邪魔にみえるという意見である．

もっとストレートに著作権について異議を唱える人もいる．ホメロスの『イリアス』や紫式部の『源氏物語』，レオナルドの『モナ・リザ』やシェイクスピアの『マクベス』，ベートーベンの九つの『交響曲』など，著作権ルールがなかった時代には大作が作られたが，著作権が幅を効かせる今日，このような作品と比肩できる作品が少ないのは著作権のせいではないかという議論である．

これに対し，「著作権は大事です」と著作権に味方する人が次のようにいう．「もしもあなたが作曲家だったらどうしますか．苦労して書いた音楽がネット上で一瞬にして盗用されて，知らない人が『自分の作品です』といって金儲けしたらどうしますか．腹が立つし，儲けた金は自分のものだといいたくなるのではありませんか」

このように，現代において，文化に直接かかわる著作権の存在は見方や立場によって多様な姿をみせる．極端には，作品をはさんで，作る人と享受する人とが基本的に権利の点で対立する構造がある．

自我や個性を尊ぶ近代芸術の考え方からすれば，「個人の創作性」が重要味を帯びる．しかし，小説を書くといっても，本当のところ全部自分のオリジナルかどうかよくわからない．既存の事件や筋書き，台詞や言い回しの巧妙な組合せで，できているかもしれない．『ロミオとジュリエット』や『マクベス』だって種本があったことが知られているし，モーツァルトの多くの作品には先行作品の存在が知られている．

個人レベルで考えてみるとわかりやすい．テレビ，書籍，インターネットなどが私たちの情報源になっている．それ以前に，母が歌った子守歌は私たちの心のどこかに痕跡が残っているに違いない．幼いころに，本で見つけた言葉，親や兄妹，先生の発した一言，いろんな言葉が「心の財産」として受け継がれている．自分が作る音楽，文章，絵が純粋に自分の創作だと本当に胸を張っていえるのだろうか．

文化や文明レベルでも同様のことがいえそうだ．私たちは，他の文化や制度を模倣しながら，自国の文化や制度に役立てる．遣隋使や遣唐使は国家的な文化コピー使節だったし，明治以降，日本は，フランスやドイツ，英国，米国から，法律はもちろん，行政，教育，交通，通信制度を採り入れた．古くは中国や朝鮮半島から無数の文物を採り入れた．日本のオリジナルとは何だろうか．

ところで，現代において，伝統芸能と知財ルールに関する課題もある．例えば，1970 年代に世界的にヒットした『コンドルは飛んで行く』は米国のデュオのサイモンとガーファンクル（S & G）が，南米ペルーの民謡に英語で歌詞を付けて歌った．地元民には「アンデスのことを歌ってくれてうれしい」と好意的な人もいれば，「私たちの歌を勝手に作り替えて，大儲けしている」と反感をもった人もいたらしい．

お金の問題を別にしても，地元の誇り，人々の願いなど伝統文化に属する要素が軽視もしくは蹂躙されているかもしれないという点にも注目する必要がありそうだ．S & G の歌にはアンデス地方の人がこの歌の原曲の込めた情熱や思いが込められていないとの主張も根強い．

地元に古くから伝わる歌なので誰も著作権を主張することはできない．S & G がポップスに仕立て直し，新たな曲として生まれ変わったので，今度は米国の著作権法が適用される．皮肉なことに，アンデス地方の昔の曲であっても，S & G の歌をペルーにおいて無断で商業目的などに使うことはできない．

伝統芸能は異邦人にはアート心を刺激するかもしれないが，地元民にすれば，心やアイデンティティーの問題に繋がる．現代的な知財の枠組みからは，なかなかよい解決法がない．このことをどう考えるか．

近年，日本では「知的財産立国」を目指す政策が取られ，「知財」がキーワード化している．しかし，産業界の議論の多くは，知的財産を「金のなる木」と位置付ける権利ビジネスへ傾斜しているようにみえる．

他方で，「文化の発展」を目標に据える著作権法は，インターネット時代においては，市民の一人ひとりの活動に関係する．一人の市民は，映画や小説，音楽など著作物を料金を支払って享受する一方で，メールを書いたり，デジタルカメラのシャッターを押せば，何らかのかたちで著作者になってしまう．

一方，ビジネスの見地からしても，著作物の保護を増すことが利益に繋がるかどうかもあやしい．厚く保護された著作物は気づかれず，結局，日の目をみないまま埋もれていく可能性があるからである．本章では，創造性や模倣と知的財産の関係をどのように捉えるかを考察する．その際，小説や音楽，絵画などの芸術作品だけでなく，知や文化という私たちの知的財産の創造と伝達，保護，活用のあり方にまで考えを進めたい．「金のなる木」と捉えるだけではなく，豊かな生活や人生，多様な文化を実現させるための知的財産について考えてみよう．本章では，著作権に関するトピックだけでなく，知財のほかの重要分野であるコンテンツやデザイン，ブランドについて検討する．

4.1 節のまとめ

パソコン，スマートフォン，デジタルカメラなどコピー機能をもったツールが世にあふれたおかげで，著作権法は老若男女を問わず，一般市民がかかわるものになった．インターネット時代の今日，誰もが情報発信者になり，著作権にスポットライトが当たる．著作権ルールは現代において文化に関する規律であるともいえる．

日本では，主に産業界の後押しもあり，「知財」がキーワード化している．産業界の議論の多くは，知的財産を「金のなる木」と位置付けているが，豊かな生活や人生，多様な文化を実現させるための知的財産について考えてみることも必要である．

4.2 コンテンツと知的財産

知的財産を語るうえで重要な柱である**著作権**という言葉が日々，メディアに登場する．私たちの日々の暮らしには**コンテンツ**とよばれる内容や意味をもった作品やデータ，素材があふれており，そのうちの多くが著作権に関係しているのだから無理もない．

例えば，朝起きてメールをチェック，街を歩いて気になったものがあれば写真を撮る，通学や通勤の電車のなかで音楽を聴く，テレビドラマを見たり，録画したり，映画やコンサート，ライブに行く．これらの，メール，写真，音楽，映画，ドラマはすべて著作権に関係する．こうしてみると，著作権は画家や小説家，作曲家などプロだけのものでなく，ごく普通の学生や社会人の仕事や日常生活に関係があることがわかる．

やっかいなことに，SNS に他人が撮った写真を載せたり，社内メールに新聞記事をコピーして回覧したり，あるいは電子メールやツイッターで他人の文章をそのまま転送するなどの行為により，誰もが知らず知らずのうちに他人の著作権を侵害している可能性があるので，注意が必要となる．

では一体，コンテンツとは何か，そして，「知的財産としてのコンテンツ」の保護の中心的な役割を果たすとされる著作権とは何かみていこう．

4.2.1 コンテンツとは何か

インターネット上で，文章や写真，動画，イラストなど気に入った素材に出会ったとする．この素材のことをここでは仮にコンテンツ（contents．元々の意味は内容）とよぶことにする．このコンテンツをコピーしたり，ダウンロードし，自分の作品に利用するとする．そのまま利用するときに，1）誰かが権利をもっており，その許可を得ないと使えない素材と，2）誰にも断らなくてよい素材，の二つに分かれる．1）は自分だけが権利をもち，ほかの誰も権利をもたないという排他的独占権があることを意味し，この権利は**著作権**であることが多い．言い換えると，すべてのコンテンツは，大きくいって 1）著作権があるもの（著作物）と 2）著作権がないもの（著作物でないもの）に分かれるといってよいだろう．例外的に，公共性の高い法令や規則など「著作物」でありながら，あらかじめ無断利用を認めている場合（著作権の制限がされている場合）もある．また，素材が著作物でない場合でも，「商標権」や「肖像権」など別の権利が自由利用を遠ざける場合がある（**表 4-1**）．

では，著作権に関わるコンテンツについて眺めてみよう．

表 4-1　著作権とコンテンツ

自由に使えるもの	著作権がない
	著作権があっても，著作権の行使が制限される
自由に使えないもの	著作権がある（肖像権など別にの権利がある）

a. 著作権法とコンテンツ

著作権法によると，著作物とは「思想又は感情を創作的に表現したものであつて，文芸，学術，美術又は音楽の範囲に属するものをいう」（著作権法第 2 条 1 項 1 号）と規定されており，「創作性」という考え方を基本に据えていることがわかる．しかし，「創作的な表現」だけでは，抽象的過ぎるため，同法はさらには著作物の例として九つのジャンルを挙げている（第 10 条）．

① 小説，脚本，論文，講演その他の言語の著作物
② 音楽の著作物
③ 舞踊又は無言劇の著作物
④ 絵画，版画，彫刻その他の美術の著作物
⑤ 建築の著作物
⑥ 地図又は学術的な性質を有する図面，図表，模型その他の図形の著作物
⑦ 映画の著作物
⑧ 写真の著作物
⑨ プログラムの著作物

この九つを一つずつ見ておこう．①の「小説，脚本，講演」には，短歌や和歌，俳句など詩歌が含まれる．

②の「音楽」は歌詞とメロディー，および編曲されたものを示す．誤認されやすいが，これを演奏する歌手や楽器奏者は著作者ではないということに注目したい．あくまでも楽曲と歌詞が著作物となる．楽器奏者や歌手などのパフォーマー（実演家）には著作権と同様の排他的独占権である，著作権の隣の権利という意味の「著作隣接権」が与えられる．

③はダンスやパントマイムを指す．この場合の注意点は，振りを考案した人が権利をもち，ダンサーなど演じる人には実演家であり，著作権がない（考案したのは振り付けた人であり，ダンサーはそれを演じているだけであると考える．もちろん，振付け師 = ダンサーなら，ダンサーにも著作権がある）．

④は絵画，彫刻，イラスト，マンガの絵の部分が

これに相当する．⑤の建築は，アートの要素の強い建物を指すと考えられる．誰が作ってもほぼ規格通りに作られるような民家やオフィスビルや，マンションなどの集合住宅はアート要素以上に機能が優先させるとされ，著作権が及ばないと解されることが多い．

次に，⑥の地図は，客観的事実のみで作られるから著作権は及ばないということにはならない．地形を見る人にわかりやすくする目的で情報の取捨選択ならびに，強調するところと省略するところなどの作り手の創作性が働くと理解される．

⑦の映画は，動画全般に及ぶとされる．劇映画だけでなく，テレビドラマやテレビコマーシャルの映像，アニメもこれに含まれる．⑧写真は，シャッター（スマホのボタン）を押す際に，人が必ず「よりよい撮影を望む」という工夫が見られると理解され，創作性のあるコンテンツとみなされることが多い．⑨はコンピュータプログラムのこと．日本が誇るゲームプログラムもこれに相当する．

以上は，著作権法が示す例示に過ぎず，領域がまたがることもある．例えば，オペラやミュージカルなど総合的芸術には，音楽的要素と美術的要素，言語的要素から成り立つ．

この9つの分類にもかかわらず，第10条は例示にすぎず，あるものが「著作物かどうか」の要件は，著作権とは2条1項1号がいうように，「思想又は感情を創作的に表現したもの」に立ち返って考えるのが妥当である．

b．創作性の基準

では，創作性の有無の基準は何か．その境界を考えてみる．一般的には，著作権法がいう「創作性がある」とは「他の著作物を真似ていない」「作者の個性が感得できる程度に出ている」という意味と理解してよい．何も，レオナルドの『モナ・リザ』やベートーヴェンの交響曲のように，高度のクオリティーをもたなくてもかまわない．幼稚園児の描く「お父さんの似顔絵」にも，その子どもが他人の絵を真似をしておらず，独自の創作性を発揮していることが感得されれば，著作物とみなされる．

創作性がない，つまり，誰が作っても同じような結果になる，ありふれた表現は著作物とならない．例えば，「おはようございます」「昨日，映画に行きました」「犬が吠えた」などが該当する．これらのフレーズは，同じ内容を言い表そうとするとき，ほかに表現の選択肢はほとんどなく，ありふれた表現を取らざるを得ない．著作権法上の著作物とはいえず，保護されない．

ここでよく議論の素材になるのが，「国境の長いトンネルを抜けると雪国であった」という名高い一文である．もしも，川端康成の『雪国』のこの冒頭部分を，企業の広告部が権利者（川端の遺族）に無断で製品PRのために使ってよいだろうか．

実は，この部分だけを利用した場合では，著作権侵害になるかどうかは専門家の間でも意見が分かれる．国境や県境のトンネルを通過したら雪景色だったということはよくあることで，川端ならずとも同じような文章になってしまうのではないか，と指摘されることが多い．著作権法がいう「創作性」の範囲を示す境界線はこの辺にあるといわれる．このように，グレーな判断が，著作権の有無の判定につきまとうといってよい．

実際，著作権の有無を判定する機関はない．著作権の有無を確認するためには，現実的には誰かが裁判を起こし，裁判所の判決がいいわたされるのを待つしかない．

また，著作物とは，「創作性」があることが要件であるため，作者がプロであるかアマチュアであるかという区別はない．先ほどの，幼稚園児が描く「お父さんの似顔絵」の例で挙げたように，自分の創意で描いたならば著作物と認められる．

c．アイデアは保護されない

あらゆる作品やコンテンツが，著作物と認められるわけではない．著作権法の規定上，著作物と認定されないものがある．

例えば，時刻表などデータの羅列や金融データは著作物に該当しない．多大なコストと労力をかけたとしても，誰が作ってもほとんど同じ結果になる50音順の電話番号簿には著作権による保護は及ばないとされる．ただし，職業別電話帳には並べ方に工夫があるという理由から，著作物に該当すると判断される余地がある．

また，「米大統領が訪日した」「8月15日の最高気温は38度だった」という事実の記述も保護対象にならない．

もう一つ，著作権法上の重要な原則は「アイデアは保護しない」という点にある．もう一度，第2条1項1号に立ち返ろう．著作物とは「表現したものであって」と規定されている．つまり，頭の中にあるアイデアの段階では保護対象とならず，著作物となるためには，それが「表現」されていることが必要だ．

したがって，弟子が師匠である漫画家の構想を反映させて自分なりの漫画を描いた場合，道義的にはともかく，著作権法上は問題がない．

以上でコンテンツとは何かを考えるにあたり，著作権法からみた「著作物でないもの」を示したが，これ以外のものにはすべて著作権が発生すると思ってよいだろう．ただし，後述するが，たとえ著作権があっても，教育や報道，福祉など社会的な理由から，著作権が制限される場合があるので注意が必要である．

4.2.2　著作権によるコンテンツ保護

コンテンツには，1）著作権で保護されるものと 2）著作権で保護されないものがあることがわかったが，ここでは，著作権の内容についてみておきたい．

a. 著作権の構成

著作権は大きく「財産権としての著作権」と「人格権としての著作権」の二つの権利に分かれる．どちらも普通，「著作権」とよばれるため，混乱が生じやすいので注意が必要となる（表 4–2）．

わかりやすく表現すれば，前者は著作者の「お金」に関わり，後者は「気持ち」に関わる権利である．著作権が侵害されたときに，「経済的に損した」「本来得られるはずの利益を得られなかった」状態が前者の権利範囲に属する問題となる．他方で，人格権については，次のように考えるとわかりやすい．もしも，あなたが書いた小説が悲劇的な結末だったのに，ドラマ化されるにあたって何の相談もなく「喜劇」に作り変えられたら腹が立つのではないか．人格権としての著作権はこのような，著作者の「気持ち」を対象にしている．

また，一般に「著作権」といわれるものも，実は，いくつもの権利（枝分権）を総称しているに過ぎないと理解するとよい．

表 4–3 で最も重要で，著作権の核心的な位置にあるのが**複製権**（21 条）だろう．つまり，著作権法は，後述する「私的使用」や「教育現場での使用」などを除き，原則として，「他人の著作物をコピーしたり，複写することを禁じる法律」だと理解すべきである．

例えば，企業や団体が著作物とみなされる新聞記事を無断でコピーする行為は本来は違法である．枚数や部数に関係はない．新聞社に事前に許諾を求める必要がある．

次の**上演権**，**演奏権**（22 条）は，「無断で演奏されない，上演されない」権利である．「不特定または多数」を前に演奏・上演する行為が対象となる．例えば一般の人が入場できるような場所で演奏すれば，「不特定」の相手となり，たとえ実際の入場者は一人だけでも対象となる．知人ばかりを集めたとしても，例えば 100 人いる前で歌を歌えば，「多数」の人を相手にすることになり，演奏行為とみなされる．

表 4–2　著作権の分類

著作権	財産権としての著作権
	人格権としての著作権

表 4–3　著作権（財産権としての著作権）

複製権：印刷，コピー，写真撮影，録音や録画する権利
上演権・演奏権：公に上演したり，演奏する権利
上映権：公に上映する権利
公衆送信権：放送や有線放送，インターネットにアップロードし（送信可能化な状態におき），公に伝達する権利
口述権：朗読など口頭で公に伝える権利（講演，講義など．落語や講談は上演権に属す）
展示権：美術の著作物と未発行の写真著作物の現作品を公に展示する権利
頒布権：映画の著作物の複製物を頒布（譲渡・貸与）する権利
譲渡権：映画以外の著作物の原作品又は複製物を公衆へ譲渡する権利
貸与権：映画以外の著作物の複製物を公衆へ貸与する権利
翻訳権・翻案権：翻訳，編曲，変形，翻案する権利
二次的著作物の利用権：二次的著作物の利用には，二次的著作物の著作権者だけでなく，原作者の許諾も必要．

上映権（22 条の 2）は映画をスクリーンに投射するだけでなく，テレビやモニター画面に動画を映すことも上映となる．動画以外でも，パワーポイントスライドを「不特定または多数」の前で投射することも上映に相当するといわれる．

聞き慣れない言葉だが，「公衆送信権」（23 条第 1 項）とは，無断で自作を放送・有線放送されない権利を指す．インターネット上に作品をアップロードすることも含まれる．また，無断で他人の作品をメールマガジンやメーリングリストでメールを送るのも公衆送信権に関わる．

口述権（24 条）は自作を無断で朗読したり，読み聞かせされない権利である．例えば，詩の朗読はこれに相当する．

展示権（25 条）は美術作品と未発表の写真が対象となる．オリジナル作品を無断で展示されない権利．

表 4-4 著作者人格権（著作者の人格に関わる権利）

公表権：自分が作品をいつ公表するかを決める権利
氏名表示権：著作物に自分の氏名を付けるかどうかを決める権利．実名，ペンネームの別を問わない
同一性保持権：自分の作品が無断で変更，改変されない権利．

次の二つの権利は主に映画に働く．**頒布権**（26条）は，映画を対象にすることが多い．有償であれ無償であれ，自分の作品を無断で公衆に譲渡又は貸与されない権利である．**譲渡権**（26条の2）は，無断で自作が一般に販売もしくは配布されない権利を指す．

貸与権（26条の3）．これは「無断で自作をレンタルビジネスに使われない権利」を指す．裏返していうと，レンタルショップで扱われているDVDや音楽CDは著作権者の許可があって棚に並んでいることになる．レンタルで流通するコンテンツについて，映画の権利者をはじめ，作曲家や作詞家に著作権料が還元されている．

翻訳権（27条）は，自作を無断で翻訳されない権利を指す．外国の作品を無断で訳して公表することはできない．**翻案権**は，自作に対して，編曲，変形，脚色，映画化，その他，翻案するなど「創作的加工」が無断で行われない権利である．

二次的著作物の利用に関する原著作者の権利（28条）とは，原著作物（二次的著作物の創作の基礎になった著作物）の著作権者が，二次的著作物について有する権利を指す．例えば，小説がテレビドラマ化されたり，映画化されたりした場合，原著作物の著作権者である小説家は，二次的著作物であるドラマや映画の脚本についても，著作権者が有する権利と同種の権利をもつことになる．

以上が「財産権としての著作権」である．次に「人格権としての著作権」を三つ挙げる．

公表権とは，無断で公表されない権利である．美術の教員といえど，生徒の絵を勝手に学校の玄関に展示することはできない．

氏名表示権とは，作品を公表する際に，作者名を表示するかどうか決める権利である．本を出版するときなど，自分の著作物を公表するときに著者名を表示するかどうか，あるいは，表示するとすればどのような名前で表示するか決めることができる．実名かペンネーム，あるいは無名であることを著作者が選択できる．

同一性保持権とは，自分の著作物の内容を，他人によって無断で改変されない権利である．著作物の内容に手を入れられると，著作物を通じて著作者が伝えようとした思想や感情がゆがめられることになりかねない．著作者の名誉を守ると同時に，作者が不快な気持ちになることや不利益から守る．

b. 著作者とは誰か

著作者の地位を得る者について同法は，「著作物を創作する者」と定義している．そして，「著作者」が著作権をもつと定めている．当たり前のように聞こえるが，実務においてしばしば混乱をきたすので注意しておきたい．

例えば，A社がパンフレット作成をデザイナーBに発注したとする．この場合，AはAに関する情報やデータ，写真，社長メッセージなどをBに渡すかもしれない．Bは受け取ったコンテンツをもとに，パンフレットを創作する．パンフレットが完成すると，お金と引き替えに，BはAに納品する．この場合，著作権はデザイナーに属す．依頼主は，制作費を支払ったとしても著作者の地位にない．金銭の授受は，著作者の認定には影響を与えない．発注主の会社が著作権をもちたい場合には，あらかじめ契約により，権利の譲渡を受けることが必要となる．

写真館やスタジオで撮影してもらった写真の著作権も写真館やスタジオ（厳密にいうと，撮影者）にあることも同様である．客がお金を払ったとしても，取り決め（契約）がない限り，著作権は撮影者に属す．しかし，写真館は宣伝用に撮影した写真を用いることには被写体の肖像権があるため，注意が必要である．

c. 著作権の例外規定

以上のような著作権ルールが厳格に適用されることを想像すると，日常の生活や社会のすみずみにおいて混乱するおそれがある．また，届くべきところに，コンテンツが届かなくなる危険性がある．徹底的に著作権法を運用すると，報道や教育，社会福祉が成り立たなくなる，あるいは，せっかくの著作物がその本来の役割を果たさなくなるおそれもある．そのため，著作権法は権利行使について，いくつかの例外規定を設けている．これを「著作権の制限」とよぶことがある．

著作権の制限のなかで，一般市民にとって最も身近なものが「私的複製」である．著作権法30条は「著作物は，個人的に又は家庭内その他これに準ずる限られた範囲内において使用するときは，（中略）その使用する者が複製することができる」と私的使用を規定している．

したがって，家族でドライブに出かけるときに地図をコピーする行為は著作権侵害にはならない．この場合のコピー行為は，私的使用の範囲とみなされる．

しかし，サークル活動の一環で，友人や同僚と旅行する場合では，私的使用とみなされない．また，仕事で必要な場合に，たとえ1枚であっても会社でコピーを取ることは著作権侵害となる可能性がある．

このような例外的な規定がある理由には，まず，経済的な配慮がある．ちょっとしたコピーをするたびに，権利をもつ人に許諾を求めることは手間やコストがかかりすぎて，利用する者も許諾を与える側にも不便である．また，コピーの量がわずかであれば，権利者にとっても経済的な損失が無視できるぐらいに小さいという考え方もあるだろう．むしろ，零細な規模のコピーならば，自由に複製できる方が，著作権の目指す「文化の発展」にかなうとも考えられる．

しかし，たとえ個人的な使用であっても，著作物に対する「技術的保護手段」（パスワード管理をし，または簡単にコピーされないように技術的にハードルを設けている場合など）を回避する複製行為は禁じられている．

他方で，例外規定は，たとえ零細な複製でなくても，利用を認めるほうが「文化の発展」にかなうという場合について設けられている．これが「教育」や「報道」目的での利用に対する権利行使の制限である．

例えば，報道の場合．仮にピカソの絵が盗まれたことを報じる場合，盗まれた絵画そのものを新聞社やテレビ局が実際に報ずれば耳目を集めやすいし，ニュースに触れた人も捜査に協力しやすい状況が得られる．

また，教育現場においても，無断複製が禁じられていたら，教科書以外のさまざまな書籍や印刷物，パンフレット，地図を授業で扱うことが困難となり，教育に支障が出てくる．こうした理由から，著作権法は教育目的の複製を認めている．

ただし，教育目的かどうか微妙な領域もあることに注意が必要である．

例えば，中学や高校の「課外」活動のブラスバンド部で，楽譜を無断でコピーするケースについては，違法であるといわれる．また，学校教育法で定められた教育機関では適法であっても，教育機関として認められていない塾や予備校などでは，コピーに際しては権利者の許諾が必要となる．

このほか，目や耳の不自由な人への配慮から，点字や録音などへの複製については権利者に許諾を求める必要はない．

d. 著作権の取得

著作権はどうすれば得られるのだろうか．権利を請求するために明細書を記述し，特許庁に申請する特許と異なって，著作権は，先にみたように，「表現」を権利にするため，どこかに届ける必要がない．

著作権は作品ができたところで，あるいは完成しなくても，著作権法上の保護要件さえ満たせば，得られる．このような権利発生のあり方は，権利を得るために，何がしかの手続きやプロセス（方式）がないことから，「無方式主義」とよばれる．

著作権が「表現」を基礎に据えるのは，次のような理由による．すなわち，表現する行為は，相手に対して何らかの情報を伝えることであり，「伝達されること」が大事である．他方，特許権は「思想としての発明」を権利化する行為である．したがって，その思想「内容」が誰にでも理解できるよう明細書に記述する必要がある．この点において，著作権と特許権とで大きくルールが違っているといえる．

米国では現在，日本と同じように「無方式主義」を採用しているが，ベルヌ条約（著作権法の国際条約）に加盟する1989年までは，著作権を得るために「著作権庁」への登録する「方式主義」をとっていた．

e. 著作隣接権とは

著作権を語るときに忘れてはならない，もう一つの重要な権利がある．演劇や音楽をパフォーム（実演）する人の権利である．著作物は，創作されるだけでは，文化的かつ経済的価値を有することにはならない．伝達されて公衆に届いてこそ，著作物の価値が生じる．実演家，レコード製作者，放送事業者および有線放送事業者などは，「著作物の公衆への伝達者」としての役割を果たす．言い換えれば，実演家など著作物を届ける者がいなければ，創作物が，意味ある情報として，創作物たり得ない．

こうした，実演家（演奏者）やレコード会社には，著作権でなく，「著作隣接権」という権利が付与される．著作権に「隣接する」権利を意味するので著作隣接権とよぶ．著作権の横に備わっている権利ということで，少し弱いと感じるかもしれないが，音楽や演劇では，演奏家や俳優など実演する人なしでは，音楽，演劇などのパフォーマンス（実演）が成り立たないので，この権利の重要性を強調しておきたい．

音楽CDを例にすると，すでにみたように，音楽を作詞，作曲した著作者には著作権が与えらるが，作詞も作曲もしない歌手やピアニスト，オーケストラ指揮者など「演奏家」には著作権は与えられない．また，演奏を録音するレコード会社にも著作権は与えられない．しかし，実演家やレコード会社，放送事業者がいなければ，著作物が感得されることもなければ，公衆に伝達されることもない．このように，創作の再生産を可能にするために，伝達者を含めた保護が必要である．ここに著作隣接権の存在理由がある．

モーツァルトやベートーヴェンの作品の演奏を考えた場合，単なる音楽の再現ではなく，それ自体が創造的な行為とみなされる．演奏者によって，同じ楽曲がまるで違って再現されることを経験している人は多い．『ロミオとジュリエット』にしても，演出家・俳優によってまるで違った作品のような印象を受けることを考えれば，実演家の価値が理解できるだろう．

日本の著作隣接権制度は，「実演家，レコード製作者及び放送機関の保護に関する国際条約」（ローマ条約又は実演家等保護条約．1961年）に依拠し，現行著作権法（1970年制定）に盛り込まれた．

実演の範囲に触れておく．実演とは「著作物を演劇的に演じ，舞い，演奏し，歌い，口演し，朗詠し，又はその他の方法によって演ずること（これらに類する行為で，著作物を演じないが芸能的性質を有するものを含む）」（2条1項3号）とされている．

f. 著作権の保護期間

著作権には一定の存続期間がある．日本の法律では，著作権では，公表から著作者の死後50年間（厳密には死亡した翌年から50年間）保護される．もしも，ある人が30歳で小説を書き，80歳で死亡したとする．この小説は何年間保護されるだろうか．この小説は30歳から80歳までの存命期間と死後50年の，合わせて100年保護されることになる．もしも20歳代で公表したら100年以上保護されることになる．基本的に死後は遺族が権利を継承する．ただし例外として，映画の著作権の保護期間は映画公表後70年である．

特許権（出願から20年）や商標権（登録から10年．更新可能）などと比べると長く，著作権の保護期間の長さが対比できる．

著作権の国際条約であるベルヌ条約（正式名称は，文学的及び美術的著作物の保護に関するベルヌ条約）では，著作権の保護期間を「死後50年まで」と決めており，日本の著作権はこの意味で国際標準に沿っているといえる（ただし，保護期間をそれ以上の長さに設定することについて，条約は定めていない）．しかし，近年，日本の保護期間を70年に延長しようする動きがあるのに対し，延長は慎重にすべきと反対する向きもある．

実は海外に目を向けると，「保護期間が70年（以上）」の国が多い．2016年現在，ベルヌ条約加盟165ヵ国のうち，保護期間が70年以上の国は70ヵ国以上ある．なかでも，歴史的に「コンテンツ大国」を多く含む欧州の多くの国と米国が70年以上である．日本で「保護期間延長を」求める意見は，「欧米並み」を主眼にしている向きにみられる．

対立の第1のポイントは「国際的な調和」である．保護期間を50年とする日本では，保護期間が70年の国の著作物を日本で保護する期間は50年となり，日本の作品も外国では50年しか保護されないこととなる．これを不都合とするか，このまま容認するかで意見が分かれている．

第2の対立点として，著作物の輸出入による経済メリットをどう考えるかという問題がある．著作権の保護期間を延長することで日本の著作権ビジネスが本当に潤うのかという論点だ．

日本で保護期間延長を願う人の多くは，権利者側だといわれる．創作活動する人にとっては，作品は文字通り「命の糧」といえる．長きにわたって収入を得られるため，保護期間の延長を主張することに一定の理由が認められる．

他方，延長した場合に，作品が流通しにくくなるという懸念を表明する人も多い．インターネット時代は，誰もがちょっとした絵や音楽，写真を公表するクリエイターになることができ，ビジネスと関係なくこのような行為を楽しむ人がますます増えている．しかし，保護が強化されると，情報の自由な流通が阻害されるのではないか，と反対派は考える．

これまで繰り返しみてきたように，著作権はプロだけのものではなくなった．今後，多くの国民を巻き込んだ議論が必要と考えられる．

g. 著作権と海賊版

インターネットから海賊版の音楽や映像をダウンロードすると刑罰の対象になる場合がある．2012年に著作権が改正され，刑事罰の規定が変わった．改正著作権法では，違法な海賊版と知りながら音楽や映像を入手すると，刑罰の対象となる可能性がある．2012年10月から，権利者に無断で海賊版として流通している音楽や映像などをインターネット上からダウンロードしてパソコンなどに録音・録画すると，個人で楽しむ場合であっても刑事罰の対象になり，2年以下の懲役または200万円以下の罰金が科せられる（海外では，違法ダウンロードに対する刑事罰もある．例えば米国では1年以下の禁固または10万ドル以下の罰金．フランスでは3年以下の禁固または30万ユーロ以下の罰金が課される）.

また，YouTube など動画投稿サイトは，ストリーミング（逐次再生）とよばれる方式で視聴し，録音・録画は伴わないため，ユーザーは罰せられることはないといわれる.

厳罰化へ傾斜した背景には，レコード業界や著作権団体が違法ダウンロードによって大きな損害を被っていると訴えたことが大きかった．2011 年を当時，有料の音楽配信は正規ルートで年間 4 億回あるが，違法ダウンロードはその 10 倍の 43 億回に達しているとレコード業界は主張していた.

h.　オープンの時代に

著作権ルールの困難な点は，権利者側は「もっと保護して欲しい」と願い，ユーザー側は「もっと自由に使えるようにしてほしい」と主張しており，両者は正反対のベクトルを向いていることだといえる．ちょうど，家賃を巡って，賃料を上げたい大家と賃料を下げてほしい店子（テナント）の関係に似る.

他方，インターネット時代，誰でも簡単に発信者になれる時代に，ユーザーはクリエイターになり，同時にプロのクリエイターもまたユーザーとなる．ここにデジタル時代の著作権の難しさがある.

著作権法ができたのは 100 年以上も前であり，当時はテレビもラジオもインターネットもなかった．テクノロジーの発展はめざましく，今なお日進月歩で新しい技術，新しいメディア，新しいサービスが登場している．とりわけインターネットが普及し始めた 1990 年代以降は，複製技術が生活のすみずみに浸透している.

しかし，著作権法の基本的な考え方やその中身はこの激しい変化ほどには変わっていない．ここに著作権を巡るさまざまなルールについて，やっかいな現象が起きているといっても過言ではない．コンテンツを巡るビジネスに手を出そうとすると，古いルールに縛られているような気になるのも無理はない．例えば PC や携帯端末でネットサーフィンをすると，ほんの一瞬にせよデータが機械に残るが，これが著作権法のいう「複製」に相当するのかどうか，国によって裁判所の判断が分かれているのが実情である.

他方で，世界では情報やアイデアをどんどん公開，共有しながらこれまでにない新しい世界を構築しようとする動きがあることに注目したい．例えば，インターネット上の百科事典である「ウィキペディア」や動画を持ち込み合う「YouTube」，パソコンの基本ソフトを世界中のユーザーで構築しようとする「リナックス」運動などが一例だ．「集合知」を公共化，共有化しようとする動きであるといえる.

図 4–1　クリエイティブ・コモンズのマーク

お金や名声を目的にしない，このようなオープンソース化の方向は，インターネットが世界のすみずみまで覆うことではじめて可能になった人類史上の実験とも考えられる．実験段階であることから，おそらくさまざまな問題が起きているだろうが，私たちが，知恵や情報をもち寄ってオープンな場で知的財産を充実させて行こうとする点に価値がある.

このような流れに沿って，著作権を守りながら利用を促進する「クリエイティブ・コモンズ」（CC）という活動がある.

CC では，著作者が自ら，作品に使用条件を明示し，著作物を利用しやすくすることを目指している．コモンズは市民みんなの「共有地」を意味し，「自由に使える著作物」がストックされる．自分が作った作品に「営利目的利用の禁止（あるいは許可）」「翻訳や改変の禁止（あるいは許可）」などを決め，対応する四つのマークを付す（図 4–1）．法律知識がなくてもわかりやすいのが特徴だ．日本にも事務局があり，年々この運動の輪が広がっている.

人が創造的活動をするインセンティブとなるのは必ずしもお金や名声ではない．自分にもほかの人にも意義あることや，やり甲斐のある仕事に従事しているという思いが人を動かす動機にもなる．デジタル・ネットワークの時代には，人に知らせたい，自分の知識やセンスで先行作品を改良したいという人もいるだろう.

「著作者の権利」を保護することは重要だが，同時に，「文化の発展」も意識したい．改正著作権の項でみたように，法規制は厳しくなっていくようにみえるが，他方で，情報や作品のオープン化，共有化，公共化の動きも無視できない．CC の運動は，両者のバランスを考えるうえで優れたきっかけを提供している.

4.2 節のまとめ

本節では著作権法を俯瞰した．

私たちの日々の暮らしには「コンテンツ」とよばれる内容や意味をもった作品やデータ，素材にあふれている．権利が及ぶものとそうでないものがあるが，権利の及ぶコンテンツについては，無断で使用してはならない場合が多い．著作権に関係している．

著作権は，デジタル技術の圧倒的な普及で，画家や小説家，作曲家などプロだけのものでなく，ごく普通の学生や社会人の仕事や日常生活に関係するようになった．著作権法の概略を知る意義は大きい．

フェイスブックに他人が撮った写真を載せたり，社内メールに新聞記事をコピーして回覧したり，あるいは電子メールやツイッターで他人の文章をそのまま転送するなどの行為により，誰もが知らず知らずのうちに他人の著作権を侵害している可能性があるので，注意が必要となる．

4.3　ブランドと知的財産

4.3.1　商標権によるブランド保護

a. 商標とは

商標とは，「商品」または「サービス」に使用される「標識」である．商標は，ビジネスにおいてほぼすべての分野で使用され，市場において商品・サービスを区別するための目印として機能している．商品に使用される商標を「商品商標」，サービス（役務）に使用される商標を「サービスマーク」あるいは「役務商標」ということがある．

何らかのビジネスを行ううえで，商標は必ずといっていいほど用いられている．製造業においてはもちろん，流通業その他のサービス業でも重要な働きをするものである．

商標は知的財産の一つに位置付けられているが，他の知的財産とは異なり，創作物ではない．ビジネスを行う者（業者）が選択するものである．よって，商標を保護する根拠は，創作された価値にあるのではない．商標は選択され，市場で使用された結果需要者に認知され，需要者の信用を得て初めて価値が生じるものである．

b. なぜ商標権でブランドを保護するのか

「ブランド」はもともと家畜の焼き印を意味する言葉である．牛や馬のもち主，出所を明確にするために使われたものであり，まさに区別する目印である．現代では，「ブランド」というと「有名ブランド」というように，よく知られた銘柄を意味する．「ブランド」には需要者を引き付ける魅力があり，一般に「ブランド」がついている商品は他の商品よりもよく売れるし，高く売ることができる．このように顧客を引き付ける性質を「顧客吸引力」というが，この顧客吸引力を備えているということがブランドを保護しなければならない理由である．保護する方法として，商標権による保護が最も効果的である．商標権は商標登録することによって認められる独占排他権であるから，商標権によってブランドの使用を独占することができる．つまり，他人による侵害や模倣を禁止することができるのである．

c. 商標とその周辺

典型的な商標は，文字からなるもの（文字商標）及び図形からなるもの（図形商標）である．そのほか，商品そのものの形や包装容器の形，立体看板の形，店舗の形等，三次元の形態からなる立体商標，色彩のみからなる商標，音の商標，においの商標，動く商標，位置商標，ホログラムのような商標もある（図 4–2～図 4–7）．

商標と隣接するもの，また近い機能を果たすものと

6　Cable and pipe penetration seals, made from metal.
17　Cable and pipe penetration seals, made from plastic or rubber.
19　Cable and pipe penetration seals, non-metallic.

29　食肉，肉製品など
30　ミートパイ，サンドイッチ

図 4–2　色彩のみからなる商標の例

CMに使用される音，効果音
ライオンの吠える声
ハーレーダビットソンのエンジン音
ターザンの叫び声

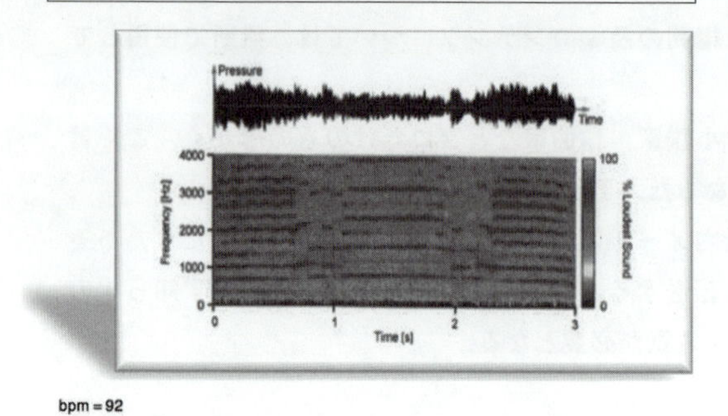

図 4-3　音の商標の例

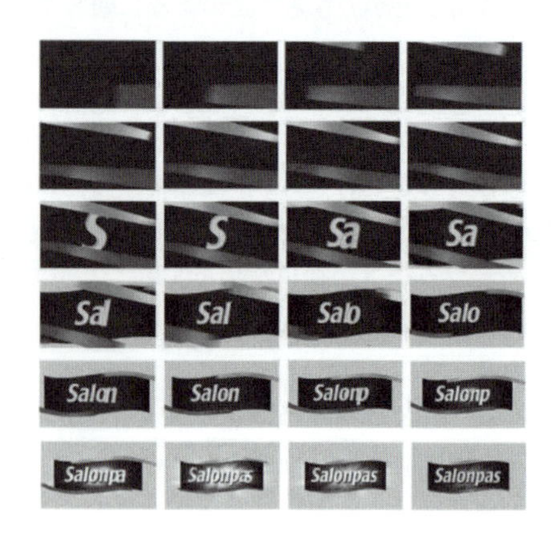

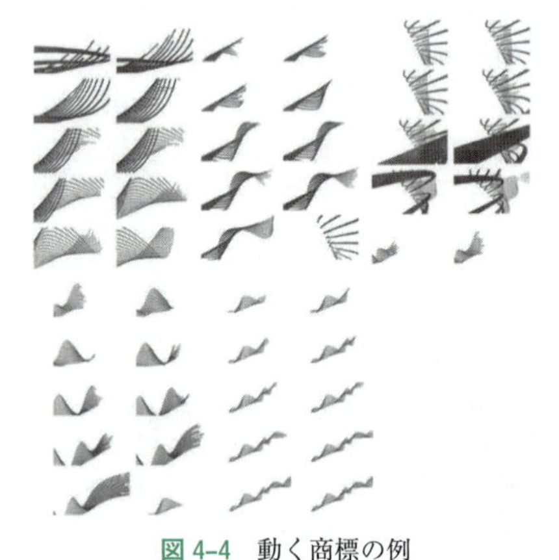

図 4-4　動く商標の例

して，商号，ドメイン名，意匠，著作物（美術，音楽等），地理的表示などがある．

・商号

営業上使用する名称であり，不正競争防止法で保護される．商標と一致する場合も多く，商号から成る商標は商号商標とよばれる．また，社標（ハウスマーク）といわれる商標は，商号の要部と一致する場合がほとんどである．

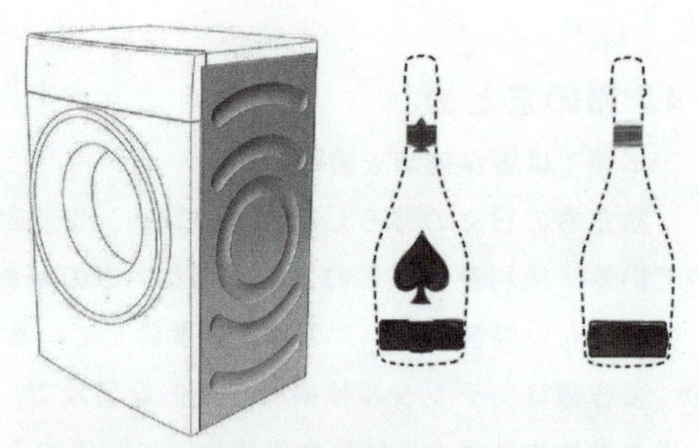

図 4-5　位置商標の例

図 4-6　ホログラムの例

刈り取った草のにおい（指定商品：テニスボール）
ビタービールの強い香り（指定商品：ダーツの羽根）
バラを連想させる花の香り（指定商品：車両のタイヤ）

図 4-7　においの商標

・ドメイン名

インターネット上でコンピュータやネットワークを識別するために用いられる標識である．これも標識であるという点で商標と類似するものであり，その要部が商標と一致することが多い．したがって，他人の商標をドメイン名に盗用するいわゆるサイバースクワッティングが横行している．

・意匠

工業製品の概観であり，意匠権によって保護される．意匠として保護されるものが，同時に，あるいは意匠権が失効したのちに立体商標として保護されることもある．

・キャラクターなどの美術の著作物

図形商標あるいは立体商標として，著作権のみならず商標権によって保護されることもある．また，音楽の著作物は音の商標と交錯する場合がある．

・地理的表示（geographical indication）

農産物などの有名な産地を表示するものである．農産物のブランド化と関連して，保護が推進されている．

また，商標の範疇には入らないものの，商品・サービスの出所を表示する機能があるものとしてトレードドレスがある．トレードドレスは米国では法律によって保護されており，商品又は包装の外観，店舗デザインなどがこれに含まれる．日本においても，商品の外観や店舗デザインなどは商標法，不正競争防止法で保護可能である．

d. 商標の保護と登録

(ⅰ) 保護目的

商標には四つの重要な機能がある．

(1)　自他商品・役務識別機能

商標が商標として機能するためには，商品・役務を識別せしめるものであることが要求される．つまり，商品・役務について一般的に使用される語や図形は商標として機能しない．例えば，普通名称であるボールをボールに使用しても，A 社のボールと B 社のボールとを区別することはできない．

よって，商標として認められ，保護されるためには，その商品・役務に関する一般的な語・説明的な語などではなく，ユニークな語などを選択しなければならない．これは，辞書などに掲載されている既存の語であっても構わない．使用される商品・役務との関係において自他商品・役務識別機能があると認められることが必要である．

(2)　出所表示機能

自他商品・役務識別機能を有する商標を商品・役務に使用すると，その商品・役務がどこから流出したものかを認識することができる．同じマークを付けた商品は通常は同じ業者によって製造・販売されていると需要者が認識しているからである．

このように，商品・役務を提供している業者を認知させる機能を出所表示機能という．特定の出所が認識できなくとも，一定の出所から流出しているとわかれば，同じ商品・役務を欲する需要者は市場でそのマークを目印として商品・役務を探すだろう．そして，同じマークが付いた商品を繰り返し購入する．つまり，出所表示機能が顧客を引き付けるということであり，このように顧客を引き付ける商標には顧客の信用（グッドウィル）が化体，蓄積している．

商標を実際に使用することによって商標に蓄積していく顧客の信用こそが，商標の価値であり，商標の使用者に経済的利益をもたらすものである．このように，商標は使用されることによって保護価値が生じるものであるから，商標が長期にわたって使用されていない場合には保護する価値がない．

(3)　品質保証機能

需要者は市場で商標を頼りに商品を選別するが，その際に一定の商標を付けた商品は常に一定の品質のものであるという，品質保証機能も働いている．需要者は自分の欲する品質の商品を求める．その品質を保証する目印となるのが商標である．商標は，品質を保証することによっても顧客の信用を獲得し，商標を使用する業者に利益をもたらす．また，需要者に対しては一定の品質を保証することによって公益に資する．

(4)　広告宣伝機能

商品・役務に商標を付して流通させることにより，その商品・役務が広告宣伝されるという効果がある．これも商標の機能の一つである．しかし，これは商標の本質的機能というよりは付随的な機能である．

これらの機能が発揮されると，上述のとおり，商標を使用するものの利益（私益）及び需要者の利益（公益）が守られる．業者の利益を保護し，不正競争を排除して健全な流通秩序が維持され，かつ，商品の品質が保証されることによって需要者の利益が促進されると，産業の発達に寄与する．

(ⅱ) 登録主義と使用主義

商標を保護する方法には登録主義と使用主義がある．

登録主義とは，商標を登録し，登録によって権利が発生する方式である．日本は登録主義によって商標を保護している．

これに対し，使用主義によって商標を保護する国もあり，これは英米法など，コモンローの国々である．

(1)　登録主義

・日本，韓国，中国，ドイツなど
・長所：法的安定性がある．
　　　　権利の証明が容易．
　　　　調査が容易．
・短所：使用されていない商標が保護されることがある．

(2)　使用主義

・英国，米国，カナダ，オーストラリア，ニュージーランド，香港，フィリピンなど
・長所：使用されている商標が保護されるので実態に即して保護される．
・短所：法的安定性に欠けることがある．
　　　　権利の証明が煩雑なことがある．
　　　　先使用の調査が困難．

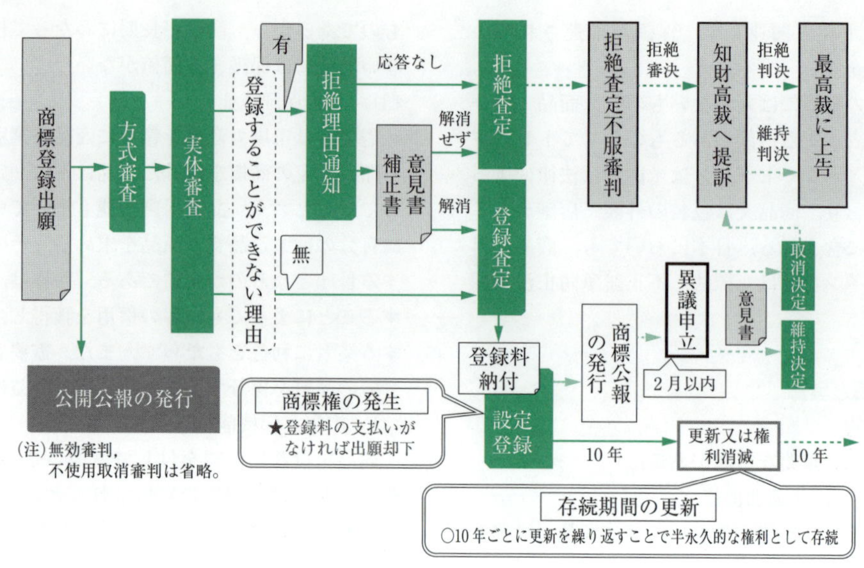

図 4-8　商標登録手続の流れ

登録主義においては，実際に使用されていない商標が保護される弊害があるため，使用されていない商標の登録を取り消す制度や未登録周知商標を保護する制度によって使用主義的な修正がされている．

また使用主義の国においても，使用の意思に基づく出願を認めるなど，出願における使用についての要件を緩和している．

使用主義の国においても商標登録を認めているが，使用により発生した商標権を確認するものと認識されている．自他商品・役務識別力がない商標について，補助的登録を認める国もある（米国での Supplemental Register での登録など）．

(iii)　先願主義と先使用主義

先願主義は，出願が競合した場合に早く出願されたものに対して登録を認める方式である．

これに対して先使用主義は最先に使用をした者に対して権利を認める方式である．

先願主義は主に登録主義の国々で採用されている．日本でも先願主義を採用しており，商標法第 4 条第 1 項第 11 号及び第 8 条に規定されている．

先使用主義は使用主義の国々で採用されている．

(iv)　審査主義と無審査主義

商標登録を認める制度として，審査を行う審査主義と，審査を行わない無審査主義とがある．無審査主義においても，絶対的拒絶理由についての審査は行う場合が多い．

無審査主義国においては，相対的拒絶理由の審査（出願の先後についての審査）を行わないが，絶対的拒絶理由（自他商品・役務識別力・その他）については審査を行う．

ヨーロッパでは無審査主義の国が多くみられる．無審査主義の国では，出願が競合した場合には主に当事者間の手続き（異議申立て，交渉等）によって解決が図られることとなる．異議申立てのような手続には費用と時間がかかることもあり，当局が審査をして判断をする審査主義を望む企業も多い（図 4-8）．

(v)　絶対的拒絶理由と相対的拒絶理由

商標の審査における拒絶理由として絶対的拒絶理由と相対的拒絶理由がある．

絶対的拒絶理由は自他商品・役務識別力の有無や，他人の人名，国旗などと同一でないか，公序良俗に反しないかなどというものである．相対的拒絶理由は他人の同一・類似の商標についての出願が競合した場合の先後願に関する拒絶理由である．

(1)　登録できない商標の例

上述のとおり，日本では特許庁に商標出願がされると，審査を行って商標登録の適否を判断する．その際，以下のような拒絶理由について審査する．

①　普通名称，慣用商標

商品・役務の普通名称を普通に用いられる態様で表示する商標や慣用商標については登録することができない（商標法第 3 条第 1 項第 1 号）．

普通名称とは取引界において，その商品又は役務の一般的な名称であると意識されるに至ったものであり，「普通に用いられる態様」とは通常の取引において用いられる態様で，ということであり，外観上普通に使われるような表示方法をいう．よって，普通名称であっても高度の図案化をして外観において顕著性が認められる場合には登録が認められることがある．

普通名称の例：
「ぶどう」（指定商品：ぶどう），
「電球」（指定商品：電球）

慣用商標とは同種類の商品又は役務について同業者間において普通に使用されるに至った結果，自己の商品又は役務と他人の商品又は役務とを識別することができなくなった商標である．

慣用商標の例：
「甘栗太郎」（指定商品：甘栗），
「オランダ船の絵」（指定商品：カステラ）
「プレイガイド」（指定役務：興行場の座席の手配）

② 地名からなる商標

産地，販売地，役務の提供の場所を表示する地名よりなる商標は登録できない（商標法第3条第1項第3号）．

産地などの地名の表示は，自他商品・役務識別力がないものであり，特定の業者が独占すべきものではない．よって，登録することはできない．

一定の団体が周知な地理的名称について地域団体商標の登録を受けることは認められている．地域団体商標は，地域名と商品名からなる商標であって，団体の構成員の誰もが使用できるものである．

また，農産物の地理的表示については，地理的表示保護制度による保護が図られている．

地域団体商標の例：
「比内地鶏」「南部鉄器」「紀州梅干」

③ 品質表示

品質などを表示する説明的，記述的表示からなる商標は登録を拒絶される．法律上，品質，原材料，効能，用途，数量，形状，価格若しくは生産若しくは使用の方法若しくは時期を表示する2以上の標章よりなる商標，又は役務の質，提供の用に供する物，効能，用途，数量，態様，価格若しくは提供の方法若しくは時期を表示する2以上の標章よりなる商標は登録できないとされている（商標法第3条第1項第3号）

品質などを表示する語を用いても自他商品・役務識別力がないため出所表示機能は発揮されない．また，特定のものに独占させるべきではないからである．

品質表示の例：
品質：ソフト，エレガント
品位，等級：NO. 1，ゴールド
原材料：カリホス（肥料），ぬか石鹸，ぶどう（菓子パン）
効能：オチール（歯磨き，洗料），安眠
用途：家庭セメント
数量表示：10個いり
形状：テトラポッド
価格：100円
生産・加工・使用等の方法又は時期：カレッジタイ，土用

④ 人名を含む商標

他人の氏名，名称，肖像などを含む商標は，その他人の承諾がなければ登録することができない（商標法第4条第1項第8号）．

人格権を保護するためである．

⑤ 他人の商標と同一・類似の商標

同一・類似の商標について，同一・類似の商品・役務に関する出願が競合した場合，最先の出願人が登録を受けることができる．（商標法第8条第1項）また，同一・類似の商標について同一・類似の商品・役務に関し，先願にかかる先登録がある場合には，商標登録を受けることができない（商標法第4条第1項第11号）．

このように日本では出願が類似範囲で競合した際には先願のものを優先的に登録する．

⑥ その他

その他，公序良俗に反する商標，国旗などと同一・類似の商標，他人がすでに使用して周知となった商標，他人の著名商標などは登録することができないので，商標を採択する際には注意する必要がある．

(2) 商標権

商標権は設定の登録により発生し（商標法第18条），商標権者は指定商品又は指定役務について登録商標の使用をする権利を専有する（商標法第25条）．

① 権利範囲

「指定商品・役務についての登録商標の使用をする権利を専用する」とは，自ら独占的に使用することができ，他人による使用を排除できることを意味する．専用権は商標法第25条に，禁止権は商標法第37条に規定されている（図4-9）．

② 存続期間

商標権の存続期間は登録日から10年間である．10年ごとの更新により，半永久的に権利を維持できる．つまり，他の知的財産権と比べて寿命が非常に長いと

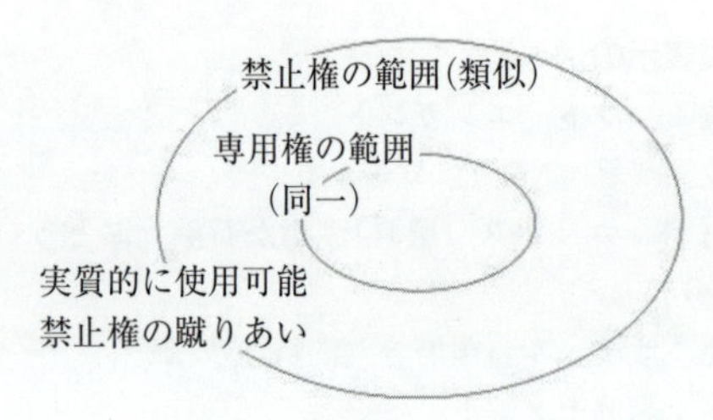

図 4-9　商標権の権利範囲

いう特徴がある．これは，商標は使い込むほどに自他商品・役務識別力が増し，価値が増大することと関係がある．

長年にわたって使用されている商標のなかには，100 年以上の歴史をもつものも珍しくない．

③　取消審判，無効審判

商標登録されたのちに，その商標が使用されなくなることもある．そのような場合には，商標に蓄積した業務上の信用が減少し，保護する価値がなくなると考えられる．商標登録によって認められる商標権が空権となるのである．

このような不使用の商標の登録は，他人による商標登録を阻止し，他人の営業活動を阻害するとともに，保護する価値がないものを保護し続けるという意味で公益を害する．

よって，商標法第 50 条により，不使用の商標にかかる登録を取り消すことができる．

また，登録されたのちに，その登録に瑕疵があったことが確認された場合には，無効審判を請求することができる（商標法第 46 条）．

(3)　商標の類否

商標の類似範囲は（表 4-5）のように認められる．

つまり，商標及び商品・役務が同一・類似の範囲にある場合に，両商標は同一または類似の範囲内にあるということになる．商標又は商品・役務のいずれかが非類似である場合には，非類似の範囲となる．

商標の保護においては，出所の混同が生じる事態を回避することが非常に重要である．そこで用いられる概念が「類似」である．

「類似」とは，出所の混同が生じる範囲を法律上擬制した概念である．商標の「類似」の範囲において出所の混同が生じるとされている．

使用主義下であれば，実際の商標の使用状況に基づいて個別具体的に混同の有無を判断することができるだろうが，登録主義下での審査では実際の取引の実情まで考慮することはまれである．よって，法律上「類似」という概念が用いられている．

表 4-5　商標の類否

	商品・役務同一	商品・役務類似	商品・役務非類似
商標同一	同一範囲	類似範囲	非類似範囲
商標類似	類似範囲	類似範囲	非類似範囲
商標非類似	非類似範囲	非類似範囲	非類似範囲

図 4-10　外観類似の例

①　商標の類似

二つの商標を比較した場合に，称呼（音），外観，観念のいずれかが類似していれば，それらは類似する商標であるとされる（図 4-10）．

称呼類似の例―「商標審査基準」より
「アスパ」と「アスペ」
「VANCOCIN/バンコシン」と「BUNCOMIN/バンコミン」
「サンシール」と「SANZEEL/サンジール」
「DANNEL」（ダンネル）と「DYNEL」（ダイネル）
「山清/やませい」と「ヤマセ」
「レーマン」と「Léman/レマン」
「コロネート」と「CORONET」
「サイバトロン」と「サイモトロン」

観念類似の例
「Afternoon Tea」＝「午後の紅茶」
「太陽」と「サン」
「象」と「エレファント」
「ふぐの子」と「子ふぐ」
「アトム」と「鉄腕アトム」
「野外科学 KJ 法」と「野外科学と KJ 法」

②　商品・役務の類似

商品・役務の類否は原則として，類似商品・役務審査基準による．

類似商品・役務審査基準においては，類似商品・役務ごとにグループ化されている．

商品の類否については，生産部門，販売部門，原材料及び品質，用途，需要者の範囲などを考慮して判断される．

役務の類否については，提供の手段，目的又は場所，提供に関連する物品，需要者の範囲，業種，当該役務に関する業務や事業者を規制する法律，同一の事業者が提供するものであるかどうかなどを考慮して判断する．

4.3.2　商品等表示としてのブランド

a．ブランドの価値，ブランドの保護

「ブランド」は「商標」とほぼ同義の語であるが，一般に「ブランド」というと周知・著名商標を指すことが多い．ここでは特に周知・著名商標という意味での「ブランド」の保護について説明する．

ブランドは，商標のなかでも特に周知性が高いものであるから，それに伴って顧客吸引力が強く，使用者に高い経済的価値をもたらす．商標権は無形の財産であるので価値評価が難しいが，ライセンスしたり，担保としたり，証券化したりする際には，客観的な価値を数値として計算することがある．

また，価値があるゆえに模倣されやすいものであり，商標権に基づく保護を強めておかなければならない．

日本の商標法では，著名商標は防護標章として登録し，保護することが可能である（商標法第64条）．防護標章登録とは，非類似範囲の商品・役務について著名商標を登録し，その範囲における他人の使用を排除するもので，著名商標を保護するために有効である．

その他，著名商標については，出所混同防止，稀釈化防止などの観点から，他人の商標登録が阻止される（商標法第4条第1項15号，19号）．

また，不正競争防止法において，混同惹起行為，著名商標の使用などが禁止される（不正競争防止法第2条第1項第1号及び第2号）．

b．ブランドの国際的保護

現代では，企業活動がグローバルになっており，そのブランドは国際的に使用されることが多い．したがって，ブランドの世界的規模での保護が重要である．

ブランドを国際的に保護するためには，外国で商標登録する必要がある．外国で商標登録を受けるためには，各国で出願・登録するほかに，欧州共同体のような地域内での出願をする方法，国際出願によって複数国で一括して権利化する方法がある．

c．広告

広告でブランドを使用する際にも注意が必要である．CMで使用する音やアニメーションについては音の商標や動きの商標の登録の可能性がある．

広告におけるキャッチフレーズや，比較広告で使用する他人の商標に関しては，他人の商標権との抵触の問題が生じることがあり，配慮しなければならない．

d．並行輸入

商標権者以外の者が，日本における商標権の指定商品と同一の商品につき，その登録商標と同一の商標を付したものを輸入する行為は，許諾を受けない限り，商標権を侵害する（商標法2条3項，25条）．

しかし，そのような商品の輸入であっても，

① 当該商標が適法に付されたものであること（真正商品性），

② 当該商標が日本の登録商標と同一の出所を表示すること（同一人性），

③ 当該商品と登録商標を付した商品とが品質において実質的に差異がないこと（品質の同一性），

が満たされるならば，いわゆる真正商品の並行輸入として，商標権を侵害しないとされる．

上記①，②は出所表示機能を，③は品質保証機能を担保するために必要となる．

世間ではブランド品の並行輸入が盛んに行われているが，真正品の並行輸入の要件を満たさなければ権利の侵害となるので注意しなければならない．

e．模倣品によるブランド価値の減少

ブランド品に関しては，模倣品の問題が深刻である．著名商標を付した商品には信用があり，よく売れることからフリーライド（ただ乗り）する業者が後を絶たない．模倣品問題は日本よりも諸外国で深刻である．

有名ブランドの所有者は，模倣品に対して断固とした態度で法律手続をとらなければならないが，まずはその根拠となる商標権，場合によっては意匠権を確保すべきである．

f．商標の普通名称化

商標が特定の商品やサービスを示すものとして頻繁に無造作に使用された結果，当該商標がその商品やサービスの普通名称として認識されるに至ることがある．これを普通名称化という．普通名称化した商標はもはや出所表示機能を発揮しないから，経済的価値を消失している．普通名称化はその商標の所有者にとって大きな損失であり，これを防ぐための方策を適切に講じなければならない．

普通名称化した商標の例
うどんすき
正露丸
エスカレーター
ういろう
セロハン
アスピリン
ナイロン

g. 商品の外観の保護，色彩の保護

商標のみならず，商品やその包装の外観などがブランドとなっている場合もある．そのような場合には，意匠登録や立体商標登録，色彩のみからなる商標の登録などにより，保護をはかるべきである．

4.3.3 ブランドと商品化

a. 本項でのブランドの定義

「ブランド品」とか「ブランド好き」という言葉をよく聞かれることと思う．これだけ聞くと「ブランド」とは，非常に有名で人気のある商品のことをいっているように思えるが，本来の「ブランド」という言葉は，ある商品やサービスを，他と区別するための「印」を意味するのである．キャラクターや，アートなどの著作物も，区別のための「印」として認められているのであればそれらは「ブランド」なのだが，一般には文字や図形で表現された商標が「ブランド」とよばれることが多いので，この章では「商標ブランドのライセンス商品化」について述べる．後で述べる「コンテンツのライセンス」は，著作権が主になる分野であるが，「商標ブランドのライセンス」の場合，まず頭に入れておかなければならないことがある．それは，商標が著作権と同様に「許諾権」であることと，逆に著作権とは違い「報酬請求権」ではないということである．つまり，著作権は，それをライセンスして商品化を許諾した時点で，金額はともかく，報酬の請求権が発生する．一方商標は，それがどんなに著名な「ブランド」であっても，ライセンサーとライセンシーが合意して，一般的には契約書を締結していなければ，ライセンサーは商標使用の報酬を受けとることができないのである．すなわちライセンスに値するブランドとは，強い「顧客吸引力（ブランド・パワー）」を有していることが必要であり，それがライセンシーに対してのバーゲニングパワー（交渉力）となって，「報酬」たるロイヤルティの支払いを納得させる力になるのである．

また，もう一つ重要なのは「商標権」は知的財産権のなかで，唯一永遠に保護される権利だということである．もちろん，これはその権利を実際に適切に使用していることが必要条件になるが，そのうえで登録の更新を行っていれば保有し続けることができる権利なのである．そのため，それを念頭にして，パワーをもったブランドへは，大きな投資が行われる．世界の大都市のメインストリートに並ぶ，豪華なビルのなかでおそらく一番よくみかけるのは，「ブランド商品」の小売店なのは，それが理由である．

b. ブランドは揮発性のメモリ

ブランドは，それが付いている商品が，売り場で消費者により「優れた商品やサービス」として，ほかから差別，選択されなくてはならない．つまり，デパートなどの売り場で商品と下げ札をみてブランドを確認している消費者は，ラベルや商品に記されているブランドをみて，その商品が優秀であるということを，実際に所有したり使用したりせずに確認するという「早業」を行っているといえるのである．ブランドという観念が醸成されている現代社会にあっては，ブランドは単に「優れた商品」という意味だけでなく，もっと多くの意味をもっている．「つくりがよい」，「使い勝手に優れている」というような商品の品質的なものから，「知的な大人が使う物という感じがする」，「もち主の品格を上げる」，などというイメージ面に訴えるもの，「先進的な技術が詰まっている」「高い耐久性をもつ」などの性能面に関するものなどである．このようなメッセージの集合体こそ「ブランド」といえるだろう．しかし，そのメッセージとは実際には一体誰がもっているものなのだろうか．ブランド商品の説明書きにそういうことが書いてあるから消費者はそのメッセージを鵜呑みにするのだろうか．いや，実はそうではなく，ブランドのメッセージは消費者の脳に記憶されているものなのである．

ブランド研究の権威であるデューン・E・ナップはその著書『ブランド・マインドセット』（翔泳社）のなかで「本物のブランド」の条件を三つ定義している．

- ・「インプレッション（印象）」のこころのなかへの蓄積
- ・「こころの眼」に映る「とんがった」位置付け
- ・認識されている，機能的，感情的ベネフィット

ブランドとは企業の保有物ではなく，消費者の心のなかに保存されているものなのである．あるブランドがその力の強さを発揮できるのは，消費者の心のなかにそのブランドのメッセージが深く刻みこまれて記憶されているからなのである．企業にできることは，そ

のメッセージを消費者に送り続けること，また，間違ってもネガティブなもの，つまり「よく壊れる」，「洗練されていない」，「品質の割に値段が高すぎる」，「安全性に疑問がある」などのメッセージを送らないようにしなくてはならない．ブランドは消費者の心に記憶されてはいるが，それは揮発性のメモリのようなもので，書き換えも可能なのである．

c. ブランドライセンスの目的

ブランドのライセンスとは，前項に記したようにブランドが消費者の心のなかに保存しているポジティブなメッセージを，そのブランドの発祥たる本来の商品以外のアイテムに移転（ブランド・トランスファー．後述）し，第三者に生産及び販売を行わせることをいう．そもそも，このライセンスの目的は何なのだろうか．

(i) 顧客の拡大

まずは，ブランド・パワーを最大に生かすことが重要な目的といえるだろう．ブランドの元になったコア商品から，関連する商品にブランド・パワーを拡大することによって，より多くの顧客を獲得することができる．例えば，あるブランドに関して，そのコア・商品である靴に関しては魅力を感じない消費者が，Tシャツや，帽子，タオルなどのライセンス商品（と気づくかどうかは別として）なら購入しようというケースは多々ある．

(ii) 売上の拡大

上記の「顧客の拡大」によって，販売されるアイテムが増えるので，当然，そのブランド全体の売上が増加する．事実，ファッションブランドやコーポレート・ブランドの場合には，コア・アイテムよりもライセンス商品の売上の方が大きいという例も多い．

(iii) 商標の保護

ブランド商標のオーナーが，コア商品以外の分野で実際には使用していない登録商標をライセンス商品の生産販売によって使用することによって，商標の保護を継続し登録の更新を可能にすることができる．

(iv) 企業の社会責任

米国では1970年代から「コーポレート・ライセンス」の研究が行われており，「社名や商品名のブランドの認知率が高まり，好意度も高まってきた時点で，その企業が生産販売するコア商品以外でも，そのブランド名を乗せた商品に対する需要が市場に出てきた場合，ライセンスビジネスを有効に使って，そのような商品を供給する社会的責任が企業にはある」という原則が成り立っている．

このような考え方は，今でも業界でよく話題になる事例によって1980年代に日本にも入ってきた．それは，日本のアルコール飲料メーカーが，ある動物の名前とそれを可愛らしいキャラクターに描き起こしたグラフィックをパッケージに印刷した飲料を発売し，これが大人気になったことに端を発する．メーカーはその飲料を買うとキャラクターのノベルティがもらえるというプロモーションを行なったが，第三者の企業からもちかけられたライセンス商品の許諾については断り続けた．「私たちはアルコール飲料の会社であって，それ以外の商品を第三者に作らせてその使用料を頂く立場にない」という立場を取ったのだが，その結果，そのキャラクターのノベルティを手に入れたいがために，未成年がそのアルコール飲料を買いに来るようになってしまい，最終的には，そのメーカーは公正取引委員会から注意を受け，ライセンスによる商品化を行うことを促された．その後メーカーは，ライセンスビジネスに対して積極的に取り組んでいったのだが，まもなくして，アルコール飲料の広告の露出には制限がかかり，そのライセンス商品のビジネスも社会的に成立しにくい状況になってしまったのは皮肉なことだった．

(v) ブランド力の増強

商品カテゴリーの幅を広げ，それらにブランド名を乗せることにより，すでにブランドとして機能している会社名や商品名などの知名度（知られている度合い），好意度（好かれている度合い）をさらに向上させ，企業や商品をイメージアップし，ブランドの価値を上げることができる．これは，あたり前のことのように聞こえるが，実際にコア商品とライセンス商品を一つのブランドのもとに開発された商品ラインと捉え，最もイノベーティブな，あるいは高価格な商品領域をライセンス商品に任せるということが，ブランドの価値感を大きく伸ばす方法になることがある．例えば，ミッキーマウスやハローキティのライセンシーである宝飾品メーカーの「スワロフスキー」は，コア商品自体には存在しない高価なキャラクター商品を作ることにより，そのキャラクターのイメージのプレミア性を高めたといえる．

d. ブランドライセンスの種類

ブランドライセンスは主に次のような種類がある．

(i) コーポレート&トレードマーク

「企業名と商品名ライセンス」と和訳できる．この分野のライセンスビジネスが誕生したのは1960年代の米国であり，煙草，酒という一定の年齢になるまでは使用できないブランドが主なプロパティ（ライセンスされる知的財産権）であった．これらの商品を販売する企業は，若い消費者が将来，法的に使用が許される年齢になったときに自社ブランド商品を購入してもらうために，それまでの間は，ライセンス商品を通じてブランド名を覚えてもらおうとしたわけである．煙草でいえばシガレットチョコレートなどが代表的なライセンス商品であるが，今では煙草自体が健康に問題があると社会が認識しているのと比べて，大きな差があるといえよう．現在では，自動車ブランドのライセンスビジネスが活発に行われているが，このマーケティングも基本的に同じ考え方の上に成り立っている．米国では，この分野のライセンスビジネスは2013年時点で，エンターテインメント/キャラクター分野に次いで19.4%のシェアを占め，小売価格規模で2.5兆円，ロイヤルティで1200億円を超える大きな市場になっている．

(ii) ファッション

ファッション・アパレル（服飾）分野はこの10年間で米国で唯一売り上げを減らしている分野である．2013年のシェアは14.6%，小売価格ベースでの売上は1.9兆円，ロイヤルティは950億円[1]と，2002年から15%以上の落ち込みを見せているが，いまだ巨大なマーケットである．日本でもファッションのライセンス商品の売り上げは漸減傾向で，この動きは世界的ともいえる．この流れの要因になっているのは，アパレル商品のメーカーが減ってきており，その分，SPA (Speciality store retailer of Private label Apparel) とよばれるアパレルの製造小売業者が増えてきていることがある．「GAP」や「ZARA」，スウェーデンから進出してきた「H & M」，日本の「ユニクロ」などのSPAは自社で商品の企画から生産，販売まですべてを自社で行い，店で売られているアパレルのブランドもほとんどすべてが，自社の店名そのままである．すなわち自社名が立派なブランドとして機能しているので，ライセンシーとしてファッションブランドを獲得する必要性がなくなっているのである．しかしながら，一方で，このSPAの枠に入らないアパレルやアクセサリー商品は，何らかの強いブランドを欲しており，それにより顧客を吸引し，価格競争力を高めている．その意味ではファッション分野はブランドを最も必要としている市場であり，今後も緩やかな下降は続くものの，大きなライセンス市場であり続けるであろう．

(iii) スポーツ

ここでもまた，米国での事例から入る．その米国で，「スポーツ」は11.1%のシェアを占め，2013年の売上は，1.5兆円，ロイヤルティは700億円[1]という調査結果が出ている．米国で人気のあるスポーツのブランドは，NBA（ナショナル・バスケットボール・アソシエーション），MLB（メジャーリーグ・ベースボール），NFL（ナショナル・フットボール・リーグ，そしてNASCARとよばれる米国のカーレースである．この四つのプロパティで，それぞれ小売価格で1000億円以上[2]の売り上げがある．これらに欧州を主市場としている，サッカー，F1（レースカー）を加え六つのブランドが世界の主要スポーツブランドである．商品カテゴリーでは，アパレルとゲームが伝統的に強い．ユニフォームのレプリカや，チーム名や選手名を入れた試合のゲームなど，現実のスポーツのエッセンスを入れた商品はスポーツのファンには非常に魅力的な存在になっている．

(iv) 大学

最近では大学だけでなく幼稚園でもブランドがあるようだが，日本では「お受験」という言葉に象徴される．一方，欧米では大学名や大学のスポーツチーム名をライセンスするビジネスが非常に盛んで，米国では小売価格ベースで4500億円，ロイヤルティでは200億円[1]の市場を形成している．米国ではUCLA（カリフォルニア大学ロサンゼルス校）や，ハーバード，ジョージア工科大学など，英国ではオックスフォードやケンブリッジ大学がライセンスビジネスに熱心である．大学のライセンスビジネスの最大の目的は，学生を誘致することである．少子化が進行するなかで，教育機関が優秀な学生の入学にあの手この手を使っているのは米国も日本も変わらない．米国の大学の多くでは，ライセンス商品としてのベビー服に力を入れてい

---

[1] イェール大学ビジネススクールラヴィ・ドゥハール研究室/LIMA（国際ライセンシング産業マーチャンダイザーズ協会）調査

[2] “Top 150 Global Licensors 2014” *License Global*

る．祖父や父が，子どもや孫に自分が卒業したのと同じ大学に入ることを願って，あるいは自分が入れなかったが，この子にはどうしても入学してもらいたいという夢を託して，誕生日のギフトとして与えることが多い．これはまさしく，大学名のブランド力を親子代々引き継がせるマーケティングといえよう．

これに対して，日本では大学の名前の付いた商品はあくまで校内の購買部などで，そこの学生のために販売しているというスタンスの学校が多い．日本では消費者自体も，自分自身がその大学の学生でもないのに，特定の大学の名前が大きくプリントされたTシャツやトレーナーを着るのか，という疑問も残る．むしろ，日本の大学ブランドのライセンスビジネスのチャンスは，日本の大学への留学を目指す学生のいる中国や東南アジア，あるいは東欧などの国々にあるかもしれない．これらの国々からは，すでに多くの留学生が日本の大学に来て勉強をしており，彼等の祖国では，日本の大学ブランドは次に続く学生たちの大きな夢になるのではないのだろうか．日本における大学ブランドのライセンスは，国際的市場を考えて発展させていくべきではないかと筆者は考えている．

（v） NPO

ノン・プロフィット・オーガニゼーション，つまり非利益団体であるNPOの名前もブランドとして立派な価値がありライセンスビジネスの対象になっている．ただし，NPOはライセンスビジネスで得た利益は，そのNPOの活動目的に貢献しなくてはならず，このためNPOのライセンス商品には，説明書や吊り札にライセンスビジネスで発生した利益が何のために使われるかが記載されることが一般的である．

自然保護団体を中心として細々とライセンス市場を形成してきたNPOが，そのビジネスを拡大させるきっかけとなったのが，2001年9月11日のアメリカ同時多発テロ事件だった．多数の消防隊員が救助活動の最中に犠牲になり，事件後にはニューヨーク消防署（FDNY）に多くの寄付金が寄せられた．FDNYでは，この惨劇の風化を防ぎ，犠牲になった隊員の家族の援助を長期間続けるという目的で，ライセンスビジネスを一層強化したのである．まさしく，消防隊員の命をかけた行為により，FDNYのブランド・パワーが上がったといえる．

その後，ニューヨーク市警察（NYPD）もライセンス・ビジネスを開始し，米国のほかの都市でも消防署や警察署ブランドのライセンスがはじまった．NPOブランドのライセンスは自然保護が主だったのが，9.11をきっかけに，セキュリティという方向にも向かいはじめたといえよう．日本でのNPOライセンスは，まだ自然保護や病気の撲滅などが主で，規模も小さい．この遠因としては，国民1人当たりの年間寄付金額が，日本は5400円[3]程度で米国の86000円[4]と比べても非常に小さいということもあるだろう．

e. ブランド・トランスファー

前項で述べたように，ブランドのライセンスはその顧客層と売上を拡大する．ただし，そのことが商品カテゴリーまたはライセンシーの数と売上が比例することを意味しているわけではない．米国の「リーバイス」と「コカ・コーラ」という二つのブランドのライセンスビジネスでは，コカ・コーラのライセンシー数はリーバイスのそれの7倍もあったのに対し，ライセンス商品の売り上げは両ブランドともほぼ同じであった．コカ・コーラは，アパレルから文房具，家具まで非常に広い商品群にブランドの傘を広げることができた．これにより，ひとつのカテゴリーの売り上げは大きくなくても，全体としては非常に大きな売り上げになったのに対して，リーバイスはジーンズに物理的に接触するアイテム，下着，靴下，ベルトなど，ごく少ない商品群にしかブランドを転化できなかった．一方で，一つひとつの商品群のなかで種々のアイテムを開発し，個々のライセンシーが大きな売り上げを形成していたという大きな違いがあった．このようなライセンスビジネスにおけるブランドの傘の広さ，カバー率の高さを，「ブランド・トランスファー」とよぶことにする．ライセンサーもライセンシーも，各々が自分のビジネスプランを作成する際に，プロパティの「ブランド・トランスファー力」がどのくらいであるかを知っておくことは重要である．つまり広く浅くビジネスを展開するのか，狭く深く展開をするのかということの判断である．

f. ブランドライセンスの実行組織

ライセンスビジネスは，その対象がブランドであっても，コンテンツであっても，基本的には権利をもつ側が，その使用を欲する者と契約を結ぶところからスタートするのであるが，ブランドのライセンサーの場合，ライセンスビジネスのノウハウとそれを実行する組織をもっていないところが多い．

特に前述の「コーポレート・ブランド」の場合，ラ

[3] 日本ファンドレイジング協会レポート（2012）
[4] GIVING USA 財団，（2012）

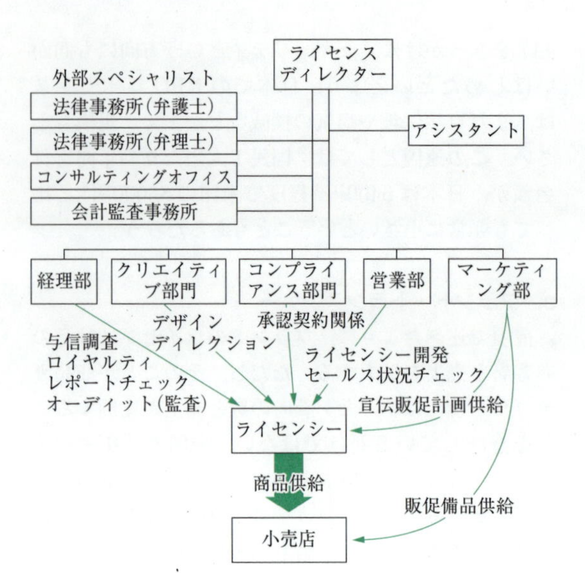

図 4-11　ライセンス・エージェントの組織図（例）

イセンサーはもともとブランドライセンスのビジネスを行う想定をしていないケースがほとんどなので，ビジネスの実際を，「ライセンス・エージェント」とよばれる外部のスペシャリスト集団にゆだねることが多い．「ライセンス・エージェント」の役割は，ライセンサーとライセンシーの間にあってその両者の利害を調整し，以下のような仕事をライセンサーに代わって行うことにより，ビジネスを円滑に進めさせる重要なものである．

・優良なライセンシー候補をリストアップして，ブランドのライセンス契約に向けての申請書を提出させる．
・申請書をレビューし，契約すべきライセンシーをライセンサーに推薦する．
・ライセンサーとライセンシー，もしくはそれにエージェントが加わった「ライセンス契約」を作成し，各社が署名をし，ビジネスを開始させる．
・ブランドをライセンス商品化する正しい指針，そのツールとしてのブランド・マニュアルやグラフィック・マニュアルをライセンサーと共同して制作し，ライセンシーに供与，良質のライセンス商品が市場に出るまでを指導管理する．
・ライセンサーの，マーケティング，広告，プロモーション，パブリシティ活動に協力する．
・ライセンシーのビジネスプランを検討したうえで適切なアドバイスと指導を行い，効果的なマーケティングが実行されるようにアシストする．
・ライセンシーの販売，生産額とロイヤルティの発生額をレポートの提出により把握，チェックし，ロイヤルティが契約書通りに入金されることを確認する．ライセンシーの報告事項に不審な点があれば，業務監査（オーディット）をライセンサーと協力して行う．
・プロパティの商標の登録，権利侵害品の問題の駆逐についてライセンサーに協力する．

以上のライセンス・エージェントの役割と仕事の分量は，ライセンサーからの期待度と，コミッションの量で決まってくるわけだが，ライセンサー側が満足するような機能をもったライセンス・エージェントの組織は次のようなものである（図 4-11）．

g. ライセンス商品におけるブランド・イメージのコントロール

ライセンスビジネスにおいてのマーケティング戦略で，ブランド力の増強やブランド価値の向上を謳い，それが実現するようなビジネスプランを構築しても，実際にブランドのライセンス商品が市場に出た後に，そのブランド・イメージが消費者の間で，下がることになっては，ライセンス・ビジネスを行う意味がない．そこで，ブランド・イメージという言葉を分析してみたい．

イメージとは，非常に抽象的でつかみどころのない言葉に聞こえるが，ブランドに関していえば，それははっきりしている．「売り場」と「価格」，そして「商品の品質」の三つが，「ブランド・イメージ」を構築するのである．よい売り場によい品質の商品が，それに適合した価格が崩されずに販売されていれば，商品のブランドのイメージが落ちることはないのである．

しかし，ここに危険な落とし穴がある．それは，「売り場」と「価格」という 2 点を管理しようとすると，独占禁止法に触れる可能性が非常に高いということ．独占禁止法は正式には「私的独占の禁止及び公正取引の確保に関する法律」といい，「自由な市場においては，競争が自由であり，製造業者・販売業者はいろいろな工夫をして，適正な手段を駆使して，販売量を増加させるべく競争するものである」という考え方がこの法律の土台になっている．そのため，ライセンサーがライセンシーに，「この店に売ってはいけない」と要求したり，ライセンシーが卸売り問屋や売り場に，「価格はこれ以下にしてはいけない」と指示したりすれば，それは独禁法違反になってしまう可能性が高い．つまり，売り場と価格において，ブランドのイメージを保つためには，ターゲットした売り場への送品，ターゲットしたプライスの設定が自然に実現するように，ライセンサーとライセンシーが協力してマーケティングを行うしかない．それには，商品は絶対的に優れた品質でなくてはならず，ブランドのパワーが十分に消費者に伝わり，ブランドのメッセージを消費者に届けることができる宣伝やパブリシティを上手に駆使する以外に方法はない．

ライセンスされたブランドのイメージコントロールが難しいのは，それらを生産販売している会社（ライセンシー）が多数にわたるところである．したがって，ライセンサーあるいはライセンス・エージェントは，オーケストラの指揮者のように演奏者たるライセンシーをコントロールして，「ライセンス契約書」や「ブランド・マニュアル」という楽譜を元にして「ブランド」という音楽を美しく奏でなければならないが，素晴らしい演奏は，観客たる消費者の大きな拍手で迎えられるはずである．

4.3 節のまとめ

この節の最初に「商標権」は知的財産権のなかで，唯一永遠に保護される権利」だと示したが，これはその商標権がブランドとして実際に使用されていることが条件になる．この条件を満たすのが，ブランドの商品化であり，ライセンスである．日本では，この面でのビジネスが十分に行われているとはいえない．ブランドの保有者たるライセンサーが，このビジネスのリスクよりもメリットに目を向けて積極的にブランドの価値を多くの商品に移転してくれることを願う．

参考文献

[1] ケビン・レーン・ケラー（恩蔵直人・亀井昭宏訳）『戦略的ブランド・マネジメント』（東急エージェンシー出版部，2000）．

[2] D. A. アーカー（陶山計介・中田善啓・尾崎久仁博・小林哲訳）『ブランド・エクイティ戦略』（ダイヤモンド社，1994）．

[3] デューン・E・ナップ（阪本啓一訳）『ブランド・マインドセット』（翔泳社，2000）．

[4] バーンド・シュミット，アレックス・シモンソン著（河野龍太訳）『「エスセティクス」のマーケティング戦略』（プレンティスホール出版，1998）．

[5] 高桑郁太郎『ブランド資産価値革命』（ダイヤモンド社，1999）．

[6] 簗瀬允紀『コーポレートブランドと製品ブランド』（創成社，2007）

[7] 石田正泰監修　鈴木公明編著『最新知財戦略の基本と仕組みがよ～くわかる本』（秀和システム，2006）．

[8] 日本経済新聞社編『日経業界地図 2015 年版』（日本経済新聞出版社，2014）．

[9] 田中洋『ブランド戦略全書』（有斐閣，2014）．

[10] 安原智樹『ブランディングの基本』（日本実業出版社，2014）．

4.4 デザインと知的財産

4.4.1 意匠権によるデザイン保護

a. 意匠法の目的と位置づけ

意匠法の第 1 条には「この法律は，意匠の保護及び利用を図ることにより，意匠の創作を奨励し，もつて産業の発達に寄与することを目的とする」ことが規定されている．つまり意匠法は，経済的に価値ある商品デザイン（意匠）の創作をした者に対し，公開と引き換えに意匠権を発生させることにより，その商品デザインの独占的実施を担保し，デザイン開発投資の回収と超過利潤追求の手段を与えることでデザイン開発へのインセンティブを高める一方で，一定期間後にはその意匠の実施を万人に開放することで，経済社会全体の発展を意図する法律であるといえる．

b. 意匠権と実施権

「意匠権」は意匠についての絶対的な独占排他権である．「絶対的」というのは，同一または類似の意匠の創作をした人が複数いる場合，最初に出願した人だけが意匠登録を受けることができ，いったん意匠権が成立したら，そのようなデザインの商品を勝手に製造・販売している人には「知らなかった」「自分で創作した」といった言い訳が原則として許されず，意匠権侵害になるという意味である．

意匠権を取得した者（意匠権者）は，特許の場合と同様に，独占排他的な実施権をもつことになり，専用実施権の設定や通常実施権の許諾も可能である．意匠権を取得したデザインは，自ら実施していなくとも，ライバル企業による商品化を阻止することができる．

c. 意匠権を取得する手続，権利期間，保護要件

意匠権を取得するためには，特許庁に出願手続をした後，審査を経て設定登録が必要で，権利期間は設定登録から20年である．

意匠登録を受けるための主な要件として，以下の五つの要件をあげることができる．

まず，「産業上利用できる意匠であること」である．これは，意匠審査基準によれば1）意匠を構成するものであること，2）意匠が具体的なものであること，3）工業上利用することができるものであること，の3点を満たすことが必要であるとされている．

二つ目に「新規性を有すること」である．これは，出願時点で公然知られた意匠，刊行物に記載された意匠もしくはインターネット上でアクセス可能になった意匠またはこれらの意匠に類似する意匠は，意匠登録を受けることができないことを意味している．さらに，先に出願されているほかの意匠の一部と同一または類似である場合にも，意匠登録を受けることができない．

三つ目に「創作が容易な意匠でないこと」である．これは，出願時点で公然知られた意匠やモチーフに基づいて，その意匠の属する分野の通常の知識をもつ者が容易に創作できるような意匠は意匠登録を受けることができないことを意味している．容易な創作を行う場合の典型的な手法として意匠審査基準には，1）置換，2）構成比率の変更，3）連続する単位の数の増減，4）公然知られたモチーフをほとんどそのまま意匠として表すこと，5）商慣行上の転用，が例示されている．

四つ目に「一出願に複数の意匠を含んでいないこと」である．これは，一つの出願に二つ以上の意匠が含まれている場合には，出願分割や手続補正（削除）によって一つの意匠のみが残るようにしない限り，意匠登録を受けることができないことを意味している．

五つ目は「先願であること」である．これは，同一または類似の意匠について異なつた日に二つ以上の意匠登録出願があったときは，最先の意匠登録出願人のみがその意匠について意匠登録を受けることができることを意味している．同一または類似の意匠が同日に出願された場合には協議により一つの意匠を選択することとなる．

さらに，これらの要件をすべて満たしていても，1）公序良俗に反する意匠，2）他人の業務に関する物品と混同するおそれのある意匠，3）機能確保のための形状のみからなる意匠，は意匠登録を受けることができないこととなっている．

d. 意匠の種類

意匠の種類には，商品全体のデザインについて意匠権を取得する通常の意匠のほかに，物品の一部分に関わるデザインについて権利を取得する「部分意匠」がある．また，中心的なデザインのほかに，これと類似するデザインを同時に保護するために「関連意匠」がある．ある「部分意匠」について同時に「関連意匠」の権利を取得することもできる．さらに，複数の製品を統一的なデザインで仕上げた場合に一括して権利を取得する「組物の意匠」もある．さらに，意匠権を取得した後に一定期間，その意匠を秘密に保つことができる「秘密意匠」の制度もある．

e. 通常の意匠

通常の意匠（物品全体のデザインに関する意匠）を出願する場合には，創作者，出願人の住所，氏名などの書誌的事項を願書（意匠登録願）に記載するほか，権利を取得しようとするデザインについて，「意匠に係る物品」，「意匠に係る物品の説明」，「意匠の説明」を記載し，さらにそのデザインを表す一組の図面を願書に添付する必要がある．この一組の図面としては，正投影図法により作成した六面図が基本であるが，省略や陰影の表現なども可能で，必要に応じて斜視図，断面図，参考図を加えることもある．

f. 部分意匠

通常の意匠が，物品全体のデザインについて出願し，意匠権を取得するものであるのに対し，部分意匠とは，物品の一部のデザインについて出願し，意匠権を取得することができる制度である．

部分意匠に固有の登録要件は，意匠審査基準によれば，1）部分意匠の意匠に係る物品は，意匠法の対象とする物品と認められなければならない点は通常の意匠と同様であるが，これに加えて，2）その物品全体の形態の中で一定の範囲を占める部分であること，3）その物品において，他の意匠と対比する際に対比の対象となり得る部分であること，を追加的に定めている．

出願に際しては，願書に【部分意匠】の欄を設け，図面は意匠に関わる物品のうち，「意匠登録を受けようとする部分」を実線で描き，「その他の部分」を破線で描くなどにより意匠登録を受けようとする部分を特定し，かつその特定する方法を願書の「意匠の説明」の欄に記載する（例えば，「実線部分が部分意匠

として意匠登録を受けようとする部分である」と記載する）必要がある．

g．関連意匠

デザイン開発の過程で，あるデザインコンセプトから創作されたバリエーションの範囲にあるデザインについては，同一の出願人が意匠登録出願した場合に限り，同等の価値を有するものとして保護し，それぞれの意匠について意匠権が発生する制度である．したがって，関連意匠として保護を受けることは，先に保護要件の五つ目で説明した「先願であること」の要件の例外という位置付けになる．

特定のデザインについて1件の意匠権を取得することが「点」的な保護であるのと比較して，バリエーション・デザイン群を関連意匠として（いわばデザインの束として）権利取得することは「面」的な保護であるということができる．この面的保護により，ライバル企業や模倣品業者による類似品の市場投入を強く牽制できるので，意匠権による保護がいっそう効果的になる．

h．組物の意匠

特定目的のために供される複数の物品群について，自由な組合わせを前提としながら，全体的な統一感をもたせるような，いわゆる「システム・デザイン」，「セットもののデザイン」，「コーディネート・デザイン」とよばれるデザインがある．このような物品群に対するデザインは，個々の物品ごとのデザインよりも物品群全体のトータルなイメージを重視するデザインである．

そこで，このような物品群に関する意匠は，物品ごとに出願するのでなく，物品群として出願し，物品群全体として登録要件などを判断し保護することが望ましいことから，一定の要件のもとでこのような物品群を一つの出願で権利化できる出願制度が「組物の意匠」制度である．

i．秘密意匠

意匠権は独占排他権であるから，どのような権利が発生しているのかについて，第三者にその内容を公示する必要があるため，権利化された意匠は意匠公報に掲載されることになっている．

ところが，意匠は物品のデザインであるから，公表されてしまうと模倣されやすいという特質がある．また，現実の商品販売以前にさまざまな意匠権を取得しておき，デザイン上の自由度を確保したいというニーズや，宣伝広告戦略上，意匠公報による公表が新製品発表のインパクトを弱めることを敬遠する場合もある．

そこで，出願人の希望により，意匠権が発生した後も一定期間は意匠が公表されないという制度があり，これを秘密意匠制度という．秘密にしておける期間は，権利が発生してから3年までである．

j．意匠法による保護対象

意匠法による保護対象は，有形の商品デザインであれば，およそすべてのデザインについて意匠権を取得することができる．また，液晶表示モニタ上に一定のパターンで表示されるアイコンなどを部分意匠として出願することにより，無形物であっても実質的な保護を得ることができる場合もある．

k．事例：スーパーカブ事件

1952年自転車補助エンジンとして販売していた「カブ」の成功を受けて，ホンダ（本田技研工業）は自動二輪車の開発に着手した．

ホンダが開発したC100は，排気量100 ccと軽量の自動二輪車であり，女性が乗るときにサドルをまたがなくても済むように，ハンドルとサドルの間が空間となるように底板で前輪と後輪をつなぐ「アンダーボーン・タイプ」のデザインが採用されていた．ホンダは，この自動二輪車C100を「スーパーカブ」と称して1958年に日本で発売した後，翌年には米国に輸出，その後台湾での現地生産や東南アジアへの輸出が続き，現在までに延べ160ヵ国で販売された．

排気量100 ccのクラスは「セミスクーター」とよばれるが，ホンダがC100を発売するまでこの種の自動二輪車は存在せず，対応するデザインは意匠権者（考案者）を本田宗一郎とする意匠登録第146113号として1959（昭和34）年に意匠権が発生した．

ホンダがスーパーカブを発売した後，ライバルのスズキ（鈴木自動車工業）とヤマハ（ヤマハ発動機）も対抗のために，同様の自動二輪車を発売した．スズキが，1966（昭和41）年8月ごろに「スズキU70」の製造を始めたことが，ホンダの意匠権の侵害に当たるとして東京地裁に侵害訴訟が提起された（当初はヤマハも訴えられていたが，途中で和解している）．ホンダは，意匠権侵害による損害額が21億6000万円であり，その内金として7億6100万円の支払いを求めた．この金額は，それまでにスズキが販売した26万6663台のスズキU70に関する利益から算出された金額である．

東京地裁はホンダの登録意匠とスズキ U70 のデザイン（被告意匠）とを比較し，「本件登録意匠と被告意匠とは，細部には相違があるが，それは特に看者[5]の注意を引く部分に関しないものであり，特に看者の注意を引く部分においては殆んど一致し，そして，両意匠を全体的に観察した場合，両意匠は視覚を通じての美感を同じくするものと認めるのが相当であるから，類似するものというべきである」（意匠権を侵害する）とした．

さらに，スズキ U70 の製造販売による損害額については，「被告の本件物件の製造販売行為は，本件専用実施権を侵害するものであり，かつ，被告は，その侵害行為について少なくとも過失があったものと推定される（意匠法第 40 条）．したがって，被告は，不法行為者として，原告に対し，右侵害行為によって被った原告の損害を賠償すべき義務がある」として，ホンダの主張どおりの損害額の支払いを命じた．この金額は日本における知的財産権侵害訴訟において認められた損害額の最高記録として，判決が出された 1973 年以降，2002 年に至るまで破られることがなかった．

スズキはこれを不服として控訴したが，1978 年 4 月 13 日に東京高裁で和解が成立した．

I. 事例：アップル対サムスン

アップル社とサムスン電子社は，かつて iPhone 用チップの供給により，ビジネスパートナーだったが，2011 年 4 月にアップル社が，iPhone や iPad 関連の知的財産権をサムスン電子社に侵害されたとして，米国カリフォルニア州北部連邦地方裁判所に提訴した．これに対し，サムスン電子社の通信技術に関する特許などをアップル社が侵害したとして提訴し，現在では，米国のほかにドイツ，オーストラリア，韓国，オランダ，日本，フランス，英国およびイタリアと世界中に広がる知的財産権の紛争に発展している．

すでに複数の国で第一審の判決が出ているが，なかでも米国における裁判が注目されており，アップル社は当初，8 件の米特許権，7 件の米意匠権（デザインパテント[6]），6 件のトレードドレス，3 件の登録トレードドレス（米商標権），8 件の商標（米商標権）をサムスン電子社が侵害したと主張していた．図 4-12 は，このうちアップル社の米意匠権（D504899 号）に係る図面である．

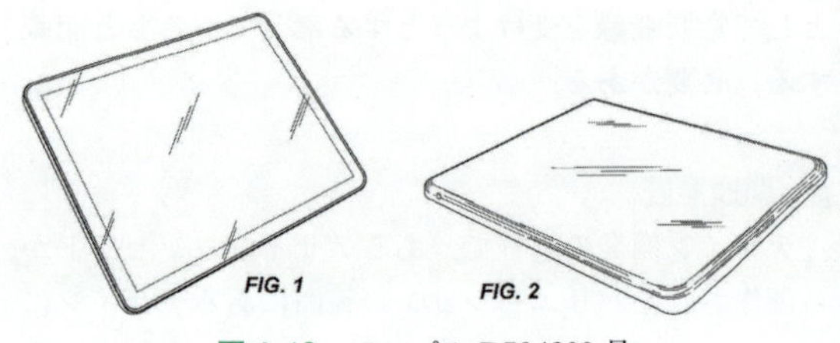

図 4-12　アップル D504899 号

米国カリフォルニア州北部連邦地方裁判所においてアップル社はさまざまな権利の観点から詳細な主張を行っており，サムスン電子社も同様に詳細な反論をしている．裁判長の訴訟指揮により，アップル社側が主張の根拠となる権利を特許権 3 件，意匠権 4 件，トレードドレス 2 件に絞り込んだ後，2012 年 8 月に陪審員はサムスン電子社がアップル社の一部特許権（意匠権を含む）を侵害したと評決し，損害額を約 10 億 5000 万ドルと認定した．この莫大な賠償額の内訳をみると，特許権のみを侵害したと評決された 7 製品に対する損害賠償額の合計は 6788 万ドルであり，これ以外の賠償額（10 億ドル弱）は，特許権侵害以外に意匠権侵害の 13 製品とトレードドレス侵害の 6 件に係る損害が認定されたことによるものだった[7]．この判決により，デザインを保護する知的財産の価値が再認識されることとなった．

結果として，第一審ではサムスン電子社がアップル社に 9 億 3000 万ドルを賠償せよとの判決が出たが，控訴審においてアップル社の重要な特許権が無効であるとの判断を含む判決が 2015 年に出され，サムスン電子社はアップル社に 5 億 4817 万ドルの賠償金を支払った．

その後，サムスン電子社が最高裁に申請した上告許可が受理され，賠償額のうち 3 億 9900 万ドルの部分が再検討されることとなった．意匠権侵害に関して上告が許可されたのは，126 年ぶりである．2016 年 12 月にサムスン電子社を支持し，控訴裁へ差し戻すとの最高裁判決が出された[8]．

日本では，サムスン電子社が日本で展開するスマートフォンやタブレット PC 計 8 製品についてアップル

---

[5]「観察する者」のこと．

[6] 米連邦特許法では，特許権（パテント）の一類型として意匠権（デザインパテント）が規定されており，特許法とは別に意匠法が制定されている日本とは，制度設計が異なっている．

[7] 服部健一「アップル/サムスン訴訟の行方」『IP マネジメントレビュー』Vol. 7（2012），pp. 23-26

[8] この意匠権侵害事件とは別に，特許権侵害についても別の事件として裁判が続いている．

社が特許権侵害を訴えていたが，東京地裁は特許権侵害を認めず，2012年8月に請求が棄却された．

4.4.2 商品形態としてのデザイン

不正競争防止法は，不法行為法（民法）の特別法ということができる．不法行為法は，民法709条において，損害賠償を基本とする法制となっているが，競業者間で行われる不法行為については，事後的な金銭的請求権を定めるのみでは救済が十分でない場合があると考えられることから，不正競争防止法は民法とは別に損害賠償請求権を規定するとともに，差止請求権を規定している．

また，不法行為法においては，特定の個々の競業者の被害が軽微である場合には損害賠償請求権の行使が困難であることに鑑み，不正競争防止法では競業者間の行為に限らず，一定の基準を満たす図利行為（自己もしくは第三者の利益を図る行為）を類型化して不正競争と規定し，規制の対象とした点に意義がある．

日本の不正競争防止法は，不正競争行為に関する一般条項をもたず，規制すべき行為類型を限定列挙する体系を採用している．このような体系は，規制すべき不正競争行為の内容が具体的に明示されることで，事業者に不測の不利益が発生することを避けられるが，一方で，社会・経済情勢の変化や技術の進展に対し，対応が遅れがちになるという課題が残る．

現行の不正競争防止法は，不正競争行為として9種類の行為類型を規定しているが，特にデザインとの関連性が高いのは，a. 混同惹起行為，b. 著名表示冒用行為，c. 形態模倣商品の譲渡等行為に係る不正競争行為である．

a. 混同惹起行為

不正競争防止法では，業務に関する名称やマーク，商品の容器・包装など，誰の商品・営業であるのか示すものを「商品等表示」とよぶ．不正競争行為であるとされる混同惹起行為とは，広く知られている他人の商品等表示と同一または類似の商品等表示を自分の商品等表示として使用したり，その商品等表示を使用した商品を販売などしたりすることで，他人の商品・営業と自分の商品・営業とを混同させる行為を指す．

このような行為は，他人の商品等表示に基づく顧客吸引力に対するフリーライド（ただ乗り）にあたり，自らの努力なしに利益を得ようとする一方で，その他人の利益を害する行為であるため，不正な競争行為であると規定するものである．

ただし，保護すべき他人の商品等表示とは，誰の商品・営業であるか認識できるものであるから，単に表示として使用されているだけでは足りず，自他識別力または出所表示機能を有することが必要とされている．なお，混同とは商品・営業レベルの狭義の混同だけでなく，資本関係を想起させるなどの広義の混同も含む．商品等表示の混同惹起行為が問題となった事件には，プリーツ・プリーズ事件[9]，iMac事件[10]，マグライト事件[11]などがある．

b. 著名表示冒用行為

著名表示冒用行為とは，他人の著名な商品等表示と同一または類似のものを自分の商品等表示として使用したり，商品等表示を使用した商品を販売などしたりする行為を指す．混同を要件とせずにフリーライドを不正競争と位置付けることから，「広く知られた」よりも厳しい「著名な」商品等表示であることが要件となる．

他人の著名な商品等表示（例えば，有名ファッションブランドのマーク）をまったく異なる商品等分野で自分のものとして使用する行為は，必ずしも混同を生じるものではないが，単に顧客吸引力に対するフリーライドであることに変わりはなく，さらにその他人の著名な商品等表示についてブランドイメージの汚染（ポリューション）や，結びつきが薄められる希釈化（ダイリューション）が生じて利益を損ねることとなるため，不正競争として規定するものである．

著名表示冒用行為が問題となった事件には，セイガン糖衣A事件[12]，アリナビッグ事件[13]などある．

c. 形態模倣商の譲渡等行為

形態模倣商品の譲渡等行為とは，他人の商品の形態を模倣した商品を販売したり輸入したりする行為を指す．

技術や流通網の発達により容易になった模倣品や海賊品の製造，販売を放置すると，先行者が商品化のために投下した資金・労力を回収できなくなり，商品化や市場開拓のインセンティブが損なわれるため，他人

---

[9] 東京地裁平成11年6月29日判決，判例時報1639号139頁

[10] 東京地裁平成11年9月20日判決，判例時報1696号76頁，判例タイムス1018号144頁

[11] 大阪地裁平成14年12月19日判決

[12] 大阪地裁平成11年3月11日判決，判例タイムス1023号257頁

[13] 大阪地裁平成11年9月16日判決，判例タイムス1044号246頁

の商品形態に依拠して作られた実質的に同一の商品を販売したり輸入したりする行為を不正競争行為と規定したものである.

ただし，その商品の機能を確保するために不可欠な形態である場合には，該当しない.

形態模倣が問題となった事件には，たまごっち事件[14]，小型ショルダーバッグ事件[15]，ヌーブラ事件[16]などがある.

d. 事例：プリーツ・プリーズ事件[9]（不正競争防止法）

著名デザイナーの三宅一生は，1988年10月に開催の「イッセイミヤケ1989春夏コレクション」において，ポリエステル生地の衣服の全体にプリーツ加工を施した作品を発表して以来，プリーツを用いたさまざまなデザインの衣服を発表して，内外のファッション関係者からの高い評価を得てきた．その後，1993年以降は直営店や主要百貨店で，以下の共通する特徴を有する「プリーツ・プリーズ」のアイテムが販売されるようになり，1994年5月には月間売り上げが1億5000万円に達していた.

- ポリエステル100パーセントの裏地用の生地に縦方向の細かいランダムプリーツ（ひだの幅が一定しないプリーツ）が施されていること.
- 布の端の縫い目の部分すべてにほかの部分と同様の細かいランダムプリーツが施されていること.
- 直線裁断による幾何学的なラインを有していること.
- 身頃から袖に切り替わる部分が独特の形態を呈していること.

この事件は，婦人服の製造・販売業のルルドが，プリーツ加工に特徴のある「ルルド・エレガンス」というブランド名の一連の婦人服を製造して名鉄百貨店に納入し，名鉄百貨店は1994年4月から，百貨店本店で販売したことに対し，三宅デザイン事務所が，著作権侵害，不正競争防止法上の混同惹起行為・形態模倣商品の譲渡等行為の三つの観点から，ルルドと名鉄百貨店を被告として裁判を提起したものである.

この事件は，デザインや法律の専門誌でない一般の雑誌が見開きで両当事者の商品を掲載し，特集を組むほど話題となった.

裁判では，被告商品の形態が原告商品の形態と類似することにより取引者，需要者に混同を生じさせるおそれがあり，これに加えて販売・陳列方法，売場に掲示されているロゴ，価格帯の共通性が需要者たる一般消費者の混同を助長するとして，被告の行為が不正競争防止法第2条1項1号の不正競争行為（周知表示混同惹起行為）に該当すると認定された.

三宅一生は，自らの作品が模倣されたことについて著作権侵害の判断を得たかったものと推察されるが，裁判所は著作権侵害と形態模倣商品の譲渡等行為の観点については判断を行わなかった.

4.4.3　著作権によるデザイン保護

一般にデザイン（意匠）は，意匠権で保護されると考えられるが，工業的な大量生産を前提としたデザインを工業デザイン（インダストリアル・デザイン）という.

他方で，後述するように，著作権法は，「美術の著作物」を保護される対象の一つとして挙げている．つまり，絵画，版画，彫刻，書，美術工芸品など，形状や色彩など視覚的に表現される著作物である.

美術の著作物には，鑑賞を目的とした絵画や彫刻などのアート作品である「純粋美術」のほか，実用的な用途をもちながらも鑑賞の対象になり得る陶芸，彫金，漆細工，伝統人形など工芸分野の作品を指す「美術工芸品」を含む（著作権法第2条2項）．さらに「応用美術」とよばれる，実用品のデザインなどに認められる美的表現があると言われることがあるが，これが著作権法による保護の対象かどうかについては自明ではない．裁判例が示すところでは，意匠法との関係から，実用品のデザインに対する著作権法による保護には消極的である.

一般には，大量生産される工業製品は著作権の対象とならないとされるが，そのような製品であっても，アートの要素が感得できるならば，著作権の対象となる余地はある．おまけのフィギュア（ミニチュア人形）の著作物性を巡って争われた裁判では，「実用性や機能性とは別に，独立して美的鑑賞の対象となるだけの美術性を有するに至っているため，一定の美的感覚を備えた一般人を基準に，純粋美術と同視し得る程度の美的創作性を具備していると評価される場合」には著作権を有するとの見解を示している.

これに沿えば，ファッション小物やジュエリーを展開するブランドショップの製品も著作権で保護される可能性がある.

では，意匠権で保護される工業デザインと著作権法がいう美術（作品）はどこで線引きされるのだろうか.

著作権法の考え方の基本である「思想又は感情を創

---

[14] 東京地裁平成10年2月25日判決，判例タイムス973号238頁

[15] 東京地裁平成13年12月27日判決

[16] 大阪地裁平成16年9月13日判決，判例時報1899号142頁

作的に表現したもの」（2条1項1号）に立つならば，創作する人が「直接に」表現すると理解される．したがって美術品は基本的に量産が効かないことを示唆する．踏み込んでいうならば，作者と素材との直接の接触が美術作品を生み出すと考えるならば，機械が生産ラインで製品を量産する働きとは一線が画されるという見方も成り立つ．二番煎じを嫌がる創作者と大量生産は両極にあるともいえる．

他方，工業デザインは大量生産を前提としているため，美術品にみられるような奇抜さや意表を突く，あるいはこの世でたった一つという意味の創作的表現を保つことは困難であるだろう．

4.4 節のまとめ

以上見てきたように，デザインと知的財産との関係は非常に複雑であるため，デザインの法的保護を検討する場合には，複眼的，総合的視野が必要となる．個々の法律に基づくマネジメントのみならず，デザインを包括的に捉えるマネジメントが求められている．

コラム 4　終わらない戦後　著作権の「戦時加算」

日本の著作権の保護期間は原則として「著作者の死後 50 年」である．しかし，太平洋戦争中に日本が相手国の著作権を保護しなかったとして，通常の保護期間に戦争期間相当の約 10 年間を加算する義務が課せられている．連合国民が戦争前または戦争中に取得した著作権を対象とする．サンフランシスコ平和条約（1951 年 9 月 8 日に日本が署名）の規定に基づく．戦時中にベルヌ条約により日本国において保護義務があった 15ヵ国（米国，カナダ，英国，フランス，オランダ，ノルウェー，ベルギー，ギリシャ，オーストラリア，ニュージーランド，南アフリカ，ブラジル，スリランカ，レバノン，パキスタン）の国民が戦時加算の対象となる．

加算日数は，著作権取得の日，平和条約の批准時期によって異なる．多くの国では約 10 年となる．日本軍による真珠湾攻撃（1941 年 12 月 8 日）を起算日にしているところに注目したい．

なお，第 2 次世界大戦の敗戦国である，ドイツとイタリアには現在「戦時加算」のペナルティーは課せられていない．日本だけに課せられた「不平等なルール」との指摘されることが多い．戦時加算を完全に解消するには，当該 15ヵ国と個別に交渉し合意する必要がある．

作者の死後 50 年までと定めた著作権の保護期間からすれば，1961 年に死去した米国の小説家ヘミングウェイの『武器よさらば』などの著作権は 2011 年末で本来は切れるはずだが，戦時加算により 2022 年まで保護期間が延長されている．

サンフランシスコ平和条約の規定に基づく，著作権保護期間の加算日数を表に示す．

表　著作権保護期間の戦時加算日数

著作物の本国及び著作権者の国籍	加算期間の始期・終期	加算日数
米国 英国 オーストラリア カナダ スリランカ （旧セイロン） フランス	1941 年 12 月 8 日～ 1952 年 4 月 27 日	3794 日
ブラジル	1941 年 12 月 8 日～ 1952 年 5 月 19 日	3816 日
オランダ	1941 年 12 月 8 日～ 1952 年 6 月 16 日	3844 日
ノルウェー	1941 年 12 月 8 日～ 1952 年 6 月 18 日	3846 日
ベルギー	1941 年 12 月 8 日～ 1952 年 8 月 21 日	3910 日
南アフリカ	1941 年 12 月 8 日～ 1952 年 9 月 9 日	3929 日
ギリシャ	1941 年 12 月 8 日～ 1953 年 5 月 18 日	4180 日
レバノン	1947 年 9 月 30 日～ 1954 年 1 月 6 日	2291 日
ニュージーランド	1947 年 12 月 4 日～ 1952 年 4 月 27 日	1607 日
パキスタン	1948 年 7 月 5 日～ 1952 年 4 月 27 日	1393 日

コラム5　模倣品の氾濫と取り締まり

経済活動のグローバル化の進展，さらにアジアを中心とした途上国の経済発展に伴って，主に先進国企業の商標権，意匠権，著作権，さらに特許権などの知的財産権を侵害する模倣品（海賊品ともよばれる）の横行が国際的な懸念事項となってきた．

模倣品問題は古くから存在し，1980 年代初頭より国際的な関心をよぶようになってきた．そしてその後永く，先進国企業などに大きな被害を及ぼし続け，その対策への取り組み強化にも拘わらず，被害の規模は一向に減じる傾向がない．

例えば，特許庁が毎年実施している「模倣被害実態調査」から，ここ 10 年間ほどの推移をみると，調査対象の日本企業が模倣対策に投じる対策費の平均金額は，2004 年度の 4.2 百万円から 2013 年度には 7.1 百万円にまで増加したものの，被害を受けた企業の割合は 20%を上回ったまま一向に減じる傾向はみられない．また平均被害額は 2005 年度の 1.7 億円が，2013 年度においても同水準で記録され，被害額でも沈静化の兆候は認められない．

模倣品は，模倣された企業にとって売上高の減少，ブランドイメージの低下，さらに消費者からのクレームなど，経営へのマイナスの影響を直接的に及ぼす．同時に，模倣品は模倣企業が多く存在する摸倣国自体にも，直接投資の減少，貿易取引の減退，それらを通した経済成長へのマイナス影響，税収減，犯罪の増加，消費者の健康被害など，社会・経済的な側面でマイナスの影響を及ぼすことが指摘されている．

ところで，海外で製造や販売された模倣品が，各国に移送される際に，各国の税関が水際，つまり国境でそれを差し止めて，知的財産権の侵害を食い止める手続きを行っている．

2014 年 3 月の財務省の発表によると，2013 年の日本の税関での輸入差止件数は，前年より 5.7%増加し過去最高を記録したとされている．差止件数は 28,135 件，差止金額は推計で 130 億円とされている．差止件数が 2 万件を超えたのは 2007 年以来 7 年連続であったとされている．

特に，中国からの侵害物品が圧倒的に多く，全体の 9 割以上を占めている．かつて，2003 年頃には韓国からの侵害品が大きなウエイトを占めていたが，最近は中国にウエイトがシフトしている．

差止のほとんど（98%）は商標権侵害物品で占められているが，なかにはキャラクターグッズなどの著作権侵害物品も含まれている．

品目別には，バッグ類がもっとも多く，続いて衣類，靴類，そして携帯電話及び付属品などとなっている．

興味深いのは，差し止められるケースの大半が一般貨物として輸入されたのではなく，郵便物（93.9%）として送られてくるもので占められているということである．郵便物の方が小口で，足がつきにくいということなのかも知れない．もちろん，差止物品の点数で比較したときには，一般貨物の差止 1 件あたりの点数が多いため，点数による割合は年度によって大きく異なる．

差し止められた具体的な物品の事例を図に示す．こうした商標権や著作権を侵害した品目に関わる物品が数多く差止められている．

また小物だけではなく，意匠権を侵害したスクーターなどの模倣品が差し止められることもある．

こうした模倣品製造・販売の手口も，取り締まりを逃れるために，年々，巧妙化してきた．例えば，見た目をそっくりにして商標を付けずに販売したり，製品と包装や商標とを別の場所で，販売時に合体させるなどといった手口が報告されている．

かつて，OECD が 2008 年に各国の税関からのデータを用いて，国際貿易における模倣品の世界規模を推定し，その規模が 2000 億ドルに昇ると報告した．それは，当時の世界貿易額の 1.25%に昇る額であった．

同時に，さまざまな研究機関が，模倣品が社会に及ぼす影響について調査を行っており，例えば The Software Alliance and INSEAD は 2013 年に調査を行い，ソフトウェアの違法コピーにより，世界全体で 730 億ドル分の GDP が押し下げられているという報告を行っている．

模倣品問題は，被害を受けている企業による対策はもとより，公的機関などがその規模と社会的なマイナス影響を分析し，対策を進めることも必要となる．

スマートフォンケース（商標権）　ポロシャツ（商標権）　財布（著作権）

図　税関での差止物品の例

出典：財務省ホームページより
http://www.mof.go.jp/customs_tariff/trade/safe_society/chiteki/cy2013/20140313b.htm

コラム6 白熱する自動車ライセンス

コーポレート・ライセンスの分野で，最も大きなシェアを占めているのが「自動車ブランド」である．それは次のような理由で，どんなに宣伝やパブリシティを活用しても商品を買ってくれない層がいるからであり，この消費者層に対するマーケティング手法としてライセンス・ビジネスが有効であるためである．

- 免許取得年齢の制限：自動車に興味をもっていても運転することができない．
- 価格が高価すぎる．：欲しい自動車はあるが，高価すぎて手が出せない．
- 運転できそうにない．：上記と同じような理由だが，スポーツカーなどで，買ったとしてもとても運転技術が追いつかない．

自動車は人間が一生のうちに購入する商品としては，家や各種保険の次に高価なものであるともいえる．家のブランドは，ハウスメーカーではなく，その立地にあるようだが，自動車の場合はあくまで，メーカー名，車名にブランドがあるといえる．だからこそ，上記の理由で自動車を買えない層の心の奥にまで，ブランドの優位度，魅力をすり込むことができれば，重要な潜在的消費者を創出できる．そのためのライセンス商品は，自動車ブランドの代理大使として消費者に差し向られているといえよう．

自動車ブランド及び自動車関連ブランドのライセンスビジネスで，世界で150位までに入っているブランドの売上の順位[1]は次のようになる．（売上は小売りベースで）

1. GM（ゼネラル・モータース）社 売上4200億円：GMという社名はライセンスしていないが，傘下の車名である，「カマロ」，「GMC」，「キャデラック」，「コルベット」などを積極的にライセンスして，売上でトップを走る．
2. フェラーリ社 売上3100億円：世界で最も高価で速いスポーツカーの一つ．このブランドに限っては，潜在消費者に自動車を売ろうというよりは，フェラーリのコアビジネスたる「F-1レース」の資金としてロイヤルティを稼ごうという意図がある．
3. キャタピラー社 売上2500億円：米国に本社をおく建設機械企業．特にブルドーザーでは，代名詞的なブランドになっている．ライセンスの歴史は長く，靴，アパレル，おもちゃ，携帯電話のほかに自動車用品も展開している．
4. フォード社 売上2400億円：米国ビッグスリーのなかでは最後にライセンス・ビジネスに参入したブランドだが，エージェントに恵まれて急激に売上を伸ばした．車名＝企業名のフォードをメインにライセンスしている．日本でよく売れるライセンス商品は自転車である．
5. クライスラー社 売上1300億円：ビッグスリーのなかで1990年代に最初にライセンスビジネスに参入した．主力はJEEP（ジープ）だが，車の性格上「自然保護」という社会の傾向と合致しないこともあり，売上はやや下がり気味．
6. ハーレー・ダビッドソン社 売上1100億円：大型バイクとして米国のアイコン的なブランド．ライセンス商品は皮やメタルを使った高価なものが多い．また，「ハーレー・ダビッドソン・カフェ」という飲食店もライセンスしている．
7. ミシュラン社 売上500億円：フランスに本拠をおく世界第2位の売上の巨大タイヤメーカー．社名の「ミシュラン」のほかに，20世紀初頭から企業マスコットの「ビバンダム」を広告宣伝に使用しており，ライセンスもこの二つのブランドを使っている．性能指向のタイヤメーカーとしては珍しいコーポレイトキャラクター・ライセンスの成功例である．
8. グッドイヤー社 売上390億円：同じく米国に本社をおく世界3位のタイヤメーカー．自動車関連のアクセサリー商品へのライセンスに力を入れており，自社のタイヤショップでの売上が大きい．
9. VW（フォルクス・ワーゲン）社 売上340億円：フェラーリ以外，あまり成功していない欧州車のライセンスのなかでゴルフ，ビートルを中心に中間価格のライセンス商品で成功している．
10. 日産自動車 売上320億円：ゴーン社長就任からライセンスに力を入れ，日本のメーカーのなかで群を抜く売上．特にスポーツカーGT-Rは，このブランドがなくては自動車のゲームがなりたたないというほどのステータスがある．

自動車ライセンスの市場は，まさしく自動車メーカーの競争と同じように熾烈になっている．コーポレート・ライセンスには，ほかに，飲料や食品などもあるが，売上の大きさ，競争の激しさでは自動車ブランドが群を抜く．これは，前述したように，自動車自体が高価な商品で，そのブランド性が使用者のステータスや嗜好を表すために，ライセンス商品の購入も「プチ自動車」の購入行為として，消費者も熱心になるのだろう．

[1] “Top 150 Global Licensors 2014” Global License!

5. 知的財産の活用

5.1 知的財産の利用

5.1.1 経営資源としての知的財産

a. 経営資源とは

経営資源という言葉は，エディス・ペンローズ（Edith T. Penrose）によって1959年に提唱され，経営学上の用語として用いられてきたものである．ただ，ペンローズ自身は，これを「生産的リソース」とよんでいたようである．

経営資源の意味をさまざまな辞典によって調べてみると，おおむね「企業などが経営活動に活用できるヒト，モノ，カネ，そして情報を総称したもの」といった意味になる．ヒトとは人材を，モノとは工場・設備や製品などの有形の資産を，カネとは資金を，そして情報には無形資産が含まれ，当然にそのなかには，特許権などの知的財産が含まれる．図5-1には，そのイメージが示されている．

どれだけ多くの優れた経営資源を投入できるかが企業の競争力を決定するといわれる．

また『日本大百科全書』（小学館）では，経営資源とは「企業のもつ技術力，経営管理能力，（中略）その他企業内で開発・蓄積された種々のノウハウなど」とされる．その意味から，ここでは情報そのものが経営資源と定義されている．そしてノウハウは，無形資産の中枢をなす資源である．企業は物的資源と人的資源を用いて製品などに転化するが，その際にこの無形資産が製品などの高品質化のために重要な役割を果たす．企業の優劣は人的，物的資源と併せて，それを活かすための経営資源としての無形資産の質と量によって決まる．そして，この経営資源が不足するときに企業の成長の限界が訪れるといわれる．

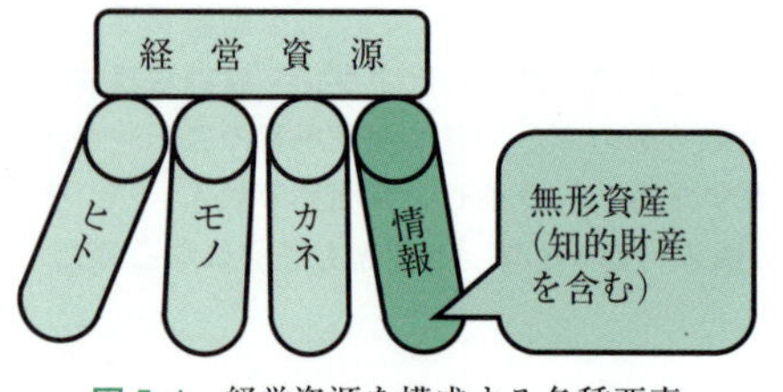

図5-1　経営資源を構成する各種要素

b. 無形資産・知的財産とは

企業が保有する経営資源の一つである情報は，無形の資源としてその重要性がますます増している．

人々の社会生活や企業活動のなかで，情報のもつ意義が高まった背景には，知識社会化への進展がある．知識情報社会では，土地や建物に代表されるモノをいかに多くもっているかではなく，それらをどのように有効に活用するかという知恵が重要となる．その知恵の背景となるのが情報であり，無形資産である．

かつて携帯電話をもつことが新規とされた時代から，スマートフォンを通してどのようなライフスタイルを提供できるかという問題が，より重要な課題となってきた．こうした時代においては，新しい創造に繋がる知恵と，それを裏付ける情報が最も重要な経営資源となる．

無形資産とは，経営者や従業員の能力，顧客からの愛顧，取引先から寄せられる信頼，技術・市場開発力，さらに知的財産などを含む，目に見えない資産の全体を意味する．

そのなかで，知的財産とは特許権，意匠権，商標権などの知的財産権をはじめ，企業などの有する有名な標章など（条文上は「表示」とされている），営業上有用な秘密情報（「営業秘密」），その他事業活動に有用な技術上又は営業上の情報を意味する（知的財産基本法第2条）．知的財産は，法令によって権利が付与された知的財産権と，そのほかの知的財産からなる．そして，知的財産はその多くが，何らかの形で法律によって他人が無断で利用することなどから保護されている．

c. 会計制度上の無形資産

ところで，企業がどの程度の無形の経営資源を有しているかという，数量的な確認はどのようにしてできるのだろうか．その質的な内容の確認はできないものの，量的な規模は企業の財務諸表のなかで確認でき

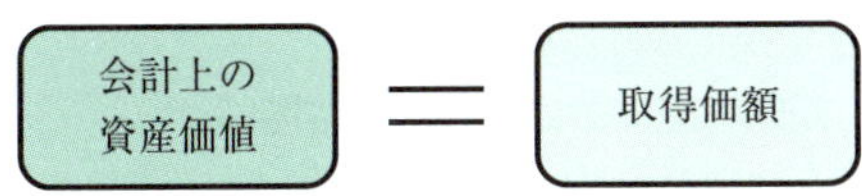

図 5-2 会計上の資産価値の評価基準

る．企業の財務諸表のなかでは，経営資源は「資産」という厳密な会計用語として表現される．

会計上の「資産」については，さまざまに定義がなされているが，日本の企業会計基準委員会の定義によると「過去の取引または事象の結果として，報告主体が支配している経済的資源」(企業会計基準委員会：2006，p.15) とされる．また，国際会計基準書によれば「過去の事象の結果として特定の企業により支配され，かつ，将来の経済的便益が当該企業に流入することが期待される資源」(国際財務報告基準：IFRS 49 (A)) とされている．つまり，企業が過去の取引を通して保有することとなり，将来において企業に利益をもたらすと期待される財産ということができよう．図 5-2 は，会計上の資産の価値が過去の取引の結果である取得価額によって評価されるということを典型的に示している．

資産の具体的例としては，現金や預金，売掛金や受取手形，貸付金などの金銭債権など，商品・製品などの棚卸資産，建物や機械などの有形固定資産，特許権や意匠権などの無形固定資産等が挙げられる．

しかし，会計上の定義で共通するのは，日本の基準でも，国際基準でも，いずれも「過去」の取引や事象から把握されるということである．過去の取引で認識できる資産の価値は，資産を取得したときの支払額，つまり「取得価額」で評価されることになる．

表 5-1 は，キヤノン株式会社の 2014 年度決算期末の貸借対照表である．右側の「負債及び純資産の部」には企業がどのような手段で資金を集めてきたかが示されている．企業の外部から借り入れなどの負債によって 8680 億円が，また株式投資や利益の内部留保など (純資産) によって 1 兆 4470 億円が集められ，2014 年度末時点の合計で 2 兆 3160 億円の資金が集められた．そして，左側の「資産の部」には集められた資金をどのような資産に投資しているかが示されている．

資産合計は，右側の「負債及び純資産の部」の合計額と同額となっており，左右で金額はつり合っている．

資産のうち，「現金及び預金」，「受取手形・売掛金」(製品などを販売したものの，まだ代金を受け取っていないが，近い将来受け取れる予定の債権)，「投資等合計」が，先の経営資源のうちのほぼ「カネ」に相当

表 5-1 キヤノンの貸借対照表（単体ベース）

(資産の部)(百万円)		(負債及び純資産の部)(百万円)	
	2014 年期		2014 年期
現金及び預金	34,362	支払手形・買掛金	291,693
受取手形・売掛金	596,293	短期借入金	365,441
製品等	151,275	その他流動負債	147,898
その他流動資産	242,581	流動負債合計	805,032
流動資産合計	1,024,511	固定負債合計	39,736
建物・設備等	474,858	負債合計	868,358
土地等	191,730	資本金	174,762
有形固定資産合計	666,588	資本剰余金	306,288
無形固定資産合計	31,152 (1.3%)	利益剰余金	1,969,036
投資等合計	593,429	その他	△1,002,764
固定資産合計	1,291,169	純資産合計	1,447,322
資産合計	2,315,680	合計	2,315,680

する資産といえよう．また，「製品等」，「有形固定資産」が「モノ」としての経営資源に相当する．

それでは，最も重要な経営資源である「無形資産」はどのように表示されているのであろうか．貸借対照表の中で確認できるのは，唯一，312 億円の額で表示された「無形固定資産」である．その金額の全資産に占める割合は 1.3%に過ぎない．

本当に，これが最も重要な経営資源としての無形資産の価値なのであろうか．ここに知的財産の価値が含まれるとすると，その額はもっと小さくなる．これは，この企業特有のことではなく，上場している大手企業 100 社の 2014 年度の平均をとってみても，無形固定資産のウエイトは 0.8%にしかならないのが実情である．

そのように低い金額で評価された原因は，先に示した資産の価値が取得価額によって決められるという会計上のルールにある．会社の計算に関する事項を定めた法務省令である会社計算規則の第 5 条には，「資産については，(中略) 会計帳簿にその取得価額を付さなければならない．」と定められており，その資産の

将来の収益力を見越した金額で表示することが許されていない．

そのため，無形資産が企業の外部から購入されない限り，資産として金額が計上されることがほとんどないといってよい．無形資産が外部から購入される典型的なケースとしては，M & A（他企業との合併（merger），他企業を買収（acquisition））が挙げられる．しかし，企業が自社内で行う研究開発活動を通して生み出した技術，従業員の日頃のユーザーサービスへの努力として結実した客からの愛顧の気持ちなどといった無形資産が，貸借対照表上の資産として金額計上されることはない．特に，研究開発費については，会計ルールによって，研究開発費を支出したその年度の費用として，企業の外部に流出させることとなっており，研究開発費が蓄積されて資産に計上されることもない．

その意味で，貸借対照表に示される資産は，必ずしもそれが実際の収益獲得に貢献する力を体現した金額で表示されるようになっていない．その資産本来の経営上の意義を考慮すると，無形資産や知的財産の金額はもっと大きくなるはずである．

d. 費用面からみた知的財産の位置づけ

知的財産はその多くが法律によって保護され，その保有者に排他的な権利をもたらすことで他社に対して優位な地位を確保させてくれる．その意味で，無形資産のなかでも経営的に重要な意義をもった資産といえる．

ところで，日本の企業の研究開発比率は，総務省統計によれば2013年度で3.33%（金融・保険を除く），製造業に限ればこれが4.15%となる．日本企業が知的財産マネジメントに投入している費用は，2000年に報告された知的財産研究所の調査によれば，対研究開発費の比率で4.7%，対売上高比で0.27%となっている．

つまり，研究開発費が売上高に対して4%程度の規模であるのに対し，知的財産費用は研究開発費のおおむね20分の1程度の規模に止まることが示されている．これが，日本における知的財産，特に特許権をはじめとした技術的な知的財産の，経営に占める位置付けといえる．その意味では，支出金額からみた知的財産のウエイトはさして大きくないようにもみえる．

研究開発活動は，発明をはじめさまざまな技術的な資産を生み出す活動であり，その規模は知的財産マネジメントに要する費用よりも多いが，この差異は想定以上に大きくみえる．

e. 知的財産の経営的意義

（i） 知的財産における特許の位置づけ

ただ，知的財産の実態的な経営上の意義はどうであろうか．以下では，特許権に焦点を絞ってその経営的な意義を確認してみよう．

というのも，特許権は企業の知的財産マネジメントにおいて，圧倒的に重要な位置付けをなしている．例えば，特許庁が毎年実施している「知的財産活動調査」の2014年度調査結果によると，特許，実用新案，意匠，商標という産業財産権の管理に投入する費用のうち，大半の69%が出願や権利の維持管理など，出願系に要する費用であった．ちなみに，知的財産部員の人件費などが22%で次に大きなウエイトを占めている．さらに，出願系の費用の内訳を権利の種類別にみると，特許が93%，商標が5%，意匠が1.7%，そして実用新案は0.1%と，そのほとんどは特許権の管理に費やされている．

（ii） 排他権としての意義

特許権は，一義的には企業などに排他的な権利をもたらすことで，他社が技術にアクセスすることを制限し，その結果，企業は市場での優位な地位を確保できる．それによって，企業に超過収益をもたらすことが期待される．その点は，意匠権，商標権，さらにはそのほか多くの知的財産についても同様であるといえよう．

特許の排他権がもたらす効果が期待される典型的な例としては，製薬メーカーの事例が挙げられる．製薬メーカーでは多額の研究開発投資を行い，新薬の開発を行っている．ヒット商品となる新薬の開発には長い年月と多額の研究開発投資を要する．しかし，一度，新薬が開発されれば，その薬効成分は特許権として確保され，その特許権などが満了するまで，新薬は企業に独占的な収益をもたらし，投資の回収を埋めて余りある効果を生み出す（図5-3）．

例えば，武田薬品工業の2010年の連結売上高は1兆4200億円であったが，そのうちアクトスという糖

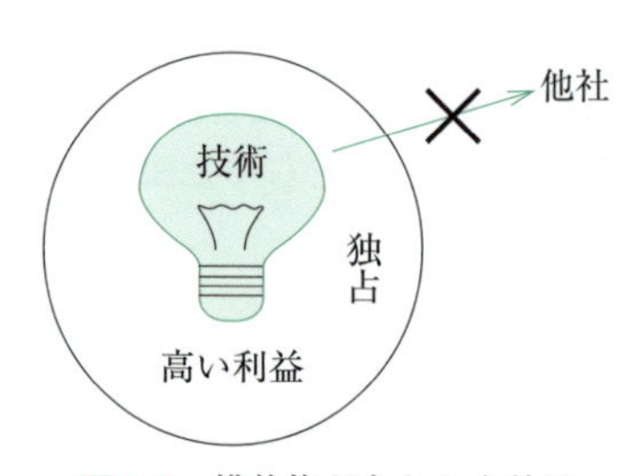

図5-3　排他権がもたらす効果

尿病治療薬だけで3900億円，ブロプレスという高血圧症治療薬だけで2200億円の売上高を挙げ，この二つの新薬の売上だけで同社の売り上げ全体の43%を占めている．このことからも，医薬品業界にとって，特許権で保護された新薬の経営的意義はきわめて大きいことが確認される．

また，青色発光ダイオード（LED）を1993年に世界ではじめて市場化した日亜化学工業は，自社の特許技術を10年近くまったく他社に使用させず，優れた製品を市場に提供し続けた．同社は，もともとは蛍光素材メーカーとして存続してきたが，同社の1993年当時の167億円という売上高のほとんどは，この蛍光素材の製造販売で占められていた．それが，1999年には蛍光素材と青色LEDの売上高が約240億円と拮抗するまでになり，2002年時点においては青色LEDが全体の8割近くの売上高を占めるまでになった．また，同年の同社の青色LED事業の利益率は49%を越えるまでになっていた．これも，特許権やあるいは技術ノウハウといった知的財産を有効に活用できたための効果であったといえよう（図5-4）．

その意味で，知的財産権のもたらす排他的効果は，企業の存立にとって非常に大きな意味をもつといえる．

ただ，こうした効果は医薬品や一部の化学品の分野では明確に確認できるものの，そのほかの業界では必ずしも排他権によって高い収益が確保できるとはいい難い．特に，電機メーカーや自動車メーカーなどのように，一つの製品に多くの特許技術を用いる業界に属する企業では，そうした状況にある．これは，こうした業界では単独一社ですべての特許権を独占することは実際上困難であり，市場独占によって得られる利益を享受できるケースはあまり多くはないためである．

ちなみに，日本の電機大手企業5社と自動車大手5社が保有する特許権の数を，独立行政法人工業所有権情報・研修館の提供する「J-PlatPat」データベースで確認すると，それぞれ5社の平均件数は，電機産業が64,000件，自動車産業が28,000件である．つまり，5社合計ではこの5倍の特許権が存在することになる．これだけ多くの特許権が存在するなかで，一つの製品に関わる特許権を1社だけが単独で独占するという状況は，通常は考えにくい．

(iii)　ライセンス収益の効果

ただ，特許権の意義はそれだけに留まるものではない．権利を確保し，その技術を他社が使用（正式には**実施**という）することを認めること（**ライセンス**）で実施料（**ロイヤルティ**）収益を獲得することができる．いわば，特許技術などを他社に貸与することで得られる収益である（図5-5）．

携帯電話などの移動体通信に関する通信技術や半導体の設計・開発を行い，多数の特許を保有して多くの企業にライセンスを行っている米国クアルコム社は，2014年度に78.6億ドル（約8600億円），総売上高の約30%をロイヤルティ収益であげている．おそらく世界最大規模のロイヤルティ収益をあげる企業といってよいだろう．

ロイヤルティは，自社の資産を他社に貸与するだけで得られるものであるため，その収益を得るために原材料費や運送費などといったコストを必要としない．そのため，そのほとんどが利益に直結する収益で，企業にとっては高い利益率が確保される．クアルコム社の場合，2014年度の最終純利益率は30%にも上り，この高い利益率は，こうしたロイヤルティ収益が大きく貢献しているものと考えられる．

個別企業のロイヤルティ収益が公表されることはあまりないが，日本の大手電機メーカーなども数百億円規模のロイヤルティ収入を得ていると報じられている．ただ，日本企業が海外から受け取るロイヤルティ収益の大半は，海外関連子会社などからのものであり，他の競合企業などからのものに限れば，さほど大きな額にはならず，その点はクアルコム社の場合とは異なるといえよう．

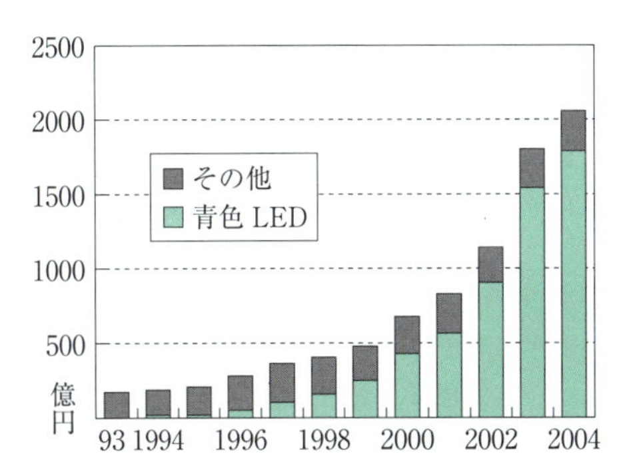

図5-4　日亜化学工業におけるLED事業の推移

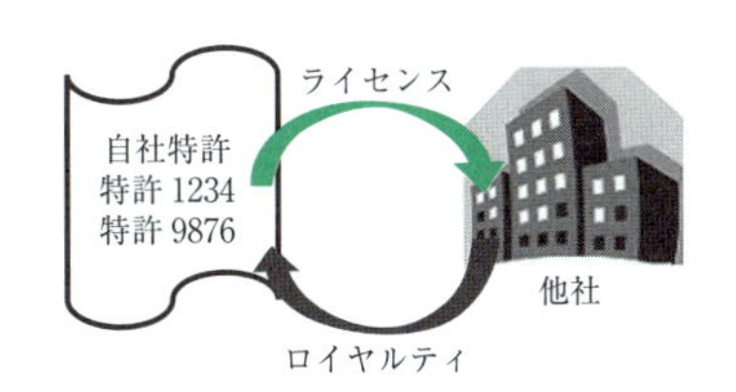

図5-5　特許権のロイヤルティ収益効果

(iv) 他社技術の活用

自社が，他社から特許技術を導入する際には，相手企業からまずは許可（許諾）を得ることが必要となり，そのうえでロイヤルティを支払うことになる．そもそも，相手企業が競合企業である場合，その相手企業から特許技術の実施許諾を得ることは，通常は容易ではない．競合企業であれば，自分の競争相手に有用な経営資源を提供することを拒むものである．反面，競合他社が使いたい技術を，自社が開発しているケースもありうる．

そしてときには，他社が自社の特許技術を無断で実施している場合がある．こうしたケースは，先の電機産業や自動車産業のように，一つの製品に多くの特許技術が用いられている業界では往々にみられる．

その場合，一義的には無断実施に対して特許侵害として相手に警告し，他社の実施を食い止める方法が考えられる．しかし，別の道としては自社が実施したい相手企業の技術について，相手企業から実施の許諾を受けることを条件に，他社にも自社の特許技術を使わせるという，交換条件を提示することができる．そうすることで，競合企業のもっている優れた技術を，自社でも実施できる道を拓くことが可能となる．

こうして，互いに相互の技術を実施しあう契約を締結する．こうした契約はクロスライセンス契約といわれ，多くの業界で締結されている（図 5-6）．

クロスライセンスによれば，他社にも自社の特許技術を実施許諾する代わりに，相手企業の特許技術に対するロイヤルティ支払いが免れ，互いにロイヤルティ支払いの負担をなくすることができる．場合によっては，相互の特許技術の質や量によって，一部，その差異に相当する部分のロイヤルティが支払われることもあるが，ロイヤルティ支払いのコスト負担を軽減することができる．そして何よりも，本来，実施許諾を受けることが困難と考えられた技術についても，自社で実施する道が拓かれる．先に述べた電機メーカーや自動車メーカーなどの業界では，少なからず互いに他社の特許技術を使用しないと製品の製造や販売がスムースに進まない場合が多い．こうしたとき，クロスライセンス契約の締結は，合理的な経営手段なる．

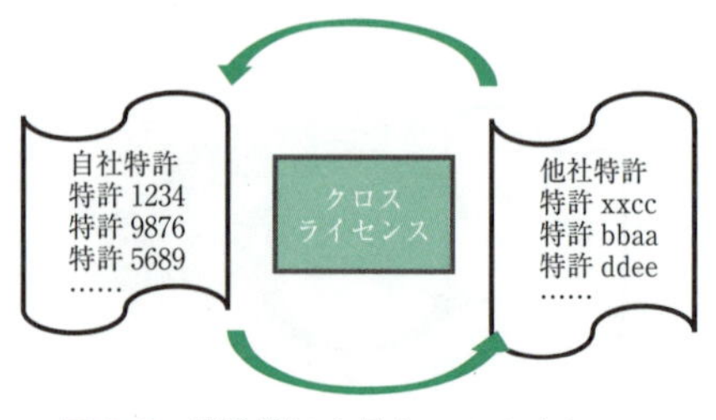

図 5-6　特許権によるクロスライセンス

(v) リスクマネジメントとしての機能

さらに，特許権は，企業が有するリスクを事前に把握して，その対策を講じるための，リスクマネジメントのツールとしても機能する．企業は，常に，他社の特許権を侵害していないか，事業を開始する前から調査確認し，特許侵害のリスクを回避するよう対応をしている．それでも調査には漏れがあり，時折，特許侵害事件が発生する．そのとき，もし自社が数多くの特許権をもっていれば，侵害を提起してきた相手企業も，自社の特許権を侵害している可能性が大きくなる．日頃から特許権の確保に努めていれば，こうした事態に特許権が強い効果を発揮することがある．

相手企業も自社の特許権を侵害していれば，一方的に攻められることなく，互いに対等な交渉にもち込むことができ，結果としてクロスライセンスへの道が確保される．

また，自社が先に特許権を確保することで，他社の権利化が排除され，自社事業が阻害されることなく安定的な事業の遂行に寄与する可能性もある．こうした特許権の効果には，安全な自社事業の遂行を保証する，重要なリスクマネジメントとしての意義がある．

後のコラム 7 で紹介する，グーグル社が多額の資金を投じて行ったモトローラモビリティ社の特許権の買収には，こうしたリスクマネジメントの機能を特許権に期待したものと考えることができる．

(vi) その他の意義

以上で示した知的財産のもつ意義のほかに，優れた特許権や技術ノウハウなどを有していることは，取引先，顧客，金融機関，従業員等，企業を取り巻く利害関係者にとって，企業への信頼性や企業イメージを高めてくれる．それにより，事業活動の幅を拡大させてくれる誘因となる可能性もある．従業員のモチベーションの向上にも繋がる．

企業の信用力を体現するシンボルマークとしてのブランドは，それによって製品やサービスの質の高さを，また企業自体の健全性を顧客に示す力にもなる．

f. 知的財産の経営資源としての意義

このようにみてくると，特許権をはじめとした知的財産には，さまざまな形で経営資源としての重要な意義が存在することが確認される．そして，それは企業の収益向上のための資源としての位置付けに止まらず，企業がリスクに対処しながら安定的にその事業を遂行していくうえで必要不可欠な資源であるともいえよう．

しかし，その現実の意義を適切に示す資料はこれまでもほとんど存在してこなかった．その意味で，知的財産や無形資産は，会計上，「見えざる資産」とよばれる．

目に見えない資産ではあるものの，企業経営の中枢をなしている経営資源としての無形資産や知的財産を，目に見えやすくするためにさまざまな取り組みが，日本だけでなく，世界の各国で進められてきた．

例えば，ヨーロッパではスウェーデンの保険会社スカンディア社が，1994 年に知的資産報告書を作成し，知的資産の構造を明らかにしようとした．デンマークでも，1998 年に政府主導のもとで知的資産経営報告書のガイドライン策定がなされた．そのほか，ヨーロッパ 6ヵ国の 9 大学・研究機関が参加して 2001 年までの間，主に知的資産の中身の解明に力点をおいた「MERITUM」というプロジェクトが展開された．

また日本でも，知的財産推進計画 2003 において，知的財産に関する情報開示の必要性が謳われ，特許・技術情報を中心とした知的財産開示指針の策定が企図された．こうした動きに合わせ，企業サイドからも自発的に自社の特許など，知的財産情報を開示した知的財産報告書が策定された．また現在も，経済産業省が中小企業経営の高度化を目指し，自社の知的資産を明確に意識し，その有効活用を企図し，経営方針や目標管理のなかに具体的に組み込み，その内容を報告書としてまとめ，取引先や従業員と経営者とのコミニュケーション・ツールとして活用するよう提唱している．

こうした取り組みでは，知的財産を中心とした無形資産の意義を，自社内はもとより，今日，知的財産を企業経営のなかで最も重要な経営資源の一つとして位置付けているに違いない．

こうした重要な経営資源の意義を企業内部で全社的に明確に認識するとともに，その確保に努め，その有効な活用を進めていくことが強く求められる．今日，「知的財産戦略」という言葉が広く用いられているが，こうした活動こそ，知的財産戦略の本来の意味を示すものと考えられる．

5.1.2　知的財産の自己活用

前項で述べたように，知的財産は重要な経営資源である．しかし，重要な経営資源，すなわち，企業にとっての重要な資産・財産である知的財産は，単にそれを生み出したり，保持したりしているだけでは意味がない．知的財産はそれを企業活動のために使ってこそ意味がある．

知的財産の企業活動のための使用は，しばしば「知的財産の活用」とよばれる．知的財産の活用は，自社の知的財産を自分自身で使う「自己活用」と，使用料（ロイヤルティ）や相手会社特許の使用権の取得（クロスライセンス）などと交換に自社特許の他社への使用を許可する「ライセンス」とに大別される（図 5-7）．本項では，前者の「自己活用」について述べ，後者のライセンスについては次項の 5.1.3 項で述べる．

a. 知的財産の活用と知的財産権の活用

知的財産はしばしば知的財産権と同義で使われ，上記でも知的財産と知的財産権の語を区別しないで使用したが，厳密な意味では，知的な創造物それ自体としての**知的財産**と，それら知的な創造物を保護する法的権利としての**知的財産権**は異なる（図 5-8）．

企業活動で生み出された発明や技術ノウハウなどの知的な創造物は，新製品を生み出すことなどにより，それ自体が直接的に経済的価値を生み出す，経済的資産としての「知的財産」である．一方，発明や技術を保護する特許権は，特許権の保有者（特許権者）に当該発明の排他的使用権を認めるという法的権利，すなわち，特許権を侵害する者に対しては裁判所が侵害の差し止めや損害賠償の支払を命じるという法的な権利である．そのような法的権利も経済的な資産の一つといえるが，両者の内容，性格は異なり，その活用の方法も異なる．

(i) 知的財産それ自体の活用

企業では，技術的な発明や製造ノウハウ，ソフトウ

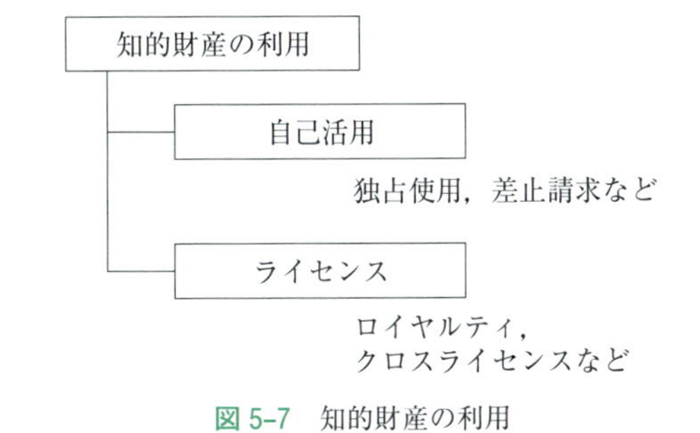

図 5-7　知的財産の利用

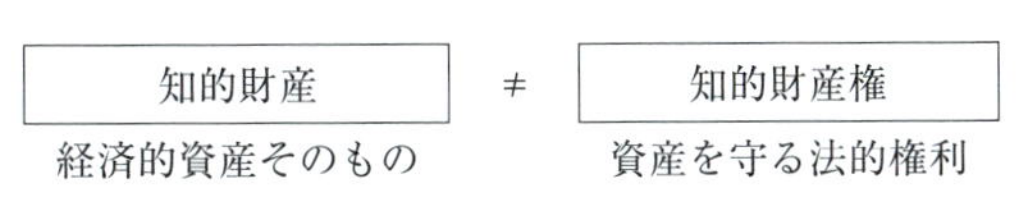

図 5-8　知的財産と知的財産権

ェア，製品のデザインやネーミング，新しいビジネスモデルなど，さまざまな知的な創造物が生み出される．企業はこれら生み出された知的な創造物の特長を製品に取り入れ，市場での製品の差別化を図ったり，製品の新しい製造方法に応用してコストダウンを図ったりする．これら知的な創造物それ自体としての知的財産の活用は，企業が市場において競争優位を獲得するために行っている事業活動そのものの一部といえる．

(ii) 法的権利としての知的財産権の活用

これに対して，法的権利としての知的財産権の活用は，自社が生み出した知的な創造物をもとに取得した（あるいは他社から取得した）特許権，著作権などの知的財産権を自社の競争優位のために活用する法的な活動を意味する．これも事業活動の一部であり，事業活動一般や事業戦略と連携しながら行う必要があるが，その活用の仕方は，通常の経済資産としての知的財産そのものの活用方法とは異なる．ちなみに「知的財産の活用」という表現が使われているときでも，「知的財産権の活用」の意味の場合が多く，以下では「知的財産権の活用」を中心に取り扱う．

b. 独占排他権としての知的財産権

特許権，著作権などの知的財産権は独占排他権である．すなわち，その権利の保有者以外がその権利で保護されている技術や表現を使用することを排除できる．したがって，知的財産（権）の自己活用では，知的財産権の独占排他権の行使がその中心となる．

例えば，特許法では，特許権を保有する人や企業（特許権者）が，① 特許で保護された物を生産したり，使用したり，売ったり，貸したり，輸出したり，輸入したりすること，また，② 特許で保護された方法を使用したり，③ 特許で保護された物の生産方法で生産された物を使用したり，売ったり，貸したり，輸出したり，輸入したりすること，などを，事業として行う権利を独占的にもつ，と規定している（特許法2条3項，同68条，図 5-9）．

また，著作権法では，創作的な表現の学術・芸術作品やコンピュータ・プログラムなど（「著作物」）を創り出した者（「著作者」）は，その著作物を複製したり，上演・演奏したり，上映したり，放送したり，ネットにアップしたり，口述したり，展示したり，配布したり，譲渡したり，貸与したり，翻訳・編曲・変形したり，脚色・映画化したり，などの権利を独占的にもつと規定する（著作権法2条，同10条，同21～27条，図 5-10）．

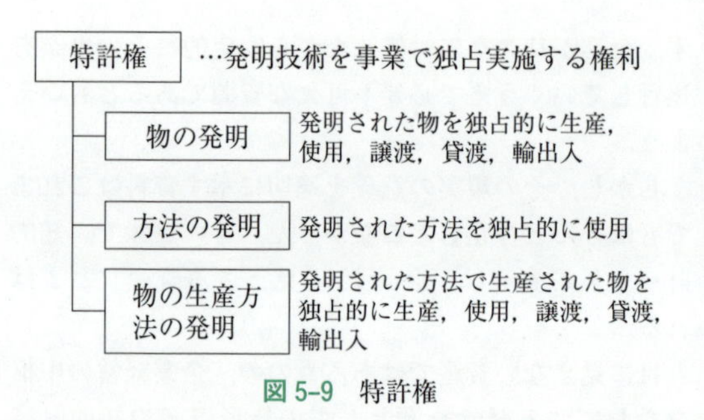

図 5-9　特許権

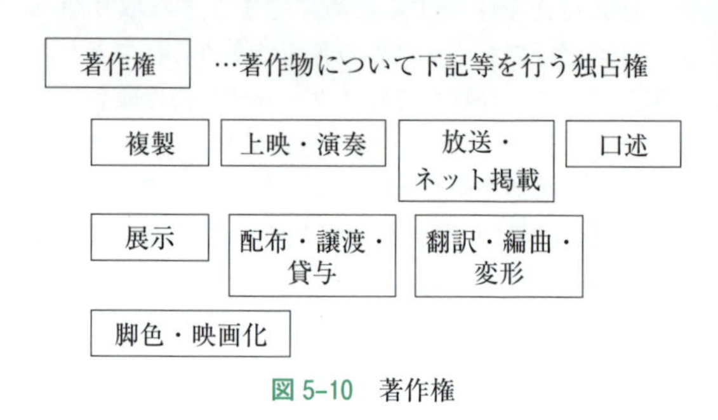

図 5-10　著作権

知的財産（権）の自己活用では，これらの独占排他権を上手く活用して，いかに自社の知的財産の独占使用を確保するかということが重要になる．

c. 独占排他権の意味

ある企業が機械や土地といった有体物（物理的に存在している形のある物）を所有していたとしよう．その企業はこれらの財産を所有しているので，所有権という法的な権利に基づき，当然これらの財産を独占的に使用することができるし，万一他人が機械を盗んだり土地に勝手に入り込んだりして所有権を侵害した場合には，裁判所に，所有物の返還や独占使用に対する妨害の排除を請求することができる．

企業の所有している土地は，通常，フェンスや塀などで囲まれているはずであり，所有している機械は工場のしかるべきところに保管されているはずなので，フェンスを破ってその土地に不法侵入しようとする者や工場に押し入ってその機械を盗もうとする者でもいない限り，企業にとってそれらの財産の独占使用が妨げられることはまずない．別の言い方をすれば，有体物の財産の場合，土地をフェンスで囲むとか，機械を施錠された工場にしまっておくといった自分自身の行為・努力で，それらの財産の独占使用をかなりの程度で確保できるということになる．

一方，知的財産は，技術，表現といった無体物であり，基本的に，フェンスで囲ったり工場にしまったりして物理的に保護することはできない．自社が販売した製品に使われている新技術を競合会社がまねしたり，ネットに発表した広告宣伝文のフレーズを誰かがコピーしたりすることを，企業が自身の力で止めることはほとんど不可能である．このことは，特許権に基づき発明技術を独占実施する権利があったり，著作権に基づき複製，配布などの独占権があったりする場合でも同じであり，これらの権利が権利者の独占使用を自動的に確保してくれるものではない．知的財産権に基づく独占排他権とは，他人によって権利が侵害された場合に裁判所に対して侵害行為の差止や過去の侵害行為に対する損害賠償を請求する権利を意味する．したがって，特許権を取得したからといって，特許権をただもっているだけでその技術を独占できると考えるのは誤りである．特許技術の独占的な使用や他社の排除を確保するためには，取得した特許権を積極的に行使しなければならない．

d. ノウハウ化と特許化

上述のように，自己活用による知的財産のビジネスへの活かし方は，基本的に知財の独占実施になる．ある企業が自社の技術開発によって，今までの製品の性能を飛躍的に向上させるような新技術や，同じ製品の製造コストを飛躍的に低減させるような新技術を開発した場合，その技術を自社で独占しようとするのは自然なことである．市場において，新技術を採用した自社の製品は，それを採用していない他社の製品に対して，著しい競争優位性をもつことになる．

では，どのようにしたら，その新技術を独占できるであろうか．主に二つの方法がある．一つの方法は，その新技術を秘密にして他社に教えないようにすることである．このようなやり方を技術の**ノウハウ化**という．ノウハウという言葉は，一般に，専門的な技術や知識，仕事のやり方のような意味に使われるが，知的財産の世界では，一定の技術を完成させたりそれを実際に応用したりするのに必要な，秘密の技術的知識や経験を意味する．ノウハウ化による知的財産の独占の例としては，コカ・コーラの原料配合レシピが有名である．コカ・コーラの場合，1886年のコカ・コーラの誕生から100年以上の期間を経た現在まで，一貫してその原料配合レシピは秘密に保持され，そのため，競合会社はコカ・コーラと同じ味を実現できないといわれている．コカ・コーラ社は基本ノウハウの秘密を長期間維持し続けることによって市場での競争優位を実現したのである．

もう一つのやり方は，その新技術について特許をとるという方法である．特許を出願するとその新技術は18ヵ月後に公開される．公開の代償として特許になれば一定期間（出願から20年間）国から独占排他権が与えられるのだが，新技術をあえて公開するという，ノウハウ化とは180度逆の方向のやり方である．新技術を独占使用したいのに，なぜ，自身が開発した新技術をわざわざ公開するのだろうか．もちろん，コカ・コーラ社のように新技術を長期にわたって秘匿できれば，それに越したことはない．しかし，秘密を長期にわたって維持することは必ずしも簡単なことではない．特に家電製品に施された機械的な工夫など，販売された製品をみればすぐ判ってしまう技術もある．また，現代のリバース・エンジニアリング（製品解析）技術を使えば製品に使われている技術を相当程度に知ることができる．さらに，新技術をノウハウとして秘密にしている間に，他社が同じ技術を開発してその会社に先に特許をとられてしまった場合，自社が先に開発したものであっても，その技術を自由に使うことができなくなってしまう．このような理由で，新技術を開発した場合には特許を出願する企業が多い．

ノウハウ化と特許化にはそれぞれ長短がある．上述したようにノウハウにはまず技術を秘匿でき，保護期間も特許のように出願から20年といった制限がないといった長所がある．また特許のように面倒な手続きや出願のためのコストも発生しない．一方，他社が同じ技術を後に独立に開発した場合にはこれを排除できず，また上述のように他社が先に特許をとってしまうリスクがある．特許を出しておけば，この問題は解決するが，その裏返しとして，保護期間は出願から20年に限定されるし，ある意味他社に新技術の内容を教えてしまう結果となる．もちろん，特許を侵害する相手に対しては裁判所に差止の請求をすることができるが，差止を得るためには相手が自社の特許を侵害していることを立証しなければならない．製造方法の特許など相手が本当に自社の特許を侵害しているか立証が困難な場合があり，侵害の疑いのある相手でも特許で差止できない場合もある．さらに特許の場合，出願しても特許権として認められる保証がない．また，特許権は国ごとの権利なので，日本で特許として認められた技術であっても，例えば，中国での侵害行為を差し止めるためには，中国でも特許を出願し，特許権として認められなければならない．したがって，自社の開発した技術の内容や，技術が使われる製品が家庭用の製品なのか産業用の製品かなどを考え，ノウハウ化を図るのか特許として出願するのかを決定する必要がある．また，一つの製品には複数の技術が使われていることも多い．その場合，外部から判りにくい製造プロセスの技術はノウハウ化して秘匿し，リバース・エンジニアリングで解析されやすい製品の構造などに関する技術は特許化するといったノウハウと特許の組合せも考慮すべきである．

e. 独占使用による知的財産の活用の例

(ⅰ) 製薬業における新薬開発

特許技術の独占使用の典型的な例は新薬である．新薬の開発には長期間の研究開発と莫大な費用がかかる．しかも，長期間の研究開発と多額の研究開発費を使って研究をしたからといって，必ず新薬の発見に繋がるという保証もない．日本製薬工業協会のホームページ（2016年3月時点）によると，薬の候補として研究を始めた化合物が新薬として世に出る成功確率は1/30,591とされる．したがって，新薬の開発が成功したあかつきには，その結果取得した特許はその新薬を発明した製薬会社が独占使用し，そこから得られる利益を独占するのが通常である．逆にいえば，新薬の開発に成功した際には，特許の独占使用というかたちで特許期間中は新薬から得られる利益を独占できることが約束されているからこそ，各製薬会社は，何年もの期間と多額の費用をかけて，成功する保証もない新薬開発の研究に挑戦するのである．その結果，多くの新しい薬が世の中に生まれ，今まで治療できなかった病気が治療できるようになるなど，社会全体も利益を受けることになる．

一方，特許期間が満了した後はそのような独占はできなくなる．2010年ごろ，「ブロックバスター」とよばれる，製薬各社において1新薬で年間1000億円以上の売上があるような大型の新薬の特許期間がつぎつぎ切れ，「2010年問題」といわれて話題となった．新薬の特許が切れた後はほかの製薬メーカーも同じ化合物の薬を作れることになる．このような特許切れの医薬品を「ジェネリック医薬品（後発医薬品）」という．製薬会社のなかには，リスクの大きい新薬の開発を行わず，ジェネリック医薬品の製造販売に特化する会社もあり，これらの製薬会社は後発医薬品メーカーとよばれている．

(ⅱ) 大型ソフトウェア

新薬の開発と同様，コンピュータのソフトウェア，特にオペレーティング・システム（OS）のような大型のソフトウェアの開発には，莫大な費用と多くの労力が必要になる．一方で，その結果できあがったソフトウェアを他人がコピーすることは比較的簡単である．そこで，マイクロソフト社のWindowsに代表されるような従来型のソフトウェア開発のビジネスモデルでは，開発を行ったソフトウェア会社が，著作権の排他独占権に基づき，これらのソフトウェアをユーザーに独占的に販売（実施許諾）することによって，かかった費用の回収を行う．このようなビジネスモデルも知的財産の独占使用の一つの典型例である．

また，近年，グーグル社の検索サイトのように，莫大な費用と多くの労力をかけて作成した大型のソフトウェアの利用を無償でユーザーに提供するビジネスモデルが生まれてきた．このビジネスモデルでは，ユーザーから直接ソフトウェアの使用料を徴収するのではなく，無償の検索サイトを利用するユーザーに対する広告収入で開発費を回収する．新しいオープンなビジネスモデルだが，グーグルは開発したソフトウェアを検索事業で独占使用しているので，このようなケースもある意味，知的財産の独占使用の一つの例ともいえる．

(ⅲ) プリンターインクなどの消耗部品

現在家庭用に販売されている複合機型のプリンターは単にパソコンからの印刷ができるだけでなく，コピーができたり，スキャナーとして使えたり，写真の印刷ができたりなど，多くの機能が盛り込まれており，また，印刷の品質も高精度のものとなっている．しかし，その販売価格はその機能や性能の高さに比して低めに抑えられている．これはプリンターメーカーが家庭用のプリンターの普及を図るためにプリンターの販売価格は低めに設定しているからである．そして高機能，高性能のプリンター本体の開発費は消耗品であるプリンターインクなどの販売によって回収するビジネスモデルをとっている．

しかし，サードパーティ・サプライヤーとよばれるメーカーがプリンターインクだけを低額で提供してしまうと，このビジネスモデルが成り立たなくなってしまう．そのため，プリンターメーカーは消耗品であるプリンターインク等を知的財産権で守り，プリンターメーカーだけが純正の消耗品を独占供給できるように工夫している．

(ⅳ) パソコンのMPUチップ

パソコンを製造販売している会社は世界中に多数あるが，それらのパソコンのなかで頭脳の役割をしているMPU（Micro Processing Unit：超小型演算処理装置）といわれる半導体チップは，ほとんどが米国のインテル社製である．インテル社はもともと半導体メモリーの老舗企業だったが，1980 年代の中頃に日本企業との競争でその市場を奪われて以降，MPU チップのビジネスに経営資源を集中することにした．その際，半導体メモリーでの失敗の反省から，自社の MPU チップを知的財産権で徹底的に守り，他社にその知的財産権を使わせない方針をとることにし，競合会社に市場を奪われない独占供給体制を確立した．その結果，世界最大の半導体メーカーにまで成長し，1990 年代の中頃から現在にいたるまで 20 年以上の期間にわたって世界 No. 1 の半導体メーカーの地位を維持している．

f. 独占使用に必要な知的財産権の規模

知的財産（権）の自己活用では，知的財産権の独占排他権の行使がその中心となることを述べた．それでは，どの程度の規模の知的財産権があれば，技術の独占使用が可能になるだろうか．これは産業・製品ごとに異なる．それが産業ごとに異なる理由は，産業・製品ごとに一つの製品に使われている特許の数，すなわち，製品ごとの特許の密度が違うからである．

例えば，医薬品の場合，ごく少数の特許でその薬に関する市場を独占できる．なぜならば，医薬品の場合，その医薬品に使用される化学物質そのものを物質特許によって押さえることが可能であるからであり，この物質特許を有する企業が基本的にその医薬品の市場を独占することになる．

一方，半導体や家電品のようなエレクトロニクス製品の場合には，一つの製品に使われる特許の数が非常に多く，最近のスマートフォン 1 台に使われている特許の数は 10 万件を越えるともいわれている．エレクトロニクス製品のようなシステム製品の場合，多くの部品やモジュールから構成されており，製品内部の部品同士や自社製品と他社製品との間で相互に動作しあえること（インターオペラビリティ：相互運用性）が重要である．そのため，業界標準が作られ，多くの企業が製品を分担あるいは競合開発している．

そのため一つの製品に使用される特許の数が飛躍的に多くなって，どの企業も他社の特許を使用しなければその製品を作れない「特許の薮」といわれる状況が発生している．したがって，エレクトロニクス製品分野の場合，ある技術を 1 社で独占使用することは，かなり困難となっている．

g. 独占以外の知的財産権の自己活用

いままで，技術の独占使用を中心に知的財産権の自己活用について述べてきたが，技術の独占使用以外にも知的財産権は自己活用される．

(i) 技術力アピール

製品の裏面などにその製品で使用されている特許番号が表示されている（特許表示）のをみたことがある人は多いであろう．もちろん，このような特許表示は，競合会社に対してその製品の技術が特許権で保護されていることを示すために行われる．しかし，その主たる目的は，その製品の購入者に対して，その製品が特許をとれるような技術力に裏付けられているということをアピールするためであることも多い．特許の存在による技術力のアピールは，消費財の場合，このように製品に特許番号を表示したりするほか，カタログの中で特許番号を表記したり，コマーシャルで特許の存在を言及したりするかたちで行われる．一方，企業相手の産業財，生産財のビジネスの場合や，政府・地方公共団体が行う公共施設の入札案件などの場合には，入札書類の中や，見積書類の中に自社が保有する特許の一覧を含めるなどのかたちで行われることが多い．

(ii) 知的財産を担保とした融資

企業が銀行などから融資を受ける際に担保の提供を要求されることがある．その場合，企業が保有する土地や建物などが担保となることが普通であるが，技術系ベンチャー企業などで，保有する技術，特許以外に大きな資産価値の財産がない場合，保有する特許を担保として融資を受けることがある．これも知的財産の自己活用の一つのかたちである．

5.1.3 技術のライセンス

前項では，自分の保有する知的財産を自身で利用する「知的財産の自己活用」について説明したが，本項では，もう一つの知的財産の活用法である「技術のライセンス」，すなわち，自分のもっている技術や特許を他人に使用させるかたちでの知的財産の活用法，について説明する．

技術のライセンス（技術ライセンス）という言葉は，純粋に特許だけをライセンスする契約という意味と，特許のライセンスに加えて技術そのもの，すなわち，ノウハウや技術情報も教える契約という意味の二つの意味で使われる．狭義の技術ライセンスは後者を意味するが，前者を含めて技術ライセンスということが多く，数としては，前者の特許ライセンスの方がより一般的である．したがって，本項では，特許ライセンスを中心に解説する.

a. ライセンスの法的意味

(i) 禁止の解除

そもそも「ライセンス」とはどういう意味だろうか.「ライセンス」(日本語では「許諾」)とは, 一般に「禁止の解除」を意味する. 例えば, 運転免許証は英語で Driver's License という. 原則禁止されている公道での自動車の運転を, 年齢や試験合格などの条件を満たした人に限り許可する, すなわち「禁止を解除」するので「ライセンス」という言葉が使用されている.

特許権や著作権などの知的財産権のライセンスも同じである. 特許権や著作権などは, それらの権利を保有している者 (権利者) に, これらの権利の実施を一定期間独占できる権利 (独占排他権) を付与する. 換言すれば, 権利者以外の者は, 権利者の独占期間中これらの権利を実施することを禁止されている訳である. ライセンスとは, 権利者以外一般に対し求められている実施の禁止を, 契約によって, 特定の人に対し一定期間一定の条件の下で, 解除することということができる.

(ii) 特許のライセンス

特許権を保有している者 (特許権者) は, 特許権者以外の者が特許を実施しているのを見つけた場合, その相手に対して実施の中止を求めたり, 裁判所に対しその差止を求めたりすることができる. このことを, 特許権の行使という. したがって, 特許のライセンスとは,「特許のライセンス」=「特許権に基づく実施禁止の解除」=「特許権不行使の約束」と整理することができ, 特許ライセンスの法的な本質は**禁止の解除**にある.

この点に関し, 米国では, 知的財産紛争を扱う高等裁判所 (連邦巡回区控訴裁判所) の判決などを通じて「a non-exclusive license is equivalent to covenant not to sue (非独占ライセンスは権利不行使の約束と同じである)」と明確にされていて, 実務でも同じように理解されている. 一方, 日本の実務では, 特許権者が積極的に特許権の実施を許諾する「特許ライセンス」と, 仮に特許を侵害していても排他権を行使しないことを約束する「特許不行使の約束」とを区別して考える慣行があり, 特許ライセンスを単なる特許不行使の約束以上のものとみる考え方がとられていることがある.

しかし, 米国と同様, 日本でも法的には両者に本質的な違いはない. 日本の特許法では, 非独占ライセンス (誰か一人の人ではなく同時に何人もの人に与えることができるライセンス) を**通常実施権**とよんでいるが, その通常実施権も法的な言葉でいえば, **不作為請求権** (他人に何かをしないように要求する権利) に過ぎない. 仮に, 通常実施権を許諾する契約に, ライセンシー (ライセンスを受ける人) の実施に協力する義務が含まれていても, このような義務は通常実施権から当然に派生するものではなく, 個別の契約で当事者がどのような付帯条項を合意したかの問題と考えるべきである.

(iii) 技術のライセンス

先に「狭義の技術ライセンス」とよんだライセンス契約では, 特許だけでなく, 著作権, 技術ノウハウなどさまざまなものが一つの契約のなかで総合的にライセンスされる. 技術ノウハウをライセンスするためには, ノウハウの所有者が契約相手にその内容を積極的に開示する必要があり, ときにはエンジニアを派遣して技術指導を行うようなことが含まれる. 一般には, このような契約全体を「ライセンス」契約と称しているが, その法的性格は, 権利不行使の約束としてのライセンス契約と, さまざまな付帯的なサービスの提供としての役務契約とが含まれている, 複合的な契約と理解すべきである.

b. ビジネス目的達成のためのライセンス

ライセンス契約は, 企業のビジネスという観点でみたとき, どのような意味をもつのだろうか. ある意味あたり前のことではあるが, 最も重要なことは, ライセンス契約はビジネス目的達成のためのツールだということである. ライセンス契約は, 企業の事業活動の一部として, さまざまな目的達成のために行われる. 例えば,

- 侵害警告を契機とする他社特許権などのライセンス導入
- 侵害訴訟の和解
- 自社特許権などのライセンスによる実施料収入の獲得
- 特許権などのクロスライセンスを通じた設計自由度の確保
- 他社技術の積極的導入によるオープンイノベーションの実現
- 海外子会社などへの技術移転
- プラント輸出に伴う技術供与

などである.

ある企業がこれらのライセンス契約を締結する際には，その背景として実現したいビジネス目的が必ずある．それは，後発企業として既存マーケットに進出したいので，先発企業との特許問題をクロスライセンス契約で解決しておきたいといったことかもしれない．あるいは，製品事業としての競争力のなくなった事業分野の特許を，他社に有償ライセンスして開発投資を少しでも回収したいといったことかもしれない．

いずれにせよ，ライセンス契約の交渉，締結にあたっては，その契約を通じて実現しようとするビジネス目的を十分理解し，目的達成のための交渉を行い，目的にかなった契約書を作成する必要がある．実務上ここが一番大切である．どんなに立派なライセンス契約を作っても企業が実現しようとするビジネス目的にかなうものでなければ意味がない．

c. ライセンス契約のタイプ

ライセンス契約の内容やスタイルにはさまざまなバリエーションがある．ビジネス目的にかなった契約を作成するためにも，どのようなライセンス契約があるのか，さまざまなライセンス契約をいくつかの観点で分類してみよう．

(i) 特許ライセンスと技術ライセンス

技術が関係するライセンスを，そのライセンス対象が何かという観点で大別すると，特許やその出願のみを対象とする純粋の「特許ライセンス」と，特許を含む「技術ライセンス契約」に分類される．前者には，当事者の一方のみがライセンスを許諾する一方的許諾の契約と，双方が許諾しあうクロスライセンス契約があるが，後者は，一方的許諾が普通である．ただし，後者でも，改良技術のグラントバック（許諾返し）を含む契約や共同開発契約などの場合には，双方が許諾しあうクロスライセンスのかたちをとることがある．

(ii) 独占と非独占

独占ライセンス（exclusive license）とは，対象の特許（技術）を単独のライセンシーに独占的にライセンスするものである．一般に特許権者であるライセンサー（ライセンスを与える人）自身による実施も禁止されると考えられているが，契約の中でライセンサー自身の実施を留保すれば，自身による実施も可能である．独占の範囲についても，独禁法などの強行法規（当事者の意思にかかわりなく適用される法律の規定）に違反しない範囲であれば，契約の私的自治の原則（契約の内容は当事者が自由に決められるべきという考え方）に従い，当事者間の合意で自由に決めることができる．例えば，特許権の範囲全体の独占とすることも，特許権の一部の独占として，特定の製品や特定の地域の独占とすることも可能である．

独占ライセンスも非独占ライセンスと同様，当事者間の合意のみで許諾することができる．このような当事者間の合意（債権的合意）のみに基づく独占ライセンスの場合，ライセンシーの独占権は，原則，契約をした当事者間だけで有効であって，第三者に対して主張することはできない．このような独占ライセンスを，以下に説明する専用実施権と対比して，**独占的通常実施権**とよぶことがある．例えば米国では，専用実施権のような独占ライセンスの登録制度がないので，当事者の合意に基づく独占ライセンスしかない．一方，日本では，上記の独占的通常実施権に加えて，**専用実施権**とよばれる独占ライセンスの制度があり，専用実施権の設定に関し特許法に定められた登録を特許庁に行った独占ライセンシー（専用実施権者）は，第三者に対しても独占権を主張できる．また，専用実施権者は，専用実施権の効力として，自己の名で特許侵害者に差止請求と損害賠償請求を行うことができ，侵害訴訟の原告となることができる．

これに対し，非独占ライセンス（non-exclusive license）とは，ライセンサーが，対象の特許（技術）を複数のライセンシーにライセンスすることができるものである．上記 a. で述べたように，非独占ライセンスは，ライセンサーからライセンシーへの特許不行使の約束にすぎない．したがって，通常実施権者（非独占ライセンシー）は，自己の名で特許侵害者に対して直接，差止請求や損害賠償請求を行ったり，侵害訴訟の原告となったりすることはできない．また，ライセンサーに対しても，当事者間で特約のない限り，ほかの特許侵害者に対して差止請求や損害賠償請求を行ったり侵害訴訟を提起したりするよう要求することはできない．

(iii) 有償ライセンスと無償ライセンス

ライセンス契約は有償のことも無償のこともある．有償契約とは，一方の当事者から他方の当事者に対して，受けた給付（ライセンス）の対価として金銭が支払われる契約である．対価の支払方法には，総支払金額が決まっている**固定金（lump-sum payment）**方式と，実施売上などにリンクして従量制で支払金額が変動する**ロイヤルティ（running royalty）**方式がある．固定金方式は，さらに，全額を一括で支払う一括支払と数回の支払に分けて支払う分割支払の二通りのやり方があり，ロイヤルティ方式も，ロイヤルティを売上金などの一定割合（例えば売上の5%）で徴収するやり方と，一台売ったらいくら支払うといった「ユニット・ロイヤルティ（unit royalty）」方式とがある．また，上記を組み合わせて，一部を固定金で支払い，残りをロイヤルティで払うといったやり方や，ロイヤルティ方式を基本としつつも，累積ロイヤルティが一定金額に達したらそれ以上を支払わなくてよいシーリング方式や，ロイヤルティが一定金額に達しなかった場合でも事前に合意された最低ロイヤルティ額を支払うミニマム・ロイヤルティ方式などさまざまな支払方式がある．

無償契約とは，受けた給付（ライセンス）の対価としての金銭の授受が行われない契約だが，これには，ソフトウェアのオープン・ソースのライセンス契約のように，文字通り無償でライセンスする契約と，当事者のそれぞれが本来は有償のライセンスを相手に許諾しあった結果，対価が相殺されて無償になったクロスライセンス契約とがある．単にクロスライセンスといった場合，無償のクロスライセンス契約を指す場合も多いが，クロスライセンス契約は必ずしも無償とは限らない．許諾しあったライセンスの価値に差がある場合，その差を一方の当事者から他方に**バランシング・ペイメント（balancing payment）**とよばれる対価を支払って調整する，有償のクロスライセンスも存在する．したがって，無償である場合には，それを明確にするために，無償クロスライセンスまたは無償クロスといったいい方をすることがある．

(iv)　個別ライセンスと包括ライセンス

特許権などをライセンスする場合，ライセンス対象となる権利を出願番号，登録番号などで特定して個別にライセンスするやり方と，権利の特定は行わず，ライセンスの対象となる技術分野やライセンス対象製品を特定して，これに関する権利すべてを包括的にライセンスするやり方との二通りのやり方がある．例えば，実施料収入の獲得のためのライセンス契約の場合では，個別方式と包括方式の双方ともがよく使われるが，設計自由度の確保を目的としたライセンス契約の場合，包括的なライセンスが一般的である．

(v)　期間限定方式と for the life 方式

ライセンスの期間に着目した場合，対象の特許などの存続期間にかかわらず，5年または10年といった契約期間を定め，その期間が終了するとライセンス許諾も終了する期間限定方式と，一応，同じく5年または10年といった期間を定めるものの，その期間をそのままライセンス期間にするのではなく，その期間内に出願または登録された特許権などをそれらの権利満了までライセンス許諾する方式とがある．前者については，特許の存続期間が残っていても期間が来るとライセンスが終了してしまうことからギロチン方式やクリフ（崖）方式とよばれることがある．後者については，許諾対象なる特許などを出願や登録の期間で定めることからキャプチャー・ピリオド（capture period）方式，許諾対象特許などが権利満了までライセンスされることからフォー・ザ・ライフ（for the life）方式，また，キャプチャー・ピリオドを契約期間とみた場合，ライセンスが契約期間終了を超えて生き残ることからサバイバル（survival）方式，などさまざまな名前でよばれる．

d. ライセンス契約交渉

ライセンス契約交渉は，大きく分けて，ライセンスの基本的なビジネス条件を交渉する基本条件交渉のフェーズと，合意した条件を文書としてまとめる契約書作成のフェーズの二つに分けることができる．

(i)　基本条件交渉

基本条件交渉では，契約当事者，許諾特許と許諾製品の範囲，実施許諾の内容，契約期間，そして対価といった，ライセンス契約の骨格を形成するような条件を交渉する．これらの項目について合意ができれば，契約のフレームワークはほぼ固まったといえる．条件交渉のやり方として，最初から詳細な契約書（フル・ドラフト）を用意して，すべての条件を一括して交渉するやり方と，先に主要な契約条件（基本条件）を交渉し，基本条件に合意した後に，契約書の文言と同時に詳細条件を交渉するという二段階のやり方がある．一長一短だが，二段階方式を好む場合が多いようだ．

条件交渉を成功させるためにはいくつかのポイントがある．まず，両当事者に交渉を成立させようという意志があることである．誰もが条件交渉を自分に有利に成立させようと思うのだが，当然相手も同じことを思っている．交渉は両者の合意によって成り立つものなので，常識的に考えて，10対0や9対1といった自分に有利な合意が成立するはずはない．自分のポジションを相当妥協しても，交渉を成立させるという覚悟，意志が必要である．

また，そのほかにも，いくつかの条件が整っている必要がある．例えば，両当事者のポジションが交渉の土俵に乗っていることが挙げられる．いくら当事者に

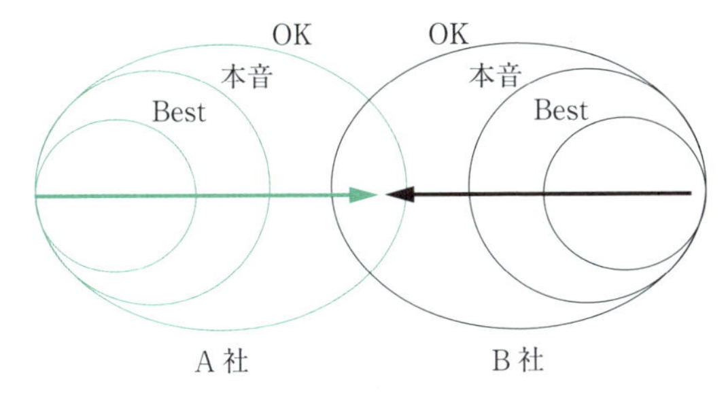

図 5-11　両社ポジションの輪：OK ポジションが交わる（合意）

まとめる意志があっても，片方が100億円といい，もう一方が1億円というような状況では，両者のポジションは同じ土俵に乗っているとはいえず，そもそも交渉の成立はきわめて困難である．条件の土俵に乗るためには，8億円と2億円のように同じ桁であることが，通常必要である．

土俵に乗った当事者は合意（交渉成立）に向けて最初のポジションから相手のポジションに近い方向へお互い譲歩して行くが，最後の条件として，両者の条件が最終的に交わる必要がある．通常，双方の当事者は，図 5-11 に示したように，ここで合意できれば大成功というベスト，できればここでまとめたいという落しどころの本音，不本意ながらここでまとまれば最悪 OK という OK の三つの条件の幅をもっている．実際の交渉では，ベストや本音の輪が交わることは滅多にない．したがって，OK の輪が交わるかどうかで交渉が成立するかどうかが決まるといえる．

(ii)　契約書作成

基本合意が成立すると，詳細条件の交渉と契約書の作成が行われる．通常，どちらかの当事者が，最終契約書の文言の草案を作成し，相手方がそれに修正提案をするというかたちで作業が進められていく．その際注意すべきことは，ある契約条項について当事者間の意見が対立したとき，意見の違いが契約内容の問題なのか，それとも，それを表現する文言の問題なのかを区別するということである．まず，文言の問題は横において，内容についての合意を目指し，内容が合意してから，両当事者が納得する文言を決めるというやり方をすると比較的スムーズに合意に至ることができる．すべての詳細条件と契約書文言について合意ができれば，契約書に調印して，晴れて契約成立となる．

e．ライセンス契約書の概要

以下では，特許ライセンス契約を例に，実際のライセンス契約書はどのような構成になっており，どのようなことが規定されているのか，また，主要な条項に関しては，契約書作成にあたってはどのようなことに注意をすべきか，などをみてみよう．

(i)　契約書の構成

必ずこのスタイルとは決まってはいないが，ライセンス契約書は，一般に，1）頭書部，2）リサイタル部，3）本体部，4）署名部，のような構成をとる．

1）頭書部では，契約当事者や契約日を特定する．続いて，2）リサイタル部で，契約の背景や動機を記載する．その次に，当事者の権利義務の内容を規定する3）本体部が続く．本体部は当事者間で合意した固有のビジネス条件を規定した「主要条項」に加え，多くの契約に共通な「一般条項」が規定されるのが一般的である．主要条項部では契約書で使用されている言葉の定義と主要なビジネス条件が規定される．一般条項部では，保証や守秘義務，通知の方法など付随的な条項が規定される．最後に4）署名部で，国内の契約だと記名押印，国際契約だと結語と署名で契約書を締めるのが一般的である．

(ii)　頭書部

契約は特定の当事者間の権利義務関係なので，まず，誰と誰の権利義務関係か契約当事者を特定する．通常，国内契約の場合，会社名と主要な事業所または本店の住所で特定するが，国際契約の場合，会社名と主たる事業所の住所の他，会社登記の国（米国の場合，州）で特定することも多い．また，契約特定の便宜のために，頭書部に，契約締結日または契約発効日を記載することが一般的である．契約を特定し，引用する場合など，「○年○月○日付け X 社及び Y 社間の（○○に関する）ライセンス契約」といった形で表現される．

(iii)　リサイタル部

ライセンス契約書に必ず必要な訳ではないが，特に英米系の国際ライセンス契約では，頭書部に続いて契約の目的や背景を述べるリサイタル部を設けるのが伝統的スタイルである．ライセンス対象の技術や両当事者の関係，また契約更改の場合にはどんな旧契約があったかなどが，ここで述べられる．

(iv)　定義

多くのライセンス契約では，契約中で使用される用語の定義規定が契約書の始めや終わりにおかれる．これには，用語の意味を明確化して，当事者間の誤解や紛争を避けるという意味と，契約書中の不要な反復や条項の長文化を避けて，契約書を読みやすくするという意味の二つの意味がある．定義の中では「契約特許」と「契約製品」が特に重要である．なぜなら，この二つの組合せでライセンスの範囲が実質的に決まるからである．そのときどきのニーズに応じて，「契約特許」を広く定義し，「契約製品」で絞り込んだり，逆に「契約特許」を狭く定義する代わりに「契約製品」は広く，極端にいえば，「いかなる製品でもよい」と定義したりする．

(ⅴ) 主要条項

ライセンサー，ライセンシーの両当事者間で合意したビジネス条件がここに規定される．ライセンスの条件とは，どのようなライセンスをどれだけの期間，どのような対価で許諾するかということなので，ここには通常，1) ライセンスの範囲を決める「実施許諾」，2) 過去の権利侵害を不問とする「過去免責」，3) 使用料の額と支払方法を決める「対価と支払方法」，4) 契約の長さを決める「契約期間と解約」，といった条項がおかれる．

1) の実施許諾は契約書全体のなかで中心的な規定の一つであり，ライセンサーがライセンシーへ「契約特許」に基づく実施権を許諾すること（クロスライセンスの場合は両当事者が相手方に相互に実施権を許諾すること）が規定される．5.1.3c.(ⅱ)で述べた独占・非独占の区別を明らかにするとともに，許諾される実施行為の範囲を明らかにする必要がある．一般に，広く「契約製品を製造，使用，販売，販売の申出，輸出入，貸出し，その他処分する権利を許諾する」と規定する場合が多いが，当事者間の合意に基づいて，これらの実施態様の一部のみを許諾する場合もある．

実施許諾は，契約発効日以降のライセンスをライセンシーに与えるだけで，契約発効日以前に発生していた契約特許の侵害行為を免責しない．したがって，多くの場合，実施許諾の規定に加えて，過去侵害の免責が規定される．特に侵害訴訟の和解契約としてのライセンス契約の場合，この規定は非常に重要である．一般に，「実施許諾で許諾された範囲の行為に限って，契約発効日前に行われた侵害行為も免責する」と規定することが多いが，侵害訴訟の和解の場合など，今後類似の訴訟が発生することを避けるため，実施行為の如何にかかわらず，過去の行為に関しては一切免責するとする「完全免責」条項を入れる場合もある．

3) の対価条項では対価の額とその支払方法が規定される．5.1.3c.(ⅲ)で述べたように対価の額とその支払方法の決め方にはさまざまなパターンとバリエーションがあり，この「対価と支払方法」の決め方にどれだけクリエイティブなアイデアを出せるかが契約の成否を決める場合も多い．例えば，ランニング・ロイヤルティを基本としつつも，累積実施料が一定金額に達したら，そこで打ち止めにするシーリング方式を採用したり，固定金を基本としつつも分割支払を認めたりするなど，両当事者が相手の懸念事項を考慮に入れ，双方受け入れられやすい案を考える必要がある．

4) の契約期間と解約の条項では，ライセンスが許諾される期間とどのような場合に契約が途中解除となるかが規定される．5.1.3c.(ⅴ)で述べたように契約期間の決め方には，クリフ型とサバイバル型の2種類がある．一度取得したライセンスを特許期間満了まで安心して使えるという観点から，一般にライセンシー側はサバイバル型を好む傾向にあり，逆にライセンサー側はクリフ型を好む傾向にある．ただ，契約期間の決定は，将来の両当事者の相対的な特許力の変化などさまざまな変化・展開を見据えて行う必要があり，重要な戦略的判断を伴うものである．また，ライセンス契約では，相手方の契約違反など，一定の事由が発生した場合にはライセンスを解約できる解約規定を入れることが一般的である．契約違反があった場合，30日から60日の猶予期間を設け，その期間内に契約違反状態が解消されない場合，契約を解除できるといった規定がよくみられる．

(ⅵ) 一般条項

主要条項が，当事者間のビジネス交渉の結果を反映したビジネス条件を示す条項であるのに対して，一般条項は，当事者間の紛争の処理や，不測の事態の際の当事者間のリスクの配分など，リスク管理的，法的な条項が中心になる．1)「表明保証と免責」，2)「守秘義務」，3)「通知」，4)「準拠法（国際契約の場合）」5)「合意管轄」，6)「仲裁」，7)「完全合意」，8)「契約譲渡」などの条項が含まれるのが一般的である．

1) の「表明保証と免責」の条項では，当事者がライセンスの内容をどこまで保証するかを，積極的な「表明保証」と，保証しない範囲を宣言する「免責」の両方のかたちで規定するのが通常である．特許ライセンス契約の場合よく議論になるものとして，ライセンス契約に基づいてライセンシーが製造した製品が第三者の特許を侵害しないことを保証するかどうかの問題がある．純粋な特許ライセンス契約ではほとんど保証しないのが一般的だが，技術ライセンスの場合一定の保証をする場合もある．

2)「守秘義務」条項では，守秘義務の対象になる事項と守秘義務の例外が規定される．技術ライセンス契約では，提供したノウハウの守秘が非常に重要になるが，純粋特許ライセンスの場合，守秘義務の対象は通常契約条件の中身ぐらいである．守秘義務の例外として，守秘義務の対象になる事項に該当しても，すでに知っていた情報，当事者の過失なしの公知になってしまった情報などは守秘義務の適用外となる．

3)「通知」条項では，契約上の通知を誰宛にどのような手段で送ればよいか規定する．

4)「準拠法」条項は国際ライセンス契約におかれる条項で，どの国の法律に基づいて契約が解釈されるかが規定される．当事者が合意すれば，基本的には，どの国の法律でもよいが，通常は，当事者のいずれかの国の場合が多い．

5)「合意管轄」条項とは，ライセンス契約に関し当事者が訴訟を起こす際の裁判所を，例えば，東京地裁に限るといったかたちで，予め当事者で合意しておく規定のことである．

6) 当事者間の紛争を，裁判でなく仲裁で解決することを希望する場合には，上の「合意管轄」に代えて「仲裁」条項を入れる．訴訟費用の高さや，公開の訴訟で当事者の紛争内容が公になってしまうことを嫌って，または，技術ライセンスの場合，高度で複雑な技術を理解できる裁判官が少ないなどの理由で，裁判でなく仲裁で紛争を解決しようとする当事者も少なからずいる．仲裁の結果は，当事者を拘束するかたちにすることもできるし，当事者に対する第三者の意見というかたちで，当事者を拘束しないかたちにすることもできる．

7)「完全合意」条項とは，英米法に基づく国際ライセンス契約において，英米法上の「口頭合意排除の原則（parol evidence rule)」との関係で入れられる規定である．口頭合意排除の原則とは「拘束力のある最終契約書がある場合，これと矛盾する契約書外の先行合意の証拠をもち出しても，最終契約書の内容に対抗することができない」という法原則で，完全合意条項を入れておくことにより「契約書にはこれしか書いてないが，実はこういう合意もあった」といった主張がされるのを防ぐことができる．

8)「契約譲渡」条項では，契約の全部または一部を第三者へ譲渡してよいかどうか，よいのはどのような場合のときかが規定される．契約は基本的に当事者間のものだが，昨今のように事業再編やＭ＆Ａが活発になると，いちいち相手側の同意を求めなくても契約の全部または一部を第三者へ譲渡してよいケースを事前に約定しておきたいというニーズがある．一方で，相手側が契約を譲渡する相手が自社の敵対的コンペチター（競争相手）だったりする場合には，契約譲渡を阻止したいというニーズもある．したがって，「契約譲渡」条項をどう規定するかは，事業，マーケットの現状と将来展開を見据えた戦略的判断となる．

5.1.4　コンテンツのライセンス

a．コンテンツライセンスの市場

コンテンツという言葉が具体的に何を指すのか，その定義は定める機関や人によってかなりの違いがあるのが現状である．しかし，そのようなコンテンツの中にあって，日本で揺るぎない位置を占めているのが，アニメーション，映画，キャラクター，漫画のカテゴリーであろう．本来キャラクターは多くの場合はアニメーションのカテゴリーに含まれるが，敢えて別の項目を立てたのは，アニメーション用に作成されたものはでなく，またメディアにも乗らない，いわゆるノン・メディアキャラクターといわれるものが市場には多数あるからだ．このタイプのキャラクターは日本が世界に誇るコンテンツといえる．ゆるキャラとよばれる地方自治体のキャラクターなどがその最たる例である．そして，雑誌や新聞を掲載メディアとする「漫画」も立派なコンテンツであるが，著名な漫画作家のなかには自身の作品をそのようによばれるのを嫌う人も多い．これは，コンテンツという言葉が，もともとデジタルコンテンツから発生したもので，自著の電子書籍化に対して否定的な漫画家が，このことと絡めて「コンテンツ」嫌いになっているものと思われる．

日本のコンテンツ市場は，2007 年に約 12 兆 9662 億円[1] というピークを記録して以来，右肩下が続いており，ここ数年は 11 兆 8000 億円[1] のあたりで推移している．

メディア別にみた「国内コンテンツ市場の全体像」は図 5-12 のようになる．

これに対し，米国のコンテンツ市場は，2011 年に 25 兆 7410 億円[2] であったが，以降拡大を続けて来ている．この米国のコンテンツ市場のなかで，トップのシェアを占めるテレビ放送市場に続き 2 番目の売上を生み出していると推測されるのが，ライセンス商品で

[1] デジタルコンテンツ協会『デジタルコンテンツ白書 2013』

[2] デジタルコンテンツ協会『海外 22 カ国・地域のコンテンツ市場 基礎情報調査』

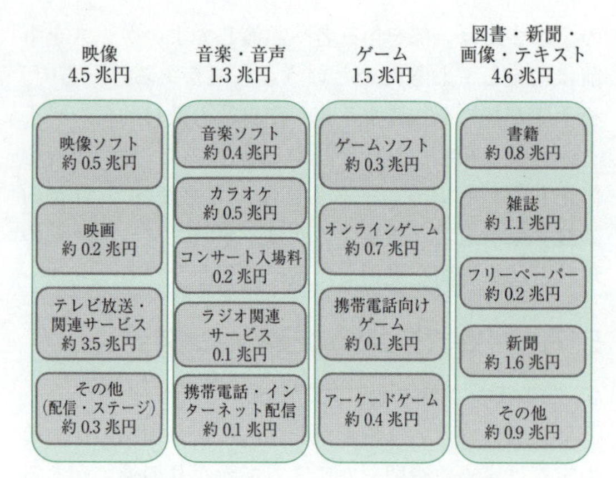

図 5–12　国内コンテンツ市場の全体像
出典：デジタルコンテンツ協会『デジタルコンテンツ白書 2014』

図 5–13　日本のコンテンツ商品（キャラクター）
出典：キャラクター・データバンク

表 5–2　米国のコンテンツライセンス商品市場（小売り価格）

	2010 年	2011 年	2012 年	2013 年
キャラクター	45952	47963	49317	51444
音楽	2550	2660	2705	2683
アート	3754	3872	3930	3989
合計	52256	54495	55952	58116

単位：(百万ドル)

ある（表 5–2）．その金額は 2011 年で 5 兆 5000 億円[3]に達し，米国コンテンツ市場の 21.4%という大きなシェアを占めている．

一方の日本のコンテンツライセンス（主にキャラクター）商品市場は，同じく 2011 年で 1 兆 6060 億円[4]と，コンテンツ市場の 12.9%程度，金額では米国の 29.5%程度，市場における割合でも 6 割程度にとどまっている（図 5–13）．

b. コンテンツライセンスの歴史

果たしてこの大きな差はどこから来ているのだろうか．一つの答えは，日米のコンテンツのライセンスの歴史の違いである．米国のコンテンツライセンスは，まだ「コンテンツ」という言葉がまったく使われていなかった 1950 年代に，ウォルト・ディズニー社がロサンゼルス郊外のアナハイムの広大な土地に，同社のもつキャラクターを総動員してオープンした世界初のテーマパーク，「ディズニー・ランド」への商品供給を潤滑に行うために，それまで自社か自社の下請け業者で生産していたキャラクターグッズを，ライセンス契約書の締結の下に，ライセンシーとよばれる外部の業者に製造販売を委託し始めたのが，その先駆けであるといえる．それより前にもライセンスの形態をとったビジネスが皆無だったわけではないが，ディズニーのライセンスビジネスは，下記のような要素を明確にすることによって，その後の現代のコンテンツライセンスビジネスの礎を作るものになった．

- キャラクターなどの著作権の権利の表明と保証をし，それによりライセンス許諾するライセンサーの立場と，それを受けて商品を生産販売するライセンシーの立場を明確にした．
- ライセンスビジネスを円滑に進め，トラブルを防ぐために「ライセンス契約書」を設定し，すべてのライセンシーとこの契約を締結した．
- ディズニーは，キャラクターのポーズや色使いなどを記したスタイルガイドでライセンシーの商品化をアシストし，また，商品をサンプルを本生産前に，精査した後に承認をすることによって，ライセンス商品の品質を一定以上のものとして安定化した．
- ライセンサーの収益を，商品の売り買いからでなく，ライセンシーの売上，または生産額の一定の利率をロイヤルティとして徴収することにより得る方法を確立した．

このディズニーのライセンスビジネスは，現代のライセンスビジネスのプラットフォームとなり，現在に至るまでハリウッドの映画会社がコンテンツの力を発揮する土台となっている．一方の，日本の現代のコンテンツライセンスの発祥も米国に遅れること 10 年程度の 1960 年代であるが，それらの商品は，メンコと

[3] イェール大学ビジネススクール ラヴィ・ドゥハール研究室/LIMA（国際ライセンシング産業マーチャンダイザーズ協会）調査
[4] キャラクター・データバンク『CharaBiz DATA2015』

かお面というような，祭りの屋台で売られていたものだったと推察される．きちんとした契約書の下にライセンスビジネスが動き始めたのは，「鉄腕アトム」や「鉄人28号」のアニメーションのテレビ放映が開始された1963年以降であった．この10年間の遅れは，今に至るまで取り戻せておらず，後述するこれからのコンテンツライセンスの方向性でも，日本は米国に遅れをとっているといえる．

c．米国の映画会社のコンテンツライセンス組織の特徴

将来，社会に出て米国の映画会社のスタッフと名刺を交換する機会があったら，その所属名をみてほしい．ほとんどの場合，所属するカンパニーとして下記の四つのうちの一つが入っているだろう（図5–14）．

米国では，映画会社がその事業を拡大するに従って，もともとあった「映画」のカンパニーに続いて，1960年代に「テレビ」，1980年代に「ビデオ」，そして1990年代に「コンシューマー・プロダクツ（CP）」のカンパニーの設立が続き，コンテンツを販売する組織を拡大して来たのだが，今日までにこれらの組織は互いに綿密なマーケティング・プランで協力して，コンテンツの売上を最大にもって行く方程式を作り上げてきた．当初は，映画から順に作品をリリースして行って，最後にCPがライセンス商品を出すという方法をとっていたが，1990年後半にリリースされた「スターウォーズ新シリーズ（1999年から）」，「ハリー・ポッターシリーズ（2001年から）」，「スパイダーマンシリーズ（2002年から）」などの作品からは，映画の予告編公開時点で，玩具店，書店，総合スーパーなどの店頭にライセンス商品が大きなスペースをとって展開され，第2作以降は映画公開に合わせ，ライセンス商品だけでなく，前作のテレビの放映やビデオの廉価版の発売など，四つの組織が一つのコンテンツを違うメディア，売り場で大々的にプロモーションをかけるようになった．特に，第3世代の光ディスクの雌雄を争ったBlu-RayとHD-DVDの戦いがピークに達した2007年のクリスマス時期には，ソニーピクチャーズの『スパイダーマン3』の映画公開と『スパイダーマン2』のBlu-Rayでのパッケージ展開を，大手ショッピングセンター，ウォルマート，ターゲット，バーンズ&ノーブル，ホット・トピックなどでライセンス商品の大々的な展開を行いBlu-Rayの優位を決定付けるきっかけになったといえよう．メディアのフォーマットまで，ライセンス商品の売上が影響した一例である．

映画	ビデオ(ホームエンターテインメント)
テレビ	コンシューマー・プロダクツ

図5–14　カンパニー名

d．日本のコンテンツライセンスの温床，制作委員会

5.1.4項の冒頭で，日本のコンテンツ市場におけるライセンス売上は，その12.9%，1兆6060億円程度であると述べた．しかしながら，コンテンツの中で日本が世界から最も注目をされているアニメーション産業市場だけをみてみると，1兆4913億円[5]の市場となり，そのうち41.2%にあたる6146億円[5]がライセンス商品化によって稼ぎ出されている．アニメ業界におけるライセンスの貢献の大きさが際立っていることはこのことからもわかるだろう．この隆盛を支えてきたのが，日本独特の「制作委員会方式」である（図5–15）．

制作委員会の組織自体は民法上の任意組合であることが多く，その点ではPTAや町内会と変わりがない．幹事会社には最大出資社が就任することのが通例だが，それは広告代理店が多い．制作委員会はその組織の性格からして，各社の役割，出資金額や配当金額などの詳細を公開する必要がなく，また，出資を公に募るわけでもなく，いわば仲間内の組合として，外部の規制に捉われることなく自由に機能することができる．一方で，プロジェクト自体が失敗した場合には，出資者は無限の責任を負うことになり，当然それに耐えうるだけの力のある出資者しか参加できないという閉鎖性をもつ．昨今，話題をよんでいる「クラウド・ファンディング」が多くの投資家から少額の金額を集めるのとは対照的な存在といえよう．日本では1990年代まではスタジオ・ジブリなどの大作アニメーション映画が制作委員会の主な出資対象であったが，その

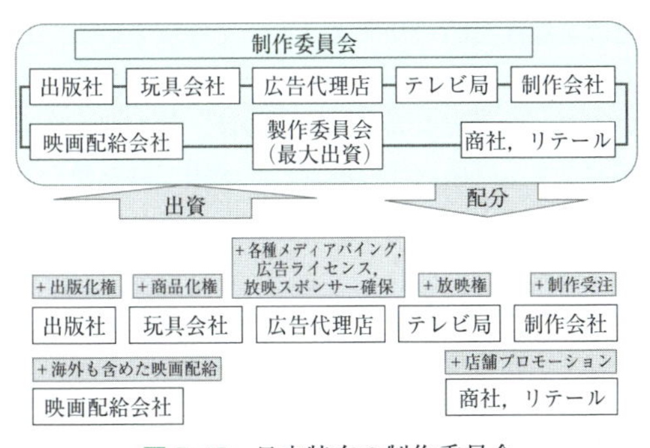

図5–15　日本特有の制作委員会

[5] 日本動画協会『アニメ産業レポート2014』

後，テレビアニメやドラマもその対象になってきた．これらの作品のライセンスによる商品化は，その権利を欲する出資者（主に玩具会社）にとっては，作品が必ずメディアに乗り，消費者の認知度が高まることが約束されているだけにある程度の成功が約束されているといえた．つまり，高い出資金額をミニマム・ロイヤルティの代わりに支払っても利益が出るというのがメリットであったが，2010 年から 2013 年までの 4 年間に，アニメーション産業市場が 12.3%拡大したのに対し，そのなかでのライセンス商品化市場は，逆に 4.3%収縮している．これは，上記の出資のリスクに対してメリットが必ずしも約束されたものではなくなりつつあることの現れであるといえよう．

アニメーション市場は伸張しているものの，好調なのは深夜アニメであり，この分野は 2010 年から 2013 年の間に 45.6%伸びているのに対し，キッズ＆ファミリー向けのアニメは，9.9%の伸びにとどまっている．一方でテレビアニメの制作本数は 2010 年の 90445 本[6] から 2013 年には 111794 本[6] と 13%伸びたことにより，「そこそこの成功」のアニメ作品が増えることになり，新たなキラーコンテンツ（ほかのコンテンツに比べて，飛び抜けて人気の高いコンテンツ）の誕生を心待ちにする玩具会社他の出資者の期待を裏切る傾向が続いている．さらには，前述したノン・メディアキャラクターの隆盛により，リラックマ，ハロー・キティ，くまモン，マイメロディ，ふなっしーなどが，またアニメーションに依存しないキャラクターとして，初音ミク，スヌーピー，ミッフィー，こびとづかんなどのキャラクターの活躍によって，消費者の好むキャラクターは必ずしもアニメーションとして動かなくてもよいという傾向が際立ってきているともいえる．

米国では，制作委員会に似た組織は，株式会社（コーポレーション）や有限責任会社（LLC：limited liability company）になっており，出資者は有限の責任だけを負うためにリスクは少なくなっている．日本でも最近はそのような組織形態をとるケースも出てきているが，それでも大きく違うのは，最も大きな金額を必要とする映画制作の場合に，米国では監督や俳優が何らかの理由でキャストとしてとどまれなくなったときや，著しい制作スケジュールの遅れがあった場合に，制作会社に代わって映画の完成までのマネジメントを行う，**完成保証会社**という組織が，必ず制作契約に加わるということである．これにより，出資のリスクはさらに減るために，エンターテインメント分野以外の企業や金融機関も出資を行えるようになっている（図 5-16）．

[6] 日本動画協会『アニメ産業レポート 2014』

表 5-3　アニメ産業市場のトレンド（2010-2013）

項目	2010	2011	2012	2013	前年比
①テレビ	895	900	951	1020	107.3%
②映画	338	285	409	470	114.9%
③ビデオ	1085	1067	1059	1153	108.9%
④配信	149	160	272	340	125.0%
⑤商品化	6421	6041	6120	6146	100.4%
⑥音楽	297	245	230	246	107.0%
⑦海外	2867	2669	2408	2823	117.2%
⑧遊興	1226	2026	2272	2427	106.8%
⑨ライブ	—	—	—	288	—
合計	1 兆 3278	1 兆 3393	1 兆 3721	1 兆 4913	108.7%

出典：日本動画協会 独自調査

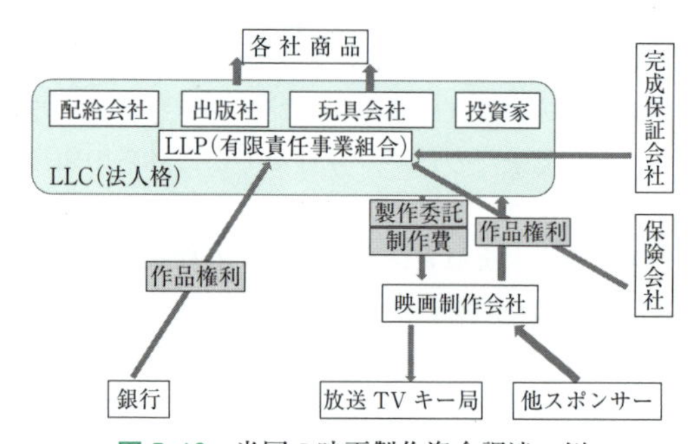

図 5-16　米国の映画製作資金調達の例

e. 音楽，アートのライセンス

コンテンツとしてライセンスされているカテゴリーはもちろんキャラクターだけではない．「テレビドラマ」，「舞台芸術（オペラ，バレエなど）」，「ゲーム」，「文学，雑誌」などもそれぞれの市場は小さいながら，ライセンスされて商品化されている．特に「音楽」，「アート」は，現在米国でのシェアはキャラクターの 8%程度であるが（表 5-2 参照），2010 年から 2013 年までの 4 年間に，それぞれ 5.2%，6.3%という伸張をみせている．

音楽のライセンスは，主にアパレル商品（T シャツ，スウェットシャツ，ジャケットなど）になり，カジュアルウェアや書籍，CD などの小売のほか，Amazon などのオンラインでも販売されている．しかし，最も顕著に売上を伸ばしているのは，ライブ会場であろう．2010 年から 2013 年までの 4 年間に，日本におけるCD，ネット配信，音楽ビデオなどの音楽ソフトの売上は3696億円から3122億円[7]と15.5%ダウンしている一方で，ライブのチケット売上は約1280億円から2318億円[8]と81%ものアップを記録している．これに伴いコンサートにきた観衆が会場で購入するライセンス商品の量は確実に伸びてきていると思われる．音楽ライセンスの商品は，ここ10年でミュージシャンのツアー名を入れたり，往年の名ミュージシャンのレコードジャケットをプリントしたり，いわゆる音楽オタクを十分に魅了する商品になってきている．この流れは，いわゆる「アイドルグッズ」とよばれる，現在人気のある歌手や俳優などを扱った商品になって更なる広がりをみせているのは，秋葉原あたりのショップを見れば明らかである．

一方のアートライセンスも，10年前は単に有名アーティストのポスターや，美術館所蔵の作品のレプリカが商品の主流であったが，最近は商品の種類が急激に増えてきている．特にスマートフォン関係，食品関係，みやげものにその傾向が著しい．世界の著名な美術館は美術館の外にもライセンス商品の売り場を積極的に展開している．「MoMA（The Museum of Modern Art, New York/ニューヨーク近代美術館）」は，日本の大手リテール「ユニクロ」と2013年より大々的なコラボレーション企画を組み，MoMAが所蔵する作品をユニクロにライセンスしている．アンディ・ウォーホル（Andy Warhol），ジャン＝ミシェル・バスキア（Jean-Michel Basquiat），キース・へリング（Keith Haring），ジャック・ピアソン（Jack Pierson）などが代表的なアーティストで，ユニクロはこれらの作家の作品を商品化し，米国の店舗を中心に，店舗のイメージも美術館の雰囲気を出すように改装して販売すると同時に，Uniqlo Free Friday Night at MoMA」という，毎週金曜日の4時から8時までMoMAの入館料を無料となるスポンサーシップを実施し，MoMAとのコラボレーションを自社のアートへの深い理解の象徴としてパブリシティ効果も狙った活動をしている．

惜しむらくは，日本のアートコンテンツでこのような動きの中でライセンスされているものが，まだまだ少ないということである．

f.　これからのコンテンツライセンスの方向性

以上は，いわば従来型のコンテンツのライセンスである．今後もこれらがライセンス商品化の屋台骨になることは間違いないが，一方で，YouTube, Hulu, NETFLIXなどを筆頭とするインターネットメディア，そして，フェイスブック，インスタグラム，LINEなどのSNSに乗っているコンテンツのライセンスが進むと思われる．キーワードになるのは，ソーシャル，インタラクティブ，フィードバック，インフルエンサーだと思われるが，ライセンスビジネスに関していえば，インフルエンサーは，具体的にユーチューバー，ブロガーとよばれる新しいメディアリーダー達の流行派生力の強さを武器に，ここ数年の間に新しく大きなカテゴリーになると思われる．すでに2014年にYouTubeに登場したベサニー・モータというカリスマ・ユーチューバーは，コスメティック，ファッション，ホーム＆アクセサリーなどのコンテンツを大量にアップロードして，2015年8月時点でのYouTube登録数は920万ユーザー，視聴回数は7億5千万を超えており，「ベスト・ライセンサーランキング2015年版」でいきなり世界で146位[9]に登場し，巻頭のトピックで“Bethany Mota, The First YouTuber to Crack the Top 150（トップ150に初めて入った，ユーチューバー）”という特集2頁を組まれるまでになっている．そのライセンス商品の売上は85億円に達している．ベサニー・モータのコンテンツは，彼女自体のライフスタイルであり，彼女自身の存在なのである．このようなコンテンツは，以前にもマーサ・スチュアートのようなカリスマ主婦コンテンツがあったが，彼女が話題になった1990年代は，テレビや雑誌で「マーサ・スチュアート・リビング」というコンテンツを作り上げて発信する大規模な仕掛けが必要だったのだが，ベサニー・モータは，自分の携帯電話で撮影した動画をYouTubeにアップするだけで，それらの動画が200万回を優に超える再生回数になるだけの知名度を得たことは，ここ20年の間に起きた，「メディアの革命」が可能ならしめたといえよう．

前述の世界最大のライセンス・トレード・ショー“Licensing International Expo”の2015年6月の基調講演も「デジタル・メディア・ライセンシング・サミット」というタイトルで行われている．そして，ここまでで述べた新しいコンテンツは，それを発信するメディアがライセンシング・エージェントとして新たに業界に参入してくる可能性が高い．YouTube, Amazonに関してはすでにその体制を整えて“Licensing International Expo”に出展をしている．日本にもす

[7] 日本レコード協会資料
[8] コンサートプロモーター協会調べ
[9] 米License Global誌調査

でに成功への道を進み始めている初音ミクやこれからが期待されるヒカキンなどのプロパティがあるが，これらを制作委員会のような，日本だけで通用するガラパゴス方式でライセンスするのではなく，新しい方法が求められているといえる．しかし，今のところ，まだそのような動きは見られない．

5.1 節のまとめ

- 知的財産は重要な経営資源であり，企業活動のためにうまく活用することが重要である．
- 知的財産権は独占排他権であり，その活用方法には，大きく分けて，権利に基づき自ら知的財産を独占使用する方法と，ライセンスの形で他人に使用させる方法とがある．
- 自ら独占使用するためには，知的財産をノウハウ化して他人から秘密にするか，特許権や著作権を取得して，他人の不正な使用に対して裁判所で差し止めや損害賠償を命じてもらう．
- 知的財産権を活用した技術の独占使用の例として，製薬業における新薬開発，パソコン用のMPU，プリンターの消耗部品などがある．
- ライセンスとは本来法的に禁止されている行為を許可するという意味であり，技術のライセンスには特許権だけのライセンスと技術それ自体を含みライセンスするものがある．
- 技術のライセンス契約はさまざまな目的で締結され，目的に応じ，その種類も独占/非独占，有償/無償，個別/包括，期間限定方式/フォー・ザ・ライフ方式などさまざまなものがある．
- ライセンス契約交渉には基本条件交渉とライセンス契約書の作成とがある．ライセンス契約書は本体部とその他の部分から構成され，本体部では契約条件の定義，主要条項，一般条項などが規定される．
- 日本のコンテンツライセンスが構造的にみて，そのグローバル化が遅れている．カテゴリーとしては，アニメーション，映画，キャラクター，漫画に大きく依存しすぎていること，ライセンスの組織としては，制作委員会という日本ならではの特殊な制作形態が，より大きな投資を阻んでいるといえよう．逆にいえば，これらが改善されたときには，日本のコンテンツライセンスは大きく飛躍できる余地が十分に残されているということである．

参考文献

[1] 特許庁『平成 26 年度知的財産活動調査』 https://www.jpo.go.jp/shiryou/toukei/tizai_katsudou_list.htm

[2] E. T. Penrose "The Theory of the Growth of the Firm" (Basil Blackwell, 1959). 末松玄六訳『会社成長の理論』(ダイヤモンド社, 1980).

[3] 企業会計基準委員会『討議資料　財務会計の概念フレームワーク』(2006).

[4] 国際財務報告基準 (IFRS)『財務諸表の作成および表示に関するフレームワーク』

[5] 企業会計審議会『研究開発費等に係る会計基準の設定に関する意見書　研究開発費等に係る会計基準』(2008).

[6] 古賀智敏『知的資産の会計』(東洋経済新報社, 2005).

[7] 知的財産戦略本部『知的財産の創造，保護及び活用に関する推進計画』(2003).

[8] 経済産業省『知的財産情報開示指針　特許・技術情報の任意開示による企業と市場の相互理解に向けて』(2004).

[9] 独立行政法人中小企業基盤整備機構『中小企業のための知的資産経営マニュアル』(2007).

[10] 知的財産研究所『知的財産の経済的効果に関する基本問題調査研究』(1994).

[11] 知的財産研究所『知的財産管理活動の経済的効果に関する調査研究』(1998).

[12] 内閣官房知的財産戦略推進事務局編『知財立国への道』(ぎょうせい, 2003).

[13] 加藤君人，片岡朋行，大川原紀之著『エンターテインメントビジネスの法律実務』(日本経済新聞出版社, 2007).

[14] 石田正泰監修　鈴木公明編著『最新知財戦略の基本と仕組みがよ～くわかる本』(秀和システム, 2006).

[15] 穂積保著『コンテンツ商品化の法律と実務』(学陽出版, 2009).

[16] 高橋光輝『コンテンツ産業論』(KADOKAWA, 2014).

[17] トリスタン・ブルネ『水曜日のアニメが待ち遠しい』(誠文堂新光社, 2015).

5.2　知的財産権の侵害

5.2.1　特許権の効力と侵害訴訟

a. 特許権侵害訴訟とは

特許を出願することにはどういう意味があるのか．出願して審査を経て，特許権を取得することができれば，業としてその発明の実施をする権利を専有することができる（特許法 68 条）．「業として」とは「事業として」程度の意味であり，営利を目的とするものに限られない．ただし，個人的または家庭的な目的での実施は含まれない．

特許権者は発明を実施する権利を専有するのであるから，他人がその発明を，特許権者の許諾を得ずに実施していた場合には，特許権の侵害となる．したがって，その実施を差し止めたり，それによって生じた損害の賠償を請求したりすることができる．差止めや損害賠償を請求する場合には裁判所に訴訟を提起するが，これを「特許権侵害訴訟」とよぶ．

ここでいう「実施」は，特許法 2 条 3 項に定義されている．物の発明では，その物の生産，使用，譲渡等，輸出若しくは輸入又は譲渡等の申出をする行為とされており，代表的には，特許発明の技術的範囲に入る製品を製造したり，使用したり，販売したりする行為である．

b. 特許発明の技術的範囲

（i） 特許発明の技術的範囲とは

特許発明の技術的範囲は，出願書類のうちの「特許請求の範囲」の記載に基づいて定められる（特許法 70 条 1 項）．特許請求の範囲には，複数の「請求項」が記載されることが多いが，その場合には，それぞれの請求項が特許発明の技術的範囲となる．

明細書中に記載されていても特許請求の範囲に記載されていない場合には，技術的範囲に入らない．したがって，特許請求の範囲をどのように記載するかは，特許発明の技術的範囲を定めることになるので重要である．

以下に特定の形状の鉛筆の発明をしたことを想定して，特許請求の範囲の記載について検討する．

> ［記載例 1］
> 【特許請求の範囲】
> 「断面が六角形の木製の軸を有し，軸の中に黒鉛の芯が入っており，軸の表面に塗料を塗ったことを特徴とする鉛筆.」
> 　これを構成ごとに分節すると以下のようになる．
> 「断面が六角形（要件 A）の木製の軸（要件 B）を有し，軸の中に黒鉛の芯が入っており（要件 C），軸の表面に塗料を塗った（要件 D）ことを特徴とする鉛筆（要件 E）.」

これは通常用いられている鉛筆そのものであり，現在では新規性が否定されるため，特許権を取得することはできない．しかし，断面が丸い鉛筆しか知られておらず，六角形の鉛筆としたことにより，転がりにくくなるという効果があることを発見したと仮定する．

従来技術と区別するために重要なのは，断面が六角形であること（要件 A）であり，この要件は特許請求の範囲に記載することが必要である．しかし，転がりにくくするのであれば，六角形に限らず，三角形，四角形，五角形，七角形，八角形でもよいのではないか．ただし，九角形，十角形となると，円に近づくため，転がりやすくなるであろう．一方で，三角形，四角形の場合には，握ったときに角が指に当たって痛いという欠点が考えられる．また三角形，四角形，六角形の場合には，1 本の太い木から無駄なく切り出すことができるが，五角形，七角形，八角形の場合には，不要な部分が出るという欠点がある．

これらの観点から六角形が最適であるが，転がりにくいという観点からは，多角形で特許権を取得することができるであろう．

次に，軸を木製とすること（要件 B）は必要であろうか．例えばプラスチック製や段ボールのような紙製でも転がりにくい六角形の鉛筆は製造できるのではないか．

また，芯を黒鉛にすること（要件 C）は必要であろうか．色鉛筆であれば黒鉛ではなく顔料を使用するので，着色剤としたほうがいいのではないか．

鉛筆の表面に塗料を塗ること（要件 D）は必要であろうか．塗料が塗られていなくても鉛筆の機能は果たせるのではないか．

鉛筆とすること（要件 E）は必要であろうか．このような構成のものを鉛筆以外に使用できないであろうか．クレヨンやチョークを対象にすることはできないか．鉛筆と限定せずに，その上位概念の筆記具としてはどうか．

このように考えると，以下のような特許請求の範囲が考えられる．

> ［記載例 2］
> 【特許請求の範囲】
> 【請求項 1】断面が多角形の軸を有し，軸の中に着色剤を含む芯が入っていることを特徴とする筆記具.
> 【請求項 2】請求項 1 記載の筆記具において，断面が六角形であることを特徴とする筆記具.

【請求項3】請求項1又は2記載の筆記具において，軸が木製であることを特徴とする筆記具．
【請求項4】請求項1，2又は3記載の筆記具において，着色剤が黒鉛であることを特徴とする筆記具．
【請求項5】請求項1，2，3又は4記載の筆記具において，軸の表面に塗料が塗られていることを特徴とする筆記具．

請求項1においては，軸の断面は六角形でなくても多角形であればよく，軸は木製でなくてもよく，芯は黒鉛でなくてもよく，軸に塗料が塗っていなくてもよく，鉛筆でなくても筆記具であればよい．

請求項1が最も広い概念の請求項であり，これで特許権が取得できるのであれば，請求項2〜5は必要ないが，請求項1は概念が広いため，新規性や進歩性が否定される可能性が高い．そこで，限定した請求項を記載しておくことが特許権の取得に有効である．

例えば，請求項2のように，断面が六角形と限定すれば，断面が三角形や四角形の物が知られていても新規性があると主張することができ，六角形としたことによって，握ったときに手に痛みが少ないという効果を主張することによって，進歩性があるということも可能である．

特許請求の範囲を記載するときには，新規性や進歩性を満たす範囲で，できるだけ広い権利を取得することが重要である．出願前に文献を調査し，公知文献からみて新規性や進歩性を満たすよう特許請求の範囲を記載するとともに，不必要な限定をしないように注意すべきである．

上記の特許請求の範囲で特許権が取得できた場合，どのような物に対して権利行使ができるかを以下で検討する．

［被告製品1］
「断面が六角形の木製の軸を有し，軸の中に黒鉛の芯が入っており，軸の表面に塗料を塗った鉛筆．」

記載例1そのものであるので，記載例1，2の技術的範囲に含まれる．

［被告製品2］
「断面が六角形の木製の軸を有し，軸の中に黒鉛の芯が入っており，軸の表面に塗料を塗り，かつ軸の一方の先端に消しゴムを付けた鉛筆．」

消しゴムを付ける点は記載例1，2には記載されていないが，記載例1，2の要件をすべて含むので，記載例1，2の技術的範囲に含まれる．

［被告製品3］
「断面が六角形のプラスチック製の軸を有し，軸の中に黒鉛の芯が入っており，軸の表面に塗料を塗った鉛筆．」

軸がプラスチック製であるため，記載例1の技術的範囲に含まれない．一方，記載例2の請求項1の要件をすべて含むので，記載例2の技術的範囲に含まれる．

［被告製品4］
「断面が六角形の木製の軸を有し，軸の中に赤色顔料を含む芯が入っており，軸の表面に塗料を塗った鉛筆．」

芯が赤色顔料であるため，記載例1の技術的範囲に含まれない．一方，記載例2の請求項1の要件をすべて含むので，記載例2の技術的範囲に含まれる．

(ii)　均等論

以下の事例は特許発明の技術的範囲に含まれるであろうか．

［被告製品5］
「断面が六角形の木製の軸を有し，軸の中に黒鉛の芯が入っており，軸の表面に塗料を塗った鉛筆．ただし，六角形の6個の角の先端を削って丸くして，握ったときに，角が指に当たって痛くならないようにした．」

六角形は6個の角があるものであるが，この鉛筆では角の先端を丸くしている．そうなると六角形とはいえず，技術的範囲に含まれないのではないか．

特許権者としては，角のとれたものもほぼ六角形であって，特許発明の技術的範囲に含まれると主張することも可能であろう．これを一般に文言侵害という．

さらに，文言には含まれなくても，均等であるために侵害するという考え方が存在する．これを均等侵害といい，この考え方を**均等論**とよぶ．

均等が認められるための要件については，1998年の最高裁判決（平成6年（オ）1083号）に判示されている．判決の要約を以下に記載する．

判決の要約
特許権侵害訴訟において，相手方が製造等をする製品又は用いる方法（以下「対象製品等」という．）が特許発明の技術的範囲に属するかどうかを判断するに当たっては，特許請求の範囲の記載に基づいて特許発明の技術的範囲を確定しなければならず，特許請求の範囲に記載された構成中に対象製品等と異なる部分が存する場合には，対象製品等は，特許発明の技術的範囲に属するということはできない．

しかし，特許請求の範囲に記載された構成中に対象製品等と異なる部分が存する場合であっても，
(1) その部分が特許発明の本質的部分ではなく，
(2) その部分を対象製品等におけるものと置き換えて

も，特許発明の目的を達することができ，同一の作用効果を奏するものであって，
(3) 置き換えることに，当該発明の属する技術の分野における通常の知識を有する者（以下「当業者」という.）が，対象製品等の製造等の時点において容易に想到することができたものであり
(4) 対象製品等が，特許発明の特許出願時における公知技術と同一又は当業者がこれから右出願時に容易に推考できたものではなく，かつ，
(5) 対象製品等が特許発明の特許出願手続において特許請求の範囲から意識的に除外されたものに当たるなどの特段の事情もないときは，
対象製品等は，特許請求の範囲に記載された構成と均等なものとして，特許発明の技術的範囲に属するものと解するのが相当である．
(一) けだし，特許出願の際に将来のあらゆる侵害態様を予想して明細書の特許請求の範囲を記載することは極めて困難であり，相手方において特許請求の範囲に記載された構成の一部を特許出願後に明らかとなった物質・技術等に置き換えることによって，特許権者による差止め等の権利行使を容易に免れることができるとすれば，社会一般の発明への意欲を減殺することとなり，発明の保護，奨励を通じて産業の発達に寄与するという特許法の目的に反するばかりでなく，社会正義に反し，衡平の理念にもとる結果となるのであって，
(二) このような点を考慮すると，特許発明の実質的価値は第三者が特許請求の範囲に記載された構成からこれと実質的に同一なものとして容易に想到することのできる技術に及び，第三者はこれを予期すべきものと解するのが相当であり，
(三) 他方，特許発明の特許出願時において公知であった技術及び当業者がこれから出願時に容易に推考することができた技術については，そもそも何人も特許を受けることができなかったはずのものであるから，特許発明の技術的範囲に属するものということができず，
(四) また，特許出願手続において出願人が特許請求の範囲から意識的に除外したなど，特許権者の側においていったん特許発明の技術的範囲に属しないことを承認するか，又は外形的にそのように解されるような行動をとったものについて，特許権者が後にこれと反する主張をすることは，禁反言の法理に照らし許されないからである．

上記の5要件を整理すると，① 被告製品と異なる部分が特許発明の本質的部分でないこと，② 置換可能性，③ 対象製品製造時の置換容易性，④ 被告製品が公知技術などでないこと，⑤ 意識的除外でないこと，となり，これらの要件をすべて満たす場合に，均等による侵害が認められる．

これを角の先端を丸くした六角形の鉛筆にあてはめると，① 六角形としたのは転がりにくくするためであり，角の先端を丸くしても同様の効果を奏するため，本質的部分ではないということができ，② 同一の作用効果を有するので，置換可能性があり，④ 六角形にして，さらに角の先端を丸くすることは特許発明の出願時に容易に推考できたものではなく，⑤ 角の先端を丸くすることは意識的に除外したものではない，といえよう．③ については，握りやすくするために角の先端を丸くすることは，対象製品の製造時に一般に行われているということを示せれば，均等と判断されるであろう．

c. 特許権の効力が及ばない範囲

a. において述べたように，特許権者の許諾を得ずに特許発明を実施していた場合には，特許権の侵害となる．しかしながら，特定の場合には特許権の効力が及ばないとされている（特許法69条）．主な規定は以下のとおりである．

(i) 試験または研究のための実施

技術の発展を促すために，試験または研究のための実施に対しては，特許権の効力が及ばないと規定されている．しかしながら，ここでいう「試験または研究」とは，その発明自体の追試やその発明を改良して新たな発明をする場合に限られる．これに対し，医薬品のスクリーニング方法の発明において，それを利用して新たな医薬品を探索することは，その発明自体の試験や研究ではないため特許権の侵害となる可能性が高いとされており，注意が必要である．

(ii) 国内を通過する船舶や航空機に使用する機器など

単に国内を通過する船舶や航空機，これらに使用する機械，器具，装置などには特許権の効力は及ばないとされている．国際交通の便宜を考慮したものである．

(iii) 出願時に日本国内に存在していた物

「特許出願時に日本国内に存在していた物」に対しても特許権の効力は及ばないと規定されている．特許出願時にすでに存在していた物に対して，その使用を止められたり，その物を廃棄させられたりすることは過酷であるからである．特許出願時に存在していれば，多くの場合は公知となっており，その出願の発明

は新規性がないとして特許権を取得することはできないが，秘密の状態で存在していた場合に，この規定が意味をもつ．

d. 特許権の消尽

特許法上に明文の規定はないものの，特許権者が販売した特許製品の，購入者による使用や転売は特許権の侵害とならない．これを特許権の消尽という．

例えば，所有しているパソコンが特許製品であり，パソコンを新しい物に買い替えるため，所有しているパソコンを業者に売り，業者がこれを転売したとしよう．この場合に特許権を侵害するかという問題である．a.で述べたように，特許法では，特許製品を譲渡する行為は侵害となるので，中古のパソコンを転売すれば侵害になるようにも読める．しかしこの行為は侵害とならない．

特許権者は，特許製品を販売するときに，適正な価格を設定することにより利益を回収することができ，特許製品を販売した時点で特許権は使い尽くされた（消尽）と考えられている．このようなルールをおくことによって，流通の安定性を担保しているのである．

e. 実施権

特許権の取得後は，その発明の実施をする権利を専有するため，自分で実施することにより，他人の製品と差別化した製品を製造することができ，それによって売上を伸ばし，利益を上げることが可能である．一方，特許権を取得しても実施しなければ，利益を上げることができない．その場合には，その特許権について製造や使用をする者と契約することによって，実施料を得て利益を得ることになる．

特許権者が第三者に対し対価などを得て実施権を認める場合を，許諾実施権という．許諾実施権には専用実施権と通常実施権とがある．

(ⅰ) 専用実施権

実施権の一つに専用実施権がある．特許権者が他人に専用実施権を設定した場合，専用実施権者がその特許発明の実施をする権利を専有する範囲については，特許権者も実施をすることができなくなる．例えば，専用実施権者に対し，販売地域や販売期間などを設定すれば，その範囲については特許権者自身も実施をすることができないのである（特許法68条ただし書，77条）．

(ⅱ) 通常実施権

特許権者は，その特許権について他人に通常実施権を許諾することができる（特許法78条）．実施権の許諾は複数の者に行うこともでき，どのような条件で実施を許諾するかは契約で定めることができる．

企業では自己実施をすることが多いが，個人や大学などが特許権を取得した場合には，自分で実施することが難しいため，企業に実施を許諾することによって利益を得ることも多い．

(ⅲ) 法定実施権

通常実施権には，許諾実施権のほか，特許権者の意思によらず，特許法において所定の場合に第三者が特許発明を実施できるようにしたものがある，これには法定実施権と裁定実施権とがある．

法定実施権の主なものとして，先使用権が挙げられる．

他人の特許出願の内容を知らないで，自らがその発明をして，他人の特許出願の際に日本国内において実施の事業又は準備をしている者は，その特許権について通常実施権を有する（特許法79条）．この権利を先使用権という．

ある人が化学物質Ａの製造方法について発明した場合に，発明をしたが特許出願をせず，かつその発明の内容を公表しなかった場合を想定する．その後，他人が同じ発明をして出願した場合，その発明は公知になっていないため，新規性や進歩性を否定されずに，他人が特許権を取得することになる．この特許権によって，その特許出願よりも前に実施していた者が自分の製造設備を廃棄しなければならないとすれば，先に発明した者にとって大きな損失となってしまう．これを防ぐために，先使用権の規定をおいている．

特許出願をすれば18ヵ月後に発明の内容は公開されるため，公開されないよう出願を控えて秘匿する場合もある．

製品の発明は，その製品を販売することにより，それを入手した者が分析することによって技術の内容がわかってしまうことが多いが，製造方法の発明は，その発明によって製造された製品から発明の内容を知ることが難しい．一方で，製造方法の発明について特許権を取得したとしても，他人が特許権を侵害していることを立証するためには，製造現場に立ち入る必要があり，容易なことではない．そのため製造方法の発明は，秘匿して特許出願をしないことも多い．

これは「オープン＆クローズ戦略」とよばれており，どの技術をオープンにして特許権を取得し，どの技術を秘密にするかは企業にとって重要な戦略である．しかしながら，クローズ戦略をとったために，後に他人が同じ発明をして特許権を取得する危険性もある．

先使用権はそれに一定の救済を与えるものであるが，いつ，どのような技術を実施していたのかの立証の難しさや，実施していた技術の内容を改良した場合には先使用権が認められないといった問題もあるので注意が必要である．

(iv)　裁定実施権

以下の三つの場合には，通常実施権の設定について経済産業大臣または特許庁長官に裁定を求めることができる．

(1)　不実施

特許発明の実施が継続して3年以上日本国内において適当になされていないときは，その特許発明の実施をしようとする者は，特許権者に対し通常実施権の許諾について協議を求めることができ，協議が成立せず，または協議をすることができないときは，特許庁長官の裁定を請求することができる．特許出願の日から4年を経過していることが必要である(特許法83条)．

(2)　利用関係

先に出願された他人の特許発明（実用新案や意匠も対象である）を利用しなければ自分の発明を実施できないという，いわゆる「利用関係」にある場合には，自分で特許権を取得していたとしても実施をすることができない（特許法72条）．

例えば，ある人Aがテレビの原理を見つけてテレビの特許権を取得したとする．この技術を応用して，別の人Bがカラーテレビを発明して特許権を取得したとする．Bがカラーテレビを製造する際に，Aのテレビの原理を使用しなければ製造することができない場合，この関係を「利用関係」とよぶ．特許権は他人が実施することを禁止する権利であり（これを排他権という），特許権が重なることもあるため，特許権を取得すれば，自動的にその権利を実施できるとは限らないのである．

この場合，カラーテレビの特許権者Bは，テレビの特許権者Aに実施の許諾を求めることが必要である．テレビの特許権者Aが実施を許諾すれば，カラーテレビの特許権者Bはカラーテレビを製造することができる．一方，テレビの特許権者Aも，白黒テレビではなくカラーテレビを製造したいと考えれば，カラーテレビの特許権者Bに実施の許諾を求めるであろう．その結果，互いに実施の許諾を与えることになり，これを一般にクロスライセンスとよぶ．

それぞれの特許権の価値が同等であれば無償でライセンスをすることになろうが，特許権の価値が異なる場合，一方が他方に金銭を支払うこともある．また，一方は一つの特許権の許諾をするのに対し，他方は複数の特許権の許諾をすることもある．

しかしながら，特許権者Aが実施を許諾しないこともありうる．その場合に特許権者Bは裁定実施権を求めることになる（特許法92条）．その規定の概要は以下のとおりである．

特許発明がその特許出願の日前の出願に係る他人の特許発明を利用するものであるときなど，72条に該当するときは，他人に対し通常実施権の許諾についての協議を求めることができる．協議を求められた他人は，協議を求めた特許権者に対し，通常実施権の許諾について協議を求めることができる（クロスライセンス）．協議が成立せず，または協議をすることができないときは，特許庁長官の裁定を請求することができる．この場合，相手方の利益を不当に害するときには裁定請求は認められない．

(3)　公共の利益

特許発明の実施が公共の利益のため特に必要であるときは，特許権者に対し通常実施権の許諾について協議を求めることができ，協議が成立せず，又は協議をすることができないときは，経済産業大臣の裁定を請求することができる（特許法93条）．

このように三つの場合に裁定実施権が規定されているが，裁定実施権が実際に設定されたことはない．

f.　特許権の侵害とその救済

特許権の侵害を発見した場合，特許権者はまず侵害していると考える者に対し警告状を送って，侵害行為の中止を求めることが一般的である．それにもかかわらず侵害行為が継続するときには，訴訟を提起し，司法による救済を求めることになる．

権利侵害の救済や侵害の予防のための手段に関連する主な規定は以下のとおりである．

(i)　差止請求

特許権者（専用実施権者を含む）は，自己の特許権を侵害する者または侵害するおそれがある者に対し，その侵害の停止または予防を請求することができる．これを差止請求とよぶ．

この場合，侵害の行為を組成した物の廃棄や設備の除却なども請求することができる（特許法100条）．

(ii)　損害賠償請求

侵害行為によって特許権者が被った損害の賠償を求めるものである．民法709条に「故意又は過失によって他人の権利又は法律上保護される利益を侵害した者は，これによって生じた損害を賠償する責任を負う.」と規定されており，この規定により損害賠償を請求することができる.

特許権侵害は，侵害の発見の困難性，損害額の算定の困難性から特許権の損害額の算定方法が特許法102条に規定されており，以下の三つの方法がある.

(1)　逸失利益

特許権者が失った利益を意味し，「侵害者が販売した侵害物件の数量」に「特許権者がその侵害行為がなければ販売することができた物の利益の額」を乗じた額である（特許法102条1項).

(2)　侵害によって受けた侵害者の利益額

侵害者がその侵害の行為により利益を受けているときは，その利益の額は，特許権者が受けた損害の額と推定する（特許法102条2項).「侵害者が販売した侵害物件の数量」に「侵害者の販売した物の利益の額」を乗じた額となる.

多くの場合，侵害者の製品は特許権者の製品よりも安く販売されるため，特許権者の販売した物の利益の額のほうが大きくなり，逸失利益のほうが大きくなる.

(3)　実施料相当額

特許権者は，自己の特許権を侵害した者に対し，その特許発明の実施に対して受けるべき金銭の額に相当する額を請求することができる（特許法102条3項). この規定によれば，あらかじめ特許権者と契約して実施料を支払うよりも，特許権者から侵害だと訴えられて損害賠償を請求されたら実施料を支払えばいいということになるため，侵害の抑制としては不十分である.

(iii)　過失の推定

他人の特許権を侵害した者は，その侵害の行為について過失があったものと推定する（特許法103条).

特許権が設定されると特許公報が発行されて権利の内容は公示され，また特許の関係者は専門家であるため，このような規定がおかれている. これにより過失によって他人の権利を侵害したことになり，民法709条の損害賠償の規定が適用される.

(iv)　具体的態様の明示義務

特許権の侵害に係る訴訟において，特許権者が侵害されたと主張する物や方法を否認するときは，相手方は，自己の行為の具体的態様を明らかにしなければならないと規定されている. 自分の実施しているものが特許権とは異なるものであるという主張のみでは，特許発明の技術的範囲外であるとは認められないとすることにより，侵害の立証を容易にしようとするものである（特許法104条の2).

(v)　書類の提出命令

侵害行為の立証や損害額の算定を容易化するために，裁判所のみが書類をみることができるようにして，当事者の秘密書類の提出を促進する制度を導入している（特許法105条). これをインカメラ制度とよんでいる.

(vi)　損害算定のための鑑定

特許権は損害額の算定が困難であることが多いため，専門家である計算鑑定人が損害額を算定する制度を導入している（特許法105条の2).

(vii)　秘密保持命令，裁判の非公開

訴訟手続において営業秘密が公開されてしまう事態を防止するために，秘密保持命令などや裁判の公開停止などを規定している（特許法105条の4～105条の7).

(viii)　間接侵害

次に掲げる行為は，当該特許権を侵害するものとみなすと規定されている. これを間接侵害とよぶ.

- 特許が物の発明についてされている場合に，その物の生産にのみ用いる物の生産，譲渡等をする行為（特許法101条1項）
- 特許が物の発明についてされている場合に，その物の生産に用いる物（日本国内において広く一般に流通しているものを除く.）であってその発明による課題の解決に不可欠なものにつき，その発明が特許発明であること及びその物がその発明の実施に用いられることを知りながら，その生産，譲渡等をする行為（同2項）

1項には「その物の生産にのみ用いる物」と規定されているため，他の物の生産にも用いられると主張されると間接侵害とならなかった. そこで2002年の改正により2項を新設したという経緯がある.

2項では，取引の安定性を確保する観点から「広く一般に流通しているもの」を除外した. また，「課題の解決に不可欠なもの」とは，それを用いることで初めて「発明の解決しようとする課題」が解決されるような，発明のポイントに関連する重要な部品・材料などをいうとされている.

さらに「その発明が特許発明であって，その物がその発明の実施に用いられることを知りながら」という

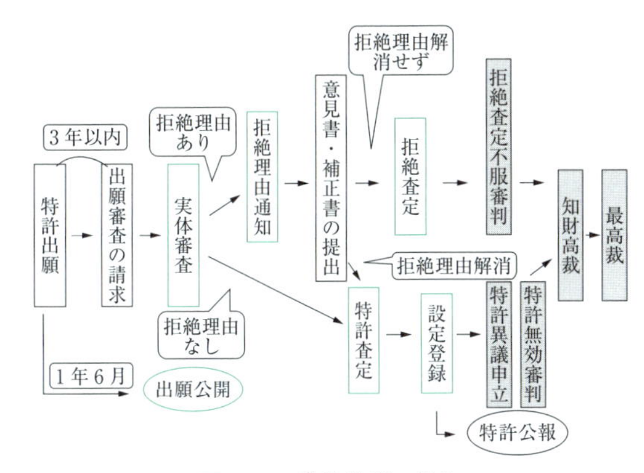

図 5-17 特許出願の流れ

表 5-4 特許異議申立制度と特許無効審判制度の比較

特許異議申立制度	特許無効審判制度
特許公報発行後6カ月	いつでも
誰でも	利害関係人
書面審理	原則として口頭審理
特許が訂正された場合に意見提出が可能	同左
特許が維持された場合に不服申立不可	知財高裁に出訴可能

要件が規定されているが，特許権者から警告状を受け取った後は，通常は「知りながら」という要件を満たすことになる．

5.2.2 審判制度と特許異議申立制度

a. 拒絶査定不服審判

特許出願の審査は，特許査定又は拒絶査定によって終わるが，出願人が審査官の拒絶査定に不服があるときは，審査の上級審として位置づけられている審判を請求することができる（特許法 121 条）．これを拒絶査定不服審判とよぶ（図 5-17）．

拒絶査定不服審判を請求するときに明細書や特許請求の範囲の補正があった場合は，審判による審理の前に，審査を担当した審査官が審査することとされている（特許法 162 条）．これを前置審査とよぶ．

補正があった出願は拒絶査定の理由を解消していることも多いため，拒絶査定をした審査官に再度審査させることにより，審判の促進を図るためである．審査官が拒絶の理由は解消したと認める場合は，拒絶査定を取り消して特許査定をする．他方，審査官が依然として拒絶すべきものと認める場合は，審判合議体により特許すべきか拒絶すべきかが審理される．

審判は通常 3 人の審判官の合議体によって審理される．

その結果，拒絶を維持するとの審決が出された場合，審判請求人（出願人）は審決取消訴訟を知的財産高等裁判所に提起することができる．

b. 特許無効審判

特許権が設定された後，その特許権に瑕疵がある場合，利害関係人は特許無効審判を請求することができる．特許権は，審査官による審査を経て，拒絶理由が発見されなかった出願について設定されるが，すべての審査が完璧に行われることは現実的ではないため，このような制度が設けられている．

特許無効審判は請求人と被請求人（特許権者）との当事者対立構造の審判であり，口頭審理を原則とする．

特許無効審判の審決に不服がある場合には，知的財産高等裁判所に審決取消訴訟を提起することができる．特許無効審判は当事者対立構造の審判であるため，特許維持審決の場合も特許無効審決の場合も，他方の当事者を相手どって審決取消訴訟を提起することができる．

c. 特許異議申立制度

この制度は，2014 年法改正により導入され，2015 年 4 月に施行された．それ以前は，特許権の設定に瑕疵がある場合に利用できる制度としては特許無効審判制度しかなかった．しかしながら，口頭審理を原則とする特許無効審判は負担が大きく利用しづらいとの指摘があり，特許無効審判による特許権の見直しには限界があるとの意見が多くあった．

特許査定件数は年間 20 万件を超え，審査されたものの約 70%が特許査定となるが（2015 年），無効審判請求件数は年間 200～300 件程度で，特許査定された件数の約 0.1%に過ぎない．

そこで特許権の見直しの時期を 6ヵ月という一定期間に限り，書面での審理とする特許異議申立制度が導入された．

特許異議申立の結果，特許取消決定が出された場合には，特許権者は知的財産高等裁判所に決定の取消しを求めて訴えを提起することができる．一方，特許維持決定が出された場合，特許異議申立人は決定の取消しを求めて訴えを提起することはできない．しかし，特許無効審判を請求することは可能である（表 5-4）．

d. 侵害訴訟における特許無効の抗弁

日本において特許の無効は，長らく特許庁が無効審判により判断することとされてきた．特許の無効は新規性や進歩性などについて判断することが多く，技術の専門家を有する特許庁で行ったほうが的確な判断が得られるという考え方に基づくものであり，裁判所が自ら無効の判断をしてはならないとされていた．

これに対し，米国，英国，オランダなど欧米の多くの国においては，特許の無効は裁判所が侵害訴訟の中で判断することとなっている．この利点としては，一つの訴訟において無効を争うことができるため，審理が早くなされ，訴訟経済に資することが挙げられる．

2000年に最高裁は，無効理由が存在することが明らかな場合には，特段の事情がない限り権利の濫用に当たり，特許権の行使は認められないという判断を示した（平成10年（オ）364号）．これを受けて2004年に特許法が改正され，侵害訴訟において特許の無効の判断がなされることとなった．

すなわち，特許権の侵害に係る訴訟において，当該特許が特許無効審判により無効にされるべきものと認められるときは，特許権者は，相手方に対しその権利を行使することができないという規定がおかれた（特許法104条の3）．

5.2.3　知的財産権に関する裁判制度

a. 知的財産権関係訴訟の管轄の特例

(i)　特許権等に関する訴えの管轄

特許権，実用新案権，回路配置利用権又はプログラムの著作物についての著作者の権利に関する訴え（以下「特許権等に関する訴え」という．）については，専門的，技術的な要素が特に強いことから，専門的な処理体制の整備された裁判所が取り扱う必要がある．そこで2003年の民事訴訟法の改正により，特許権等に関する訴えは，知的財産権関係民事事件を取り扱う専門部を有する東京地方裁判所又は大阪地方裁判所の専属管轄に属するとともに，その控訴事件は，知的財産高等裁判所がすべて取り扱うこととされた（民事訴訟法6条）．

(ii)　意匠権などに関する訴えの管轄

意匠権，商標権，著作者の権利（プログラムの著作物についての著作者の権利を除く），出版権，著作隣接権若しくは育成者権に関する訴え又は不正競争による営業上の利益の侵害に係る訴えについては，東京地方裁判所又は大阪地方裁判所にも，その訴えを提起することができる．その控訴事件は第一審を取り扱った地方裁判所に対応して，全国8ヵ所にある高等裁判所が管轄を有する．そのうち，東京高等裁判所の管轄に属する事件は知的財産高等裁判所が取り扱う（民事訴訟法6条の2）．

b. 知的財産高等裁判所の設置

特許庁の審決に対する訴訟事件，特許権などに関するすべての事件，その他の知的財産権に関する事件のうち東京地方裁判所に訴えが提起された事件を取り扱う控訴審レベルの裁判所として，知的財産高等裁判所が，2005年に東京高等裁判所の特別の支部として設置された．

知的財産権を巡る紛争は，重要な法律上の争点を含み，裁判所の判断が企業の経済活動及び日本の産業経済に重大な影響を与える事案も少なくない．そこで信頼性のあるルールの形成と事実上の判断統一の要請に応えるため，5人の裁判官から構成される合議体により審理及び裁判を行う制度（いわゆる大合議制度）が導入された．2017年1月までに大合議判決が言い渡された案件は10件である．

5.2 節のまとめ

特許権者は原則として発明を実施する権利を専有するので，他人がその発明を，特許権者の許諾を得ずに実施していた場合には，特許権の侵害となる．その場合に特許権者は差止めや損害賠償を求めて提訴することができ，これを一般に「特許権侵害訴訟」とよぶ．その際に特許権が及ぶ範囲である「特許発明の技術的範囲」は，出願書類のうちの特許請求の範囲の記載に基づいて定められるため，特許請求の範囲を過不足なく記載することが重要である．

一方で，他人が実施することができる権利は実施権とよばれ，特許権者に許諾を求める「許諾実施権」，制度の必要性から規定された「法定実施権」，特定の場合に経済産業大臣または特許庁長官に裁定を求めて設定される「裁定実施権」がある．

侵害だと訴えられた場合には，その対抗手段として，特許権の無効を主張することができ，特許無効審判を請求することに加え，侵害訴訟において特許無効の抗弁をすることも可能である．

知的財産権の訴訟においては，技術の専門性が求められることも多いため，裁判管轄において特別な規定がおかれており，専門の部署が設置されている．

コラム 7 知的財産の経営的価値

グーグル社によるモトローラ社の買収

2012 年 5 月，グーグル社はモトローラモビリティ社という携帯電話などの通信機器開発製造会社を 125 億ドル（当時の為替レートで約 1 兆円）で買収した．この買収についてグーグル社の CEO は，これによってグーグル社のもつ特許資産の構成（ポートフォリオ）が強化され，アップル社やマイクロソフト社など競合他社からの脅威から自社が展開するアンドロイド陣営を守ることに役立つとのコメントを発表した．そして，買収金額のうち半額近い 55 億ドルが，特許権と開発済み技術の資産の価値として，財務諸表に計上された．

アンドロイド

アンドロイドとは，グーグル社が無償で提供するオープンな OS ソフトであり，2008 年に公開されて以降，スマートフォンなどに広く利用されてきた．このソフトを利用してスマートフォンを製造販売する企業としては，ソニーや韓国のサムスン電子社，中国のファーウェイ社など多くの企業が挙げられる．ソニーからはエクスペリア，サムスン電子社からはギャラクシーとよばれるスマートフォン端末が販売されているが，アンドロイドは 2011 年以降スマートフォン用の OS として世界最大のシェアを維持し，現在も 8 割に及ぶ圧倒的なシェアを確保している．

アンドロイド対アップル

対して，アップル社は自社の独自 OS である iOS を用いて自社で iPhone の名で知られるスマートフォンを製造販売している．またマイクロソフト社は，パソコン用の基本 OS ソフトのウィンドウズを提供している企業としてよく知られる．

検索サービスに代表されるインターネットサービスの大手企業として知られるグーグル社も，近年は事業領域を拡大し，Nexus（現在の Pixel）といった携帯などのハードウエア分野などにも積極的な事業拡大の可能性を探ってきた．

その意味で，アップル社にとっては，スマートフォン市場で自社 OS と対抗するアンドロイド搭載の携帯を提供するグーグル社やアンドロイドを利用する携帯メーカーは競合企業以外の何ものでもなかった．

アンドロイド対マイクロソフト

またマイクロソフト社も，未だシェアは高くないものの携帯事業に進出しその躍進を期しており，また検索サービスなどグーグル社と競合する分野への進出を模索していた．一方で，グーグル社はマイクロソフト社の OS やアプリケーションソフトである Office に対抗するソフトウエアを開発し，タブレット端末とパソコンの統合時代を担うべく準備に余念がない．マイクロソフト社にとってもグーグル社は，手強い競争相手であることに変わりがなかった．

特許戦争

そうしたなか，特にスマートフォンや携帯タブレット分野ではアップル社やマイクロソフト社などが，グーグル社やアンドロイドを活用するメーカーなどを相手に特許権の侵害を訴えて訴訟を提起する例が相次いできた．

有名な例は，2011 年 4 月はじまったアップル社による，サムスン社の提訴である．同社は，アンドロイドを搭載したサムスン電子社のギャラクシーが，自社の特許権を侵害しているとして訴えた．その後，サムスン社もアップル社が自社の特許権を侵害しているとして提訴し，両社の間では互いが互いの権利を侵害しているとして，提訴の応酬が続いた．

米国での裁判ではサムスン電子社が敗訴し，800 億円を越える賠償金の支払いが命じられた．その後，両社の間では国によって勝敗が分かれたが，永い年月にわたって争いが続いてきた．

こうした訴訟は，アップル社対サムスン電子社の争いであるとともに，アップル社対グーグル社の提供するアンドロイド・ソフトとの争いに置き換えられるとも指摘されている．サムスン電子社は，アンドロイド陣営の代表的な企業でもある．

モトローラ社買収の真の目的

こうした裁判が佳境に入っているなか，グーグル社によるモトローラモビリティ社の買収が行われた．この 1 兆円相当の買収額は，グーグル社のほぼ四半期分の売上高に相当し，また通年純利益を上回る金額であった．この買収の真の目的は，モトローラモビリティ社がもっていた約 17,000 件の特許権を取得することにあったといわれている．実際，グーグル社はこの買収から2年も経たないうちに，大部分の特許権と技術を手元に残したうえで，そのほかのモトローラ社の資産や事業を別の会社に29億ドルで売却してしまった．買収額と売却額を差し引きで，特許権や技術の取得に100億ドル近い投資を行ったと見なすこともできる．

特許権は，排他的な権利によって，市場での優位性をもたらし，企業に超過収益をもたらすことが期待される．しかし，多くの産業界でのより実際的な意義としては，自社が数多くの特許権をもっていることで，特許権を主張する相手企業に対して，牽制をする効果があるといわれる．相手企業も自社の特許権を侵害していれば，一方的に攻められることなく，互いに対等な交渉にもち込むことができ，結果として技術の利用をライセンス相互に認め合う，クロスライセンスへの道が確保される．

買収の背景には，こうした意図がグーグル社にあったと推測される．その対価として莫大な金額が支払われたことになる．この事例から，特許権に代表される知的財産の経営的意義の大きさが改めて確認される．

コラム8　クールジャパンとコンテンツライセンス

現在の「クールジャパン」は日本政府の政策として，2010年に経済産業省にクールジャパン室が開設され，2012年には内閣にクールジャパン担当大臣[1]もおかれ，「内需減少などの厳しい経済環境のもとで，「日本の魅力」の事業展開として「自動車，家電・電子機器等の従来型産業に加えて，「衣」「食」「住」やコンテンツ（アニメ，ドラマ，音楽）をはじめ，日本の文化やライフスタイルの魅力を付加価値に変える.」[2]というかけ声のもとに，約106億円[3]のプロジェクトとなっている．

このクールジャパン政策の足がかりとなったのが，2002年の第一次小泉内閣における知的財産戦略本部の設置であった．この本部は，総理大臣，国務大臣，経済界，学会の有識者からなり，デジタルコンテンツを中心に，一般コンテンツや日本ブランドの専門調査会が置かれた．折しも1999年には，「ポケモン」が，世界の商品ライセンス業界の頂点ともいわれる，米国NPO法人LIMA（International Licensing Industry Merchandisers' Association/国際ライセンシング産業マーチャンダイザーズ協会）のライセンス・オブ・ジ・イヤー最優秀賞を受賞している．これは，1990年代の「ドラゴンボールZ」や「美少女戦士セーラームーン」など日本のアニメコンテンツの好調の流れに乗ったものといえよう．また2002年にはスタジオ・ジブリの「千と千尋の神隠し」がアカデミー長編アニメーション賞を受賞し，日本アニメは世界各国でそのステータスも，売上もピークに達した．これを受け，2004年には，JETRO（日本貿易振興機構）が知的財産戦略本部の予算とLIMAの協力を得て，はじめて世界最大のライセンスビジネスショー“Licensing International Expo（NY）”に日本のアニメコンテンツを，世界に紹介するブース“Japan Cool Edge”を開設した．このような動きのなかで，2009年には，テレビ東京系列のアニメーション，「爆丸」が日本アニメとして2回目のライセンス・オブ・ジ・イヤー最優秀賞を獲得している．JETROは一方で，映画コンテンツの輸出にも力を入れ，最大の市場である北米に対しては，“American Film Market（Santa Monica）”でホラームービーなどの日本映画の脚本の輸出に成功した．映画の場合，その具体的コンテンツ名は明らかにされていないが，主にハリウッドで日本映画作品が多くリメイクされたのは，このJETROを中心としたプロモーションが功を奏したといってよいだろう．ところが，この爆丸を最後に，2010年のクールジャパン室の設置以降，8年間にわたって現在に至るまでライセンス・オブ・ジ・イヤーを受賞した日本コンテンツはない．日本のコンテンツ市場も2007年に約13兆円[4]を記録して以来，右肩下がりで，2012年時点で日本コンテンツの海外輸出もその5%程度と，米国の17%[5]に比べると低調である．このため，2015年8月に経済産業省が発表した，「地域経済活性化に資する放送 コンテンツ等海外展開支援事業」の第1ページ

[1] 2016年8月現在，第三次安倍内閣において，「内閣府特命担当大臣（沖縄及び北方対策科学技術政策宇宙政策）情報通信技術（IT）政策担当大臣」と兼任

[2] 経済産業省商務情報政策局2015年8月『クールジャパン政策について』

[3]「平成28年度第2次補正予算」

[4] デジタルコンテンツ協会『デジタルコンテンツ白書2013』．

[5] 総務省 情報流通行政局 情報通信作品振興課『コンテンツ製作・流通の概況と総務省の取組』(2012).

目の「クールジャパン戦略について」には,「現状と課題」として下記の4点が挙げられている.

- アニメ等のコンテンツ,ファッション,和食等海外で人気の高い日本の商品・サービスは多数存在.こうした「日本の魅力」を「産業」に転換し,経済再生・地域活性化に繋げることが必要.
- しかしながら,日本の魅力を海外にアピールする上で潜在能力を十分発揮できておらず,海外需要を取り込めていない.
- 特に,クールジャパンを支えるクリエイター,デザイナーなどや中小企業は,足がかりにすべき海外拠点がない,金融機関からの資金調達が困難であるなどの理由により,単独で海外展開することは困難な状況.
- このため,戦略的な海外展開のためのクールジャパン戦略の早期作成,実行が必要.

クールジャパンの前段階では,成功しそうに見えた日本のコンテンツ輸出政策が,ここにきて長い踊り場にとどまっている実情を,ようやく政府も認め,コンテンツだけでなく,もっと広い分野で「日本の魅力」を輸出する方向に舵を切るかにみえる.ここで指摘したい大きな問題点は,クールジャパン室ができてから,政策自体が,やや「予算のばらまき」戦略になりがちな性格をもってきていることである.実際上記の「地域経済活性化に資する放送 コンテンツ等海外展開支援事業」の補助金枠は60億円であるが,実際の支援説明資料をみれば,その内容は,「補助金額の申請」,「決定」,「交付」そして事業補助完了となっていることがわかる.費用負担以外の補助には何があるべきなのかを考え,これを実行しないとクール・ジャパン政策の成功はないと思われる.ここで重要なのは,輸出先の国でのプラットフォームの構築である.これを実現するためには,主要な輸出国に「クールジャパン現地オフィス」をおき,現地スタッフの言語や商習慣,ネットワーク作りのアシストを頼むことが重要と思われる.幸い,JETROは各国にオフィスがあり,経済産業省の所管の行政法人であるからして,これらを積極的に利用しない手はないと思われる.

コラム9 音楽著作権の管理事業とは

放送局,カラオケやレストラン,ライブハウス,結婚式場,社交ダンス教室などの音楽の使用や権利について調べるとJASRAC(ジャスラック)という言葉を耳にすることが多い.JASRACが本業とする楽曲管理事業とは何か.

JASRACの正式名称は,「日本音楽著作権協会」.1939年に設立された.現在は一般社団法人組織である.英語表記「Japanese Society for Rights of Authors, Composers and Publishers」からわかるように,作曲家,作詞家,音楽出版社などがもつ音楽著作物に関する著作権(音楽著作権)の保護と音楽著作物の円滑な利用を通じて音楽文化の発展普及を図ることを事業目的とする.

日本には,イーライセンス社とジャパン・ライツ・クリアランス社(JRC)があったが,2016年に事業統合し,NexToneとなった.

作曲家や作詞家など(音楽ビジネスでは「作家」よぶことが多い)の著作権者は,自己の音楽著作権を管理事業者に移転させ管理を委託する.一般に,作家は楽曲をクリエイトする人たちであり,契約や財政管理のプロでないので,契約業務などの仕事は,専門家の手によるのが効率的であるため,どこの国においても音楽著作権の管理事業者(社)がある.

著作権管理事業者は放送事業者や一般利用者などに対し,音楽著作権の利用手続きを行い,その対価として受け取った使用料を,管理手数料を差し引いたうえで,委託者に分配する.

音楽著作物の利用とは,テレビやラジオなどの放送のほか,ライブ演奏やCD演奏,ネット配信,CD・DVDなどのレンタルを指す.カラオケ,ダンス教室などでの演奏や,ホテルや診療所,飲食店でのBGM利用も含まれる.

管理事業者は,楽曲をデータベース化し,演奏,放送,録音,ネット配信などさまざまなかたちで利用される音楽について,利用者が簡単な手続きと適正な料金で著作権の手続きができる窓口の役割を果たす.使用料は,作詞者・作曲者・音楽出版者など権利を委託した会員に分配する.

JASRACは東京にある本部のほか,全国主要都市に16支部をもつ.海外の著作権管理団体とお互いのレパートリーを管理し合う契約を結んでおり,国内の海外作家(作曲家と作詞家,編曲者)の権利も保護される.

文芸や演劇,美術などにも権利の集中管理事業団体があるが,音楽の世界が著作権管理のあり方において最も進んでいるといわれる.

6. グローバル時代の知的財産

6.1 国際取引と知的財産

6.1.1 国際的な知的財産保護

a. 外国における知的財産の保護

特許，意匠，商標では，特許庁に出願して審査を経てはじめて権利を取得することができ，権利を取得すれば，他人が許諾を得ずにその権利を使用することを差し止めることができる．しかしながら，日本の特許庁に出願して権利を取得しても，その権利は日本にしか及ばず，米国や中国などの外国で権利を行使することはできない．この考え方を**属地主義**という．米国や中国などで権利を行使するためには，権利行使をしたい国の特許庁に出願して，権利を取得することが必要である．各国で制度が異なっていることから，残念ながら，世界特許，世界意匠，世界商標は存在しない．世界各国で権利を取得したいという場合には，それぞれの国に出願することが必要なのである．五大特許庁とよばれている日米欧中韓の特許庁の特許出願状況の推移を示した（図 6-1）．図 6-1 より，中国への出願件数の伸びが急激であることが見て取れる．なお，欧州については，詳細は 6.1.1f(ⅱ)で説明するが，欧州全体の特許制度，意匠制度，商標制度が存在する．

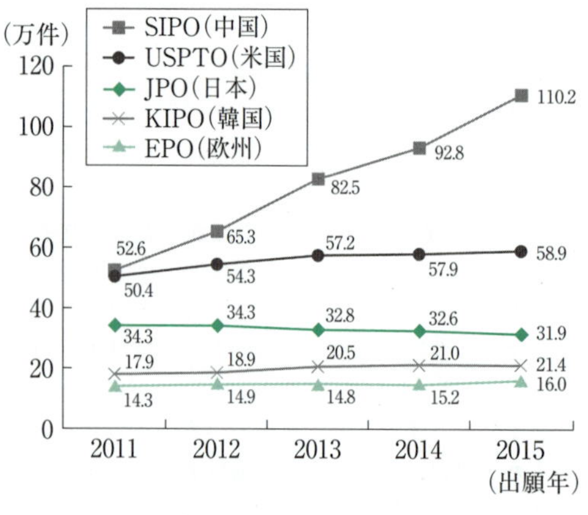

図 6-1　日米欧中韓における特許出願件数の推移
出典：特許行政年次報告書 2016 年版

各国で権利を取得する場合，国によって権利を取得するための言語が異なっており，日本であれば日本語，米国は英語，中国は中国語，韓国は韓国語で出願しなければならない．世界の共通語とされている英語で権利を発生させることができたら便利ではないかとも考えられるが，特許権については，例えば日本において英語で権利が発生した場合，日本に居住している人々が権利の内容を十分に理解できるかという問題が生じる．権利侵害か否かは裁判で争われるが，英語で記載されている特許権を的確に解釈するのは現状においては困難といえよう．

また多くの国では，外国からの出願は，その国の代理人を通じてしかすることができないとされている．これは手続をする者がその国の制度を理解していることが必要であり，また特許庁との通信の便を考慮したためである．

そのため，各国で権利を取得するためには，各国特許庁の手続費用のみならず，翻訳費用や代理人の費用が必要になり，特に特許においては，文章で記載されているため，出願や権利取得手続のための翻訳費用は大きなものとなる．

b. 各国で権利を取得するための枠組み

(ⅰ) 優先権制度

特許，意匠，商標ともに，同じものを出願した人が複数いた場合には，先に出願した人が権利を取得することができるという「先願主義」が採用されている．しかし，日本では先に出願しても，それを翻訳しているうちに外国での出願が遅れてしまうこともあろう．

これを防ぐために，1883 年に採択された「工業所有権の保護に関するパリ条約（以下，パリ条約という）」では，最初に出願してから特許では 12ヵ月，意匠と商標では 6ヵ月以内にほかの国に出願した場合に，最初に出願した日を基準として，先願や新規性があるかどうかを判断するという考え方を採用している．この考え方を**優先権**という．特許の場合には，翻訳に時間がかかることを考慮して期間を長くしているが，この制度があることによって，時間をかけて適切な翻訳をすることが可能となっている.

(ii) PCT(特許協力条約)による国際出願

特許においては，翻訳費用と代理人の費用が大きいため，事業のために必要であって権利を取得する意味のある国に限って出願すべきであるが，最初の出願から12ヵ月という短期間では，事業化されるかどうか決まらないことが多い．それでも出願をしなければ権利を取得することはできないので，事業化の可能性のあるものは出願することが必要である.

これを改善したのが1978年に発効したPCT（Patent Cooperation Treaty：特許協力条約）というシステムである．PCTでは，例えば最初に日本の特許庁に日本語で出願し，12ヵ月以内に日本語でPCT出願をすることにより，すべてのPCT加盟国に出願したものとみなされる．PCT加盟国は2017年1月現在151ヵ国であり，世界の主要な国が加盟している.

しかしながら，a.で述べたように，世界特許は存在しないため，最終的には各国の審査を経て，各国で権利を取得することが必要である．PCT出願においてそれぞれの国で権利を取得するかどうかは，最初の出願から30ヵ月以内に決めればよいので，(i)で述べたパリ条約の優先権を利用した場合と比べて，18ヵ月の猶予がある.

また最初の出願から16ヵ月後という早期に，審査官が作成した国際調査報告書（ISR）を受けとることができ，出願した発明が新規性や進歩性があるかどうかを知ることができる．これによって特許権の取得可能性を予測することができ，その結果を参照して各国で審査を受けるかどうかを決めればよいというメリットもある．パリ条約による出願とPCTによる出願の概要を図6-2に示す.

このようにPCTはメリットが大きく，また加盟国が増加することによるメリットもあり，PCT出願は年々増加している．2015年のPCT出願件数は約22万件であり，外国出願のうち半数以上がPCTによる出願である.

PCT出願の出願人の居住地の上位5ヵ国の推移を図6-3に示した．この図からも明らかなように，米国，日本に次ぎ，中国が3位となり，PCTにおいても中国の台頭が目立っている.

(iii) 意匠・商標の国際出願

意匠や商標においても，国際的な枠組みが存在する.

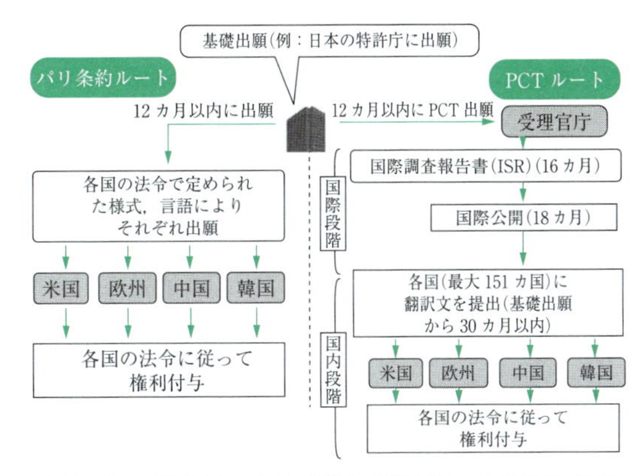

図6-2 パリ条約による出願とPCTによる出願の概要
出典：特許庁ホームページを参考に作成

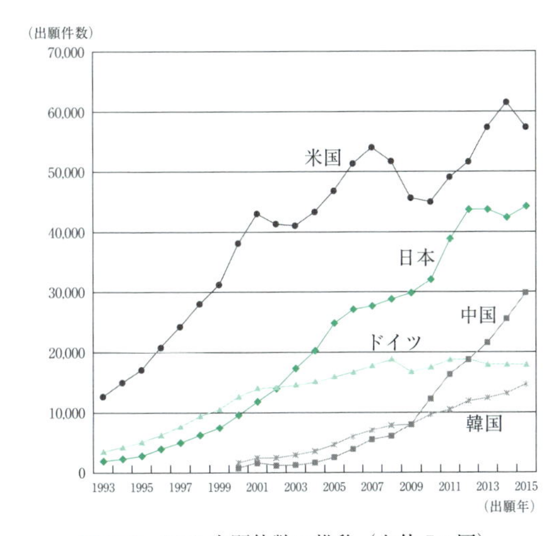

図6-3 PCT出願件数の推移（上位5ヵ国）
出典：WIPO（世界知的所有権機関）統計

(1) ハーグ協定ジュネーブ改正協定（意匠）

意匠の国際登録制度として，2003年に発効した「ハーグ協定ジュネーブ改正協定」がある（図6-4）．欧州の加盟国が多く，日本と米国は2015年2月に加盟し，2017年1月時点の加盟国・地域は52である.

本協定においては，1通の願書をWIPO国際事務局（または出願人が居住する国の特許庁）に提出することにより，加盟国のうち指定した国に出願したとみなされるため，手続の簡素化やコストの削減といったメリットがある．使用することができる言語は，英語，フランス語，スペイン語のうち，出願を受け付ける特許庁が指定した言語であり，日本の特許庁は英語を指定している．意匠においては図面が主体であり，文章によって権利が定められるものではないため，このような規定となっている．出願がなされると国際登

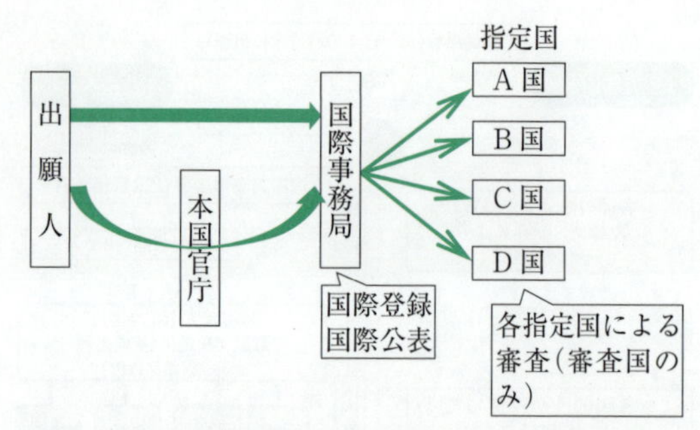

図 6-4　ハーグ協定ジュネーブ改正協定　手続の流れ

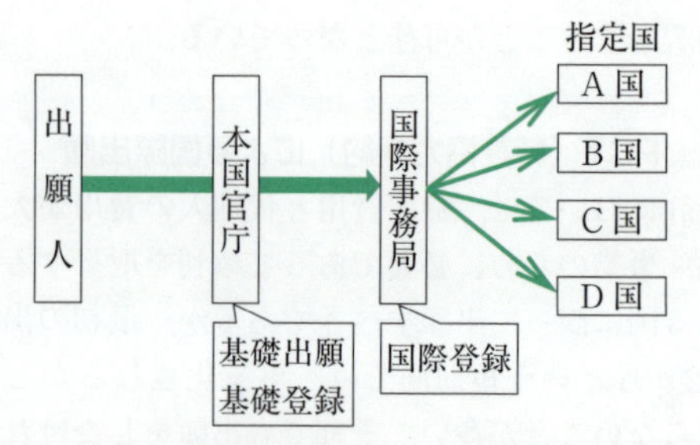

図 6-5　マドリッド協定の議定書（マドリッド・プロトコル）　手続の流れ

録され，欧州などの無審査国では権利が発生する．審査国である日本，米国，韓国などでは，国際公表後12ヵ月（国によっては6ヵ月）以内に拒絶通報することになっており，その期間に拒絶通報がなければ権利が発生する．保護期間は，国際登録の日から5年ごとの更新で最低15年間としなければならないとされている．

(2)　マドリッド協定議定書（商標）

商標の国際登録制度として，1995年に発効した「マドリッド協定議定書（マドリッド・プロトコル）」がある（図 6-5）．日本は1999年に加盟し，2017年1月時点の加盟国・地域は98である．

本制度においては，まず出願人が居住する国の特許庁（本国官庁という）に出願することが必要であり（これを基礎出願という），その後，権利を取得したい国を指定した国際出願を同じ特許庁に出願する．この点は意匠の国際出願と異なる．

使用することができる言語は，英語，フランス語，スペイン語のうち出願を受け付ける特許庁が指定した言語であり，日本の特許庁は英語を指定している．商標においてもマークが主体であり，文章で権利が定められるものではないため，このような規定となっている．

国際出願がなされると国際登録され，そのことが各指定国に通報される．指定国は，その通報を受けてから1年（国によっては18ヵ月）以内に拒絶通報することになっており，その期間に拒絶通報がなければ権利が発生する．権利期間は国際登録日から10年であるが，10年ごとに更新が可能である．このように権利の更新などを一元的に行うことができるため，手続の簡素化やコストの削減というメリットがある．

本制度の特徴的な点として，国際登録日から5年以内に，本国における基礎出願が拒絶，取下げ，放棄，無効，取消になったときは国際登録も取り消される（これをセントラルアタックという）．この場合には，指定国の国内出願に変更できるという救済手段が設けられている．

c. TRIPS 協定

(i)　経緯

b.(i)で説明した「工業所有権の保護に関するパリ条約」は，優先権制度をはじめとして特許，意匠，商標などの国際的な保護のために有効な条約であるが，開発途上国の加盟が増加したこともあり，より保護を高めようという先進国と，保護を高めることにより先進国のみを利すると考える開発途上国との対立，すなわち「南北問題」が顕著となった．そのため改正も困難となり，1967年のストックホルム改正条約を最後に改正ができない状況となった．

一方，1980年代には日本の産業が発展して米国への輸出も急激に増大し，米国では貿易赤字が深刻化していた．米国はその原因として，日本をはじめとする各国の知的財産の保護が不十分なために，自国の競争力が弱まっているとし，自国の競争力強化のためには，各国の知的財産の保護水準の向上が必要であると考え，二国間交渉，多国間交渉を強く推進した．そのため日本などのアジアの国々では，制裁の威嚇を背景とした米国との二国間交渉に対して，国際的なルールを作って対抗することが必要との意識が高まった．

また，模倣品などの不正商品をはじめとする知的財産権の問題は，公正な貿易を阻害するとしてGATT（関税と貿易に関する一般協定，WTOの前身）でとりあげられるようになり，1986年に知的財産権の交渉が開始した．

1994年にWTO（World Trade Organization：世界貿易機関）協定が締結され，知的財産権に関するTRIPS協定（Trade-Related Aspects of Intellectual Property Rights：知的所有権の貿易関連の側面に関する協定）はその一部となっている．

TRIPS協定は，知的財産権に関する包括的な国際的保護の枠組みを提供したものであり，加盟国が遵守すべき保護の最低基準（ミニマム・スタンダード）を規定している．裁判などの権利行使手続についても規定され，また，ある国の法律がTRIPS協定に違反している場合にはWTOに提訴することができ，違反と判断されると制裁を科すことができるようにして実効性を確保している．その一方で，開発途上国に対しては，知的財産制度の整備のための猶予期間を認めるなど，一定の配慮をしている．

2017年1月現在のWTO加盟国・地域は164である．WTOには，独立関税地域であれば国でなくても加盟できるため，パリ条約とは異なり，台湾や香港なども加盟している．

(ii) 特許の保護

上記のように，TRIPS協定は，加盟国が遵守すべき知的財産権保護の最低基準を規定しているが，最低基準の一つとして知的財産権の各権利の保護期間を定めている．特許においては，第33条に，出願から20年を下回ってはならないと規定している．

TRIPS協定において最も重要な規定として，第27条の特許の保護対象が挙げられる．第27条では「新規性，進歩性，及び産業上の利用可能性を満たすすべての技術分野の発明」を保護対象としなければならないとしており，多くの開発途上国で特許の対象から除外していた，化学物質，医薬品，食品を保護の対象とすることが義務付けられた（表6-1）．

第27条において，保護対象から除外することが可能なものとして規定されているのは，公序良俗違反の発明，人または動物に対する医療方法，微生物以外の動植物，動植物の生産のための本質的に生物学的な方法（例えば交配によって動植物を生産する場合）である．ただし，植物品種については，特許またはほかの法律（品種保護法など．日本では種苗法により保護されている）によって保護しなければならないとされている．

表6-1　特許の保護対象の例

	日本	米国	欧州	TRIPS
化学物質・医薬品・食品	○	○	○	○
微生物	○	○	○	○
植物	○	○	○	△
植物品種	○	○	×	△
動物	○	○	○	△
動物品種	○	○	×	△
人に対する医療方法	×	○	×	△
動物に対する医療方法	○	○	×	△

○対象　×対象ではない　△任意

医薬品については，先進国が強く主張した結果，TRIPS協定で特許の対象とすることが義務付けられたが，開発途上国は，エイズやマラリアの治療薬などを特許の対象とすることによって，医薬品の価格の上昇を招き入手が困難になることから，人道的観点から問題があるとしている．

(iii) 強制実施権の問題

TRIPS協定の交渉において大きな争点となったのが，第31条に規定されている「特許権者の許諾を得ていない特許の対象の他の使用」，いわゆる強制実施権の問題である．開発途上国は，公共の利益や特許権の濫用防止の立場から強制実施権の必要性を主張し，先進国は，開発途上国における，特に医薬品の強制実施権の濫用の問題を指摘し，どのような条件で強制実施権を認めるかについて激しい対立があった．

強制実施権を認める条件の一つに「主として他の使用を許諾する加盟国の国内市場への供給のために許諾される」という規定があるが，この規定があることによって，生産能力のない国においては，輸入ができないため供給できないことになり，TRIPS協定発効後に開発途上国は強く改善を求めた．熾烈な議論の末，2003年に，強制実施権の発動により，特許権に係る医薬品を製造し，生産能力の不十分またはない国に輸出することを可能にすることを決定した．

d. TPP（環太平洋戦略的経済連携協定）

TPP（Trans-Pacific Strategic Economic Partnership Agreement：環太平洋戦略的経済連携協定）が，2015年10月に合意された．これは貿易の自由化を促進するためのEPA（Economic Partnership Agreement：経済連携協定）の一つであり，関税の引下げが主要な項目であるが，この中には知的財産に関する項目も盛り込まれている．

TPPに合意した国は，日本，米国，カナダ，メキシコ，ペルー，チリ，オーストラリア，ニュージーランド，シンガポール，マレーシア，ベトナム，ブルネイの12ヵ国である．

知的財産に関して，主な合意事項は以下のとおりである．

著作権の権利期間を著作者の死後70年とし，団体による公表の場合には公表から70年である．日本は現在，映画の著作権を除き権利期間が50年であることから，著作権法の改正が必要となる．また，著作権侵害を非親告罪とすることも合意事項の一つであり，この点改正が必要である．

特許に関しては，特許権の権利期間について，特許庁の審査の遅れによって特許権の設定が遅れた場合，一定の条件の下に，遅れた期間を延長させる点，また新規性喪失の例外の適用期間が日本では公表から出願まで6ヵ月であるが（特許法30条），TPPでは1年とされている点も改正が必要である．

TPPが発効するためには日米両国の批准が必須となっている．日本では2016年12月にTPP法案が成立したが，TPPが発効しなければ施行されない．2017年1月に米国がTPPからの離脱を表明したため，TPPが発効する見込みはなくなった．

e. PPH（特許審査ハイウェイ）

PPH（Patent Prosecution Highway：特許審査ハイウェイ）とは，同じ発明を複数の国に出願している場合に，ある特許庁で特許可能と判断された出願について，出願人の申請により，当該庁とこの取組みを締結している他の特許庁において簡易な手続で早期審査が受けられるという枠組みである（図6-6）．

これにより，各庁における他庁の先行技術文献調査・審査結果の利用を通じて，複数の国・地域での安定した強い特許権を早期に取得することが可能となる．

2006年に日米間でPPHが開始され，その後参加国が増加して，2017年1月現在，日本とPPHを締結しているのは五大特許庁を含む35ヵ国・地域となっている．

f. 欧米の状況

(i) 米国

(1)　先発明主義から先発表主義へ

米国は世界で唯一，同じ発明について特許出願がなされた場合，先に出願した者ではなく，先に発明した者が特許を取得することができるという「先発明主義」をとっていたが，2011年の特許法改正により，先発明主義を廃止し，先願主義に転換した．これにより，制度の調和が図られ，またいつ発明したかを立証するための証拠を準備することが不要となり，そのための費用を削減することができる．そのためこの改正は，外国人のみならず，米国内の産業界も歓迎した．

しかしながら，改正された制度は，図6-7に示すように，ある発明を先に発表した場合には，出願が遅くてもその発明に特許が与えられるという制度となっている．完全な先願主義ではなく，「先発表主義」であり，先願主義を採用している他国との完全な調和が図られたわけではない．

(2)　特許付与後レビューの創設

米国における特許権の侵害訴訟件数は日本の約20倍であり，侵害で訴えられた者は，特許権が無効であると抗弁することが多く，結果として無効と判断されることも多い．そのため，低コストで効率的な行政上の取消制度への期待が高まり，2007年にオバマ大統領候補（当時）はその政策において，「米国の特許庁のリソースの強化と公衆によるレビュー制度を通じて，イノベーションの障害となる不確実・不経済な訴訟を減らすべきである」と表明した．

2011年の特許法改正において，特許付与後レビュー制度が創設された．利害関係人は米国の特許庁に特許付与後レビューを申し立てることができ，申立人は，特許権の無効に関するすべての理由に基づき，特許権の取消を要求することができる．付与後レビューの申立は，特許付与日から9ヵ月以内にのみ行うことができ，期間を制限することにより，その後の権利を安定させる効果をもたらすとされている．

(ii) 欧州

欧州はEU（European Union：欧州連合）を中心として域内統合が進んでおり，特許，意匠，商標において統一的な制度が存在する．意匠，商標は，各国，またはEUIPO（欧州連合知的財産庁）で権利が設定されるが，特許については以下の制度となっている．

(1)　EPC（欧州特許条約）

欧州においては，各国に特許制度が存在し，各国の

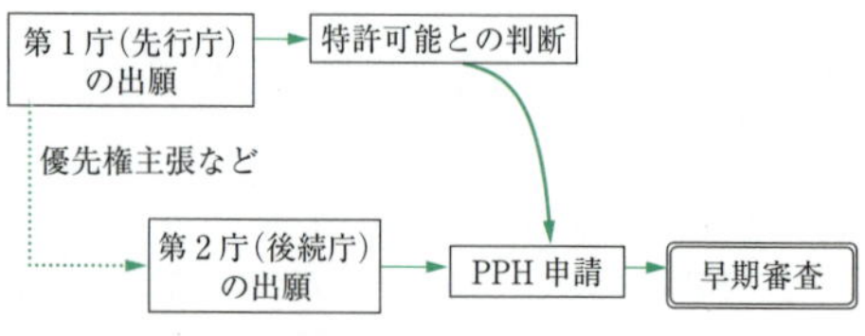

第1庁(先行庁)の出願 → 特許可能との判断
優先権主張など
第2庁(後続庁)の出願 → PPH申請 → 早期審査

図6-6　特許審査ハイウェイの概要
出典：特許庁ホームページ

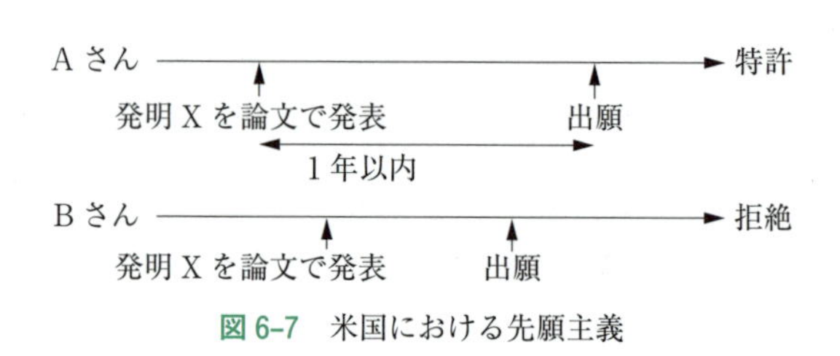

図6-7　米国における先願主義

特許庁に出願して特許権を取得することもできるが，ここでは欧州全体をカバーするEPC（European Patent Convention：欧州特許条約）について説明する（図6-8）．

EPCは1977年に発効しており，発効時の加盟国はフランス，西ドイツ，英国，オランダ，ベルギー，ルクセンブルク，スイスの7ヵ国であったが，現在はEU 28ヵ国を含む38ヵ国が加盟している．

この制度はEPO（European Patent Office：欧州特許庁）への出願，審査を経て特許権が付与されるもので，手続言語は，英語，ドイツ語，フランス語から選択することができる．出願公開の際に，EPOが作成した，発明に関連する文献を提示したサーチレポートも併せて公開されるため，権利を取得することができるかどうかの予測性が高まる．サーチレポートはPCTの国際調査報告書と同様の機能をもつ．

特許権が設定された後に，権利を発生させる国が要求する言語に翻訳することによって，その国において，国内特許と同一の効果を有することになる．すなわち，特許権の取得までは一つの言語で行うことができるが，各国で権利を発生させるためには，その国が要求する言語に翻訳することが必要となる．

EPCには特許異議申立制度があり，特許付与後9ヵ月以内に誰でも異議申立をすることができる．一方，

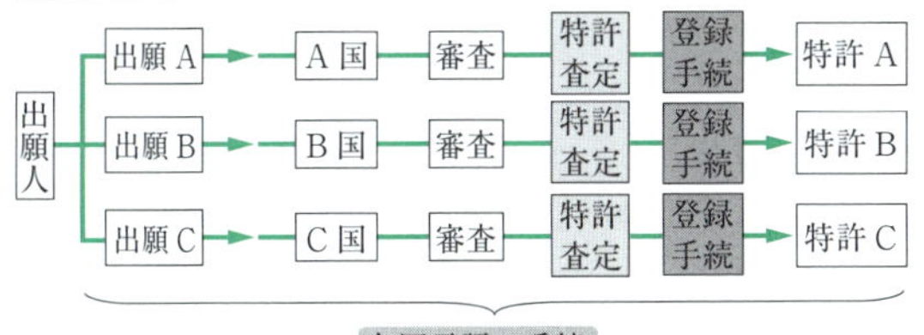

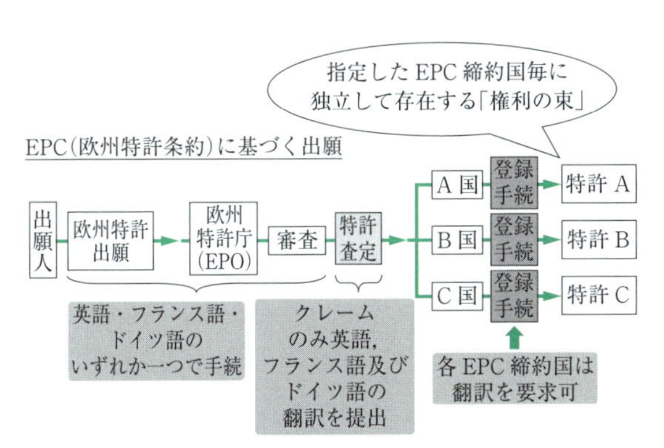

図6-8　EPC（欧州特許条約）の概要
特許庁ホームページを参考に作成

無効審判制度はなく，無効については各国の裁判所で争うことが必要である．また各国の権利は独立しているため，特許権の侵害がなされた場合には，各国で訴訟を提起する必要がある．

(2)　欧州単一特許制度

EU加盟国は，出願人に課される翻訳費用や訴訟費用の負担を軽減すべく，特許権成立後の侵害や有効性についての訴訟手続を一元的なものとする単一特許制度及び統一特許裁判所制度の導入に向けて，長年にわたり議論をしてきた（図6-9）．

EUを一つの国と同様に考えて，特許権を発生させて侵害を判断するというものであるが，この制度において，最も大きな障害となるのが言語である．EPCでは，英語，ドイツ語，またはフランス語で権利を取得することができるが，例えば英語で発生した権利を，EUのすべての国の居住者が理解できるかという問題である．

2012年に欧州議会において，欧州単一特許，及び統一裁判所の法的枠組みについて審議が行われ，賛成多数で採択されてEU規則として成立した．

単一特許制度は，EU加盟国で単一の効力が与えられるものであり，スペインとクロアチア以外の26ヵ国が参加を表明している．

(3)　欧州統一特許裁判所協定

欧州統一特許裁判所協定は，欧州単一特許および既存の欧州特許の侵害訴訟や取消訴訟を取り扱う統一特許裁判所の設立を規定する協定である．

欧州単一特許制度と統一特許裁判所協定は英国が批准しなければ発効しないが，EU離脱後に英国は，批准手続を進めると表明している．

6.1.2　グローバルビジネスと紛争解決

日本企業の活動がグローバル化するのに伴い，海外企業との知的財産をめぐる紛争が増えている．西欧の企業との知的財産権をめぐる紛争に加え，近年はアジア企業によって日本企業の知的財産権が侵害されるという紛争も増えてきている．また最近は，米国を中心に，パテント・トロール，NPE（Non Practicing Entity），PAE（Patent Asserting Entity）などとよばれ，自身では特許を実施せず他社を特許侵害で訴えることを商売にしている企業による特許訴訟の数が増え問題になっている．

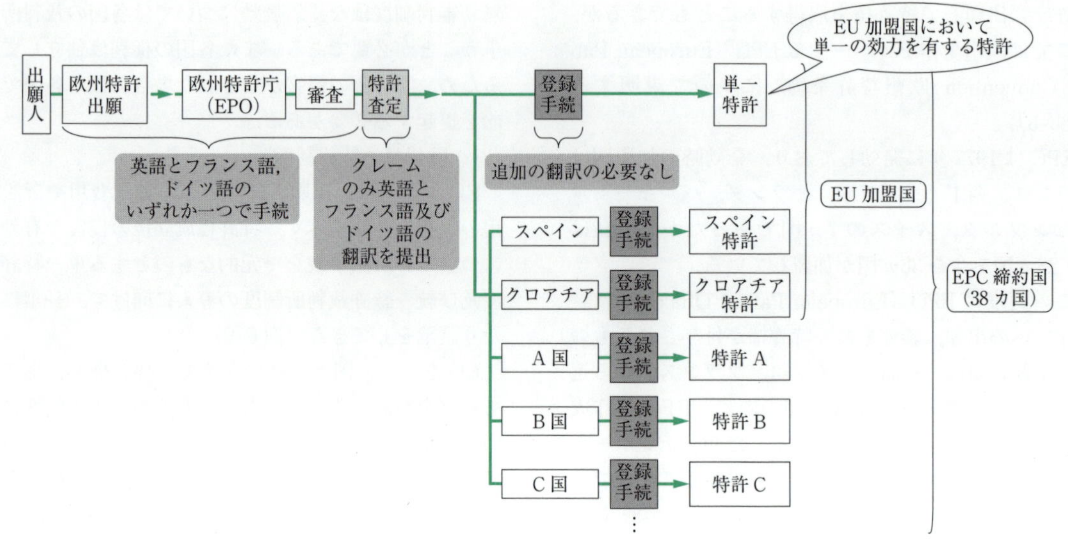

図 6-9　欧州単一特許制度の概要
特許庁ホームページを参考に作成

a. 知財紛争

知財紛争という言葉から思い起こされるイメージは何だろうか．多くの人にとってまず思いつくのは，2011 年から数年にわたって続いたアップル社とサムスン電子社の係争のような，特許侵害訴訟ではないだろうか．確かに特許侵害訴訟は知財紛争の典型的な形の一つである．しかし，訴訟になっていないものは知財紛争ではないのだろうか．米国の連邦巡回区控訴裁判所（CAFC）は，2007 年の SanDisk 社 vs. ST Microelectronics 社事件の判決の中で，「特許権者が第三者の活動を根拠に特許権を行使し，権利行使された第三者がその活動を特許権者のライセンス無しに行う権利があると主張するとき，係争または紛争が発生する」と述べている．CAFC の判決がいうように，知財紛争は訴訟になったものに限られない．広く，当事者間に知財侵害の有無をめぐる主張の違いからの争いがある状態を知財紛争と理解し，以下にその処理の要点について説明する．

b. 知財紛争処理において大切なこと

(i) 知財紛争の本質

例えば，どのような状況で特許侵害の紛争が発生するのだろうか．当然，特許権者が有効な特許を保有していて，第三者がその特許を侵害している（侵害と主張されている）状況である．しかし，多くの場合，それだけでは知財紛争は発生しない．つまり「有効な特許」+「侵害」=「知財紛争」ではない．化学では，A という物質と B という物質を混ぜても反応が起こらないのに，そこに C という物質が触媒として介在すると反応が起こることがある．知財紛争においても同じで，有効な特許の侵害という状況が存在していても，必ずしも当事者間に紛争が起きる訳ではない．紛争ポテンシャルとして火種があるだけである．しかし，当事者間にビジネス問題，経済問題が存在している状況で火種がもち込まれると，紛争が起こる．したがって，特許紛争の解決を考えるとき，特許の有効性や抵触性だけに注目していても本質的な解決にならない．紛争の背景にあるビジネス問題，経済問題に着目し，その解決を，少なくともその理解を，図らなければならない．企業の戦略という視点からは，知財紛争は企業のビジネス的，経済的目的達成のためのツールといえる．日本の企業の場合，ビジネスはビジネス，知財は知財と分けて考える傾向がまだ強いが，欧米の企業，特に米国企業は，その紛争を含め，知財はビジネス・ツールの一つとして割り切って，ビジネス目的達成のために利用する．その意味では，知財紛争は，ビジネス・ツールとしての知財が，企業の事業目的達成のために発動された状態ともいえる．

(ii) 紛争処理上のキーポイント

紛争を処理するにあたっては，いくつかのポイントがある．そのなかの一つが上で説明した，紛争の背景となるビジネス目的，経済的目的の理解とその実現である．1980 年代半ば，米国のメーカーと日本のメーカーの間で，マイクロ・コンピュータに使用されるマイクロコードとよばれるソフトウエアをめぐって争いがおきた．米国のメーカーは日本のメーカーが自社のマイクロコードの著作権を侵害していると主張し，日本のメーカーは侵害していないと主張した．日本のメーカーは米国の裁判所に自社の製品が米国のメーカーの著作権を侵害していないことの確認を求める訴訟を起こした．裁判は5年もの長期にわたったが，最終的に，日本のメーカーは米国のメーカーの著作権を侵害していないとの判決を得た．この紛争の勝者は誰か．確かに日本メーカーは長期の裁判を闘い抜いて自社の法的主張を裁判所に認めさせた．しかし，この当時，実質的に負けたのは日本メーカーだとの噂が業界に流れた．日本のメーカーが多大な時間と費用をかけてまでこの裁判を闘ったビジネス的理由を考えてみると，それは当然，著作権侵害の嫌疑をはらして，自社の製品を堂々と販売することだったはずだ．ところが裁判が長期化するにつれて，日本のメーカーの顧客の多くは万一日本メーカーが裁判に負けた場合の製品販売差し止めのリスクを恐れ，他社製の製品を採用してしまった．したがって，裁判には勝ったが製品の拡販にはつながらなかったのである．この事例は，私たちに知財紛争を解決する際の大切なことを教えてくれる．それは，知財紛争の解決にあたって一番大切なことは，単に表面に出ている知財の紛争を解決することではなく，知財紛争の背後にある実質的ビジネス問題の解決を図ることだということである．

2番目のポイントは，それぞれの事案に一番適した紛争処理のチャネルを選ぶということである．紛争処理のチャネルには，大きく分けて，1）当事者間の話し合い（和解交渉），2）第三者を入れた当事者間の話し合い（調停，仲裁等のいわゆるADR：alternative dispute resolution），3）司法，行政等による法的手続（訴訟，ITC，税関水際取締）の三つがある．直面している事案の性格とそのビジネス的背景を考え，その事案に最も適したチャネルを選ぶ必要がある．上で触れたマイクロコードのケースで日本メーカーは3）の法的手続きを選んだ．後知恵ではあるが，裁判では両者が紛争状態にあることが公開されてしまうため，これが最善の選択であったかについては疑問が残る．

なお，紛争処理のチャネルは，一度選んだら最後までそのチャネルに留まる必要があるという訳ではない．当事者間の交渉ではじめたライセンス交渉でも，それが暗礁に乗り上げたら，訴訟へ移行するということもありえる．逆に，訴訟で始まった紛争でも最後まで訴訟で決着することは稀で，通常どこかのタイミングで当事者間の交渉やADRによる和解への道へ向かう．その時々で，何が最適なチャネルであるかを考える必要がある．

3番目のポイントは，ゲームのルールの理解である．上で紹介した，当事者間交渉，司法手続，ADRなどの紛争処理チャネルには，それぞれのチャネルに固有のルールがある．紛争処理もある意味それぞれのチャネルが提供するアリーナでのゲームであり，そこでゲームをする以上，そのアリーナでのルールを熟知しておく必要がある．また，チャネルごとの違いに加え，地域，国ごとの違いがある．同じ，司法・行政手続でも国ごとに制度，手続は異なる．ディスカバリー（証拠開示）手続のある米国の訴訟のルールは日本の訴訟のルールと大きく違う．当事者間の交渉でも，国民性が表れるので，国ごと，地域ごとに交渉のスタイルがかなり違ってくる．米国の企業と交渉するときと中国の企業と交渉するときでは，注意すべき点が違うのである．

(iii) 相手のビジネス的動機の理解

知財紛争が起こる背景としてのビジネス的動機にはさまざまなものがある．典型的な例として，競争会社に自社のシェアを奪われ，それを知財の権利行使で奪還しようとしたり，少なくとも，損害賠償や実施料を相手からとって損害の穴埋めをしたりしようとするものがある．おそらく，これが一番多い動機ではないかと思われる．

かつて，自動車や半導体などの分野で日米貿易摩擦といわれた時代があった．戦後日本のメーカーがどんどん力をつけて，米国に安くて高品質な製品を大量に輸出したのである．その結果，多くの米国企業はシェアを奪われ大変な苦境に立たされた．そこで米国政府がとった政策がいわゆる「プロパテント政策」だといわれる．知財の争いを専門に扱う高等裁判所（CAFC）の設立をはじめとするさまざまな政策で米国企業が特許の権利行使をしやすい環境を作ったのである．その結果，シェアを奪われた米国企業が次々と日本企業を特許侵害訴訟で訴え，「日米知財戦争」ともいわれる状態になった．

同じような動機による知財紛争は，近年日本メーカーとアジアのメーカーの間でも発生している．冒頭に触れたアップル社とサムスン電子社の紛争の背後にも同様の背景が見てとれる．このような紛争処理で大切なことは，知財紛争の背景にはビジネス問題があるということを理解することである．

もちろん，表面に出ている事象は特許侵害なので，紛争が発生した場合には，相手特許と自社製品の関係の検討や相手特許の有効性の検討，逆に相手製品をカバーする自社特許の権利行使の準備といった特許の世界での対策の基本動作を行うことは当然である．しかし，これらの特許的検討を社内で行ったとしても，「相手特許は有効であり，自社製品の相手特許侵害の可能性はほぼ確実である」という結論が出る可能性がある．その対策としては，通常，相手の特許を侵害している製品の設計の変更，相手からの特許ライセンス取得，そして最悪のケースとして製品の市場撤退などが考えられる．しかし，相手側のクレームの背景にあるビジネス的動機を考えることにより，対策のオプションの幅を広げることが可能になる．

相手は自分のビジネスがうまくいかなくなったことを不満に思っているから知財紛争を起こしたという点に着目すれば，例えば，相手のビジネスの手助けを行う提案をするという選択肢も浮かんでくる．すなわち，共同開発の実施，製造合弁会社の設立，また，互いに補完的な製品を自分の得意なマーケットで販売しあうなどの提案である．これらの方法はどのような場合にも適用できる訳ではない．しかし，紛争のビジネス的背景を踏まえ，フレキシブルに対策を考えると，たいていの場合，何らかの解決案が浮かんでくるものである．

c. 侵害警告状への対応

知財紛争の典型である特許侵害の有無をめぐる当事者間の紛争は，多くの場合，特許権者が被疑侵害者に対して，**侵害警告状**を送ることではじまる．どのような問題の処理でも同じように，新しい問題が起こったとき，その最初の対応を適切に行ったかどうかが，その後の処理の成否を大きく左右する．その点で，知財紛争処理において侵害警告状への初期対応を適切に行うことは大変重要である．

(i) リスク・マネジメントとしての対応

特許権者は他社の製品が自分の特許を侵害していることを発見した場合，通常，その会社宛に侵害製品の販売の中止を求めたり，ライセンス契約を締結して適正なロイヤルティを支払うよう求めたりする通知，すなわち侵害警告状を送る．侵害警告状を受けとった当事者（被疑侵害者）は，特許問題が発生したということで，警告を受けた特許と自社製品の関係や警告を受けた特許の有効性などの特許的な調査や検討を当然開始するであろう．もちろん，このような特許的実務をしっかり行うことも大切だが，この段階でより重要なことは，侵害警告状への対応を企業のリスク・マネジメントとして位置づけ，リスクの最少化を図るための大方針を作成することである．

侵害警告状を受けとったことにより，企業には2種類のリスクが発生する．すなわち，1）特許の独占排他権に基づく製造・販売の差し止めによる事業継続のリスクと，2）損害賠償やロイヤルティの支払い，訴訟になった際の弁護士費用などの発生によるCash-Out（費用流出）のリスク，の二つである．この二つのリスクの最少化を目指したリスクマネジメントが必要になる．これら二つのリスクに関し，最良（ベスト），最悪（ワースト），最もありえそう（モースト・プロバブル）の三つのシナリオを考え，先を見通した方針を立てる必要がある．

(ii) 特許侵害警告状への初期対応

例えば，ある日突然，米国の会社から侵害警告があり，「貴社の製品は自分の特許を侵害している．今月末までにライセンス契約を締結し，売上の2%を支払わなければ，法的手段を含めいかなる手段をもとる」といった手紙を受けとったとしよう．ここで，相手の特許は，満了まであと1年半の米国特許1件，外国への対応出願や分割出願などの関連特許はないものとし，自社の関係製品は過去5年間に日本円で100億円相当の米国売上があったものと仮定する．また，手紙を受領した日は当月の15日で，相手の米国会社は自社で特許を実施する製造・販売を行わないいわゆるNPE（Non Practicing Entity）だったとしよう．

侵害警告状を受領後まずやるべきことは何か．それは，ただちに受領確認状を相手会社へ送ることである．丁寧かつシンプルな受領確認状を警告状受領後すぐ，遅くとも1週間以内に送る．これは，相手に対し，相手の手紙を確かに受領し真面目に検討をしていることを知らせることにより，突然の訴訟などの不測の事態に至るリスクを避けるためである．

相手の特許を検討してから返事を出そうなどと思っているとあっという間に2，3週間経ってしまい，相手の設定した期限がきてしまう．相手は自分の警告状が無視されたと考え，いきなりの提訴などの過激な行動に出る可能性が高くなる．警告状受領後ただちに受領確認状を送っておけば，相手はこちらが一応検討を開始していることがわかるので，相手の設定した期限がきても，いつ検討が終了するのか，といった督促程度で済むことが多い．

相手側が設定する期限は，もちろん，絶対的期限の場合もあるが，通常，相手も2週間程度で検討できないことはわかっており，交渉を進めるために一応設定した期限である場合が多い．したがって，必ずしも相手の期限に縛られる必要はなく，まずは，こちら側から回答時期を提案したり，上記のように，「検討完了しだい連絡する」と返事を返したりして，相手の反応をみればよい．

受領確認状の作成と並行して，案件の概要を理解するための，1）相手特許の一次調査，2）相手会社の調査・プロファイリングを行う．

相手特許の一次調査では，a）相手特許の件数，b）相手特許への自社製品の抵触状況，c）相手特許の有効性，d）分割などの関連出願や対応外国出願の状況，e）相手特許の権利期間，などに関して，同じく1週間程度でわかる範囲でできるだけ多くの第1次情報を集める．これらの情報はこの案件がどれくらい深刻なものかの第一印象をつかむためのもので，厳密である必要はない．上記の例では，「米国特許1件，残存期間1年半，関連出願・対応外国出願なし，抵触性・有効性要詳細検討」といった相手特許の基本プロファイルをつくる．

相手会社の調査でも，同様なプロファイルをつくる．国籍，業容，売上規模，経営陣，資本関係などの通常の会社概要に加えて，a）相手会社は事業会社かNPEか，b）相手会社の経営状況，c）訴訟歴，d）同業他社へのアプローチ状況，などの調査を行う．

(iii) 案件規模の把握と暫定基本方針の策定

上記1）と2）の調査で相手会社と相手特許について暫定的なりにも一応の理解ができたなら，次に3）案件の規模（支払いリスクの大きさ）の把握と4）訴訟リスクの大きさの把握を試みる．

案件規模の大きさは，相手方の要求額を基本に，ベスト・ワーストの幅を把握する作業になる．相手から具体的な要求がない場合でも，仮の売上の1%のロイヤルティを想定するなどして，具体的，定量的な金銭に置き換えて把握するべきである．

訴訟リスクの把握には，2種類のリスクの把握が含まれる．すなわち，この案件が訴訟になってしまう蓋然性の大きさと，訴訟になった場合の事業への影響の大きさである．侵害警告の対象製品が会社の売上の半数以上を占める主力製品でこれから売上を伸ばしていこうとするようなものの場合と，売上の5%程度を占めるだけで今後はほとんど売上が期待できないような旧型の製品の場合とでは，訴訟の蓋然性が同じだとしても，いざ訴訟になったときに事業に及ぼす影響は大きく違ってくる．これらの把握も当然，限られた情報に基づく暫定的なものでかまわない．

最後に上記1），2），3），4）の情報と状況判断を総合して，この案件に対する暫定的な評価と基本方針を立てる．これが侵害警告に対する初期対応で一番重要なことである．初期の限られた情報に基づいた方針なので間違っているかもしれない．しかし，それは新しい情報が入ったら修正していけばよいことである．大事なことは，初期の段階から案件に関する基本的な評価と今後の交渉の進め方の見通しを立ててことに臨むということである．

d. 紛争処理の流れ

侵害警告への初期対応を行った後は，通常，①当事者間の交渉，②調停，仲裁などのADR，③司法，行政などによる法的手続のいずれかのチャネルで紛争処理が行われる．以下では，当事者間の交渉を中心に，その大まかな流れを説明する．

(i) 侵害警告から特許議論まで

標準的な交渉の流れは図6-10の通りである．図からわかるように，当事者間の交渉では，そのほとんどすべての段階で決裂して訴訟へ発展するリスクがあることに注意しなければならない．

侵害警告の後，警告を受けた側は内部で特許の検討を行うことが一般的である．場合によっては外部の弁理士，弁護士の鑑定をとることになる．その後，被疑侵害者側が警告の内容をある程度理解した頃を見計らい特許議論の交渉が行われる．

特許議論では，まず特許権者側が自社の特許の内容となぜ相手方の製品が自社の特許を侵害していると信じるかについて説明を行う．この説明を**特許プレゼン（プレゼンテーション）**ということがある．これに対して，警告を受けた側は相手の説明の不明瞭な点について質問をしたり，相手の主張に反論して，自社の製品は相手の特許を侵害していないとか，相手の特許に

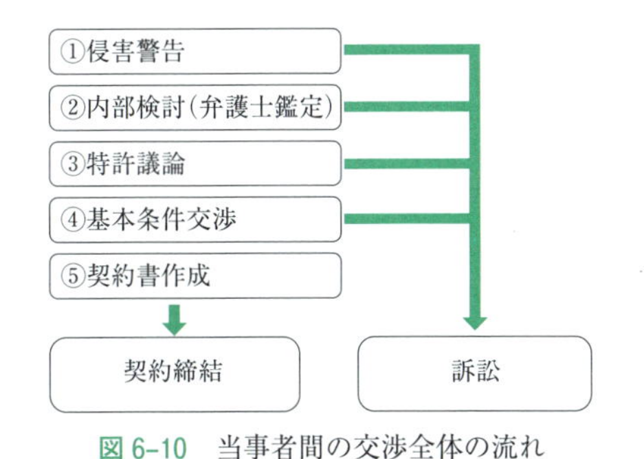

図6-10 当事者間の交渉全体の流れ

は公知例があって無効であるといった主張したりする．このような特許の抵触性や有効性に関する議論を中心とした交渉を数回行うのが普通である．

ここでのルールは，特許の侵害を立証するのは特許権者の側だということである．被疑侵害者側は原則，特許を侵害していないことを立証する必要はない．しかし，あまり非協力的な態度をとると特許権者の心証を害し，訴訟を誘発する危険性がある．したがって，ある程度の柔軟性も必要ではある．

一方，特許の有効・無効に関しては，無効を立証する責任があるのは被疑侵害者側であって，特許権者は自分の特許が有効であることの証明をする責任はない．これは成立した特許は法的に有効と推定されることからきている．また，無効を主張する際には一つの公知例で新規性を否定する方法と複数の公知例の組合せで進歩性を否定する方法とがあるが，議論の余地が残りやすい進歩性で相手を納得させるのは困難だといえる．

(ii) 特許議論後の三つの可能性

何回かの特許議論の後，互いに相手の主張点を理解し，それぞれからの議論がほぼ出尽くしたタイミングで，次のフェーズに移る．次のフェーズには三つの可能性がある．

一つ目は，特許議論の結果，特許権者が自分の主張が誤りだったと認識し，特許侵害のクレームを取り下げるというものである．このようなケースは滅多にないが，例えば，特許が1件だけのケースで，被疑侵害者からぴったりそのものの公知例を提示された場合などがこれにあたり，全くありえない訳ではない．

二つ目は，特許議論の結果，両者の議論が噛みあわず，決裂して訴訟に発展するというケースである．このようなケースも相当数ある．

そして三つ目は，特許議論の結果，被疑侵害者側が侵害を認めて，問題解決のためのライセンス契約の条件交渉に入ろうとするか，または，特許議論では白黒がつかないものの，互いのポジションの間のどこかに条件によっては折り合えるところがないかを探るために，ライセンス契約の条件交渉のフェーズに入ろうとするものである．そして，特許議論で両者が合意に至るということは極めて稀なため，条件交渉に入る理由としては後者のケースが圧倒的に多いことになる．では，特許議論はまったく無駄かというと，必ずしもそうとはいえない．なぜなら，特許議論では，結果として合意することはなくても，双方がそれぞれの主張をぶつけ合い，聞きあうことにより，自分と相手の主張の強さに関する心証を内部的に形成していくからである．両当事者は，その心証に従って，条件交渉でどこまで妥協するかを決めていく．

いずれにしろ，条件交渉に入るためには，両当事者の心理の中でD/A（デジタル/アナログ）変換が行われている必要がある．特許議論は，抵触・非抵触，有効・無効といった1-0，デジタルの世界である．一方，条件交渉は，「How much?」のアナログの世界である．「抵触・非抵触といった議論はさておき，いくらの支払いなら和解するか」といったアナログの世界に交渉のモードが変換されていなければ交渉は成立しない．「でも，あれは絶対非抵触だから……」といった議論が蒸し返されるようだとうまくいかないのである．

e. 特許侵害訴訟

前項で特許議論後の三つの可能性について述べたが，不幸にして両者の議論が噛みあわず，交渉が決裂して訴訟に発展してしまった場合の流れを見てみよう（両者がライセンス契約の条件交渉に入ることに合意した場合については，5.1.3d. ライセンス契約交渉を参照）．

(i) 特許侵害訴訟の中心地としての米国

図 6-11 は日米中の知財関連訴訟（特許・実用新案・意匠，民事一審）の件数推移である．

2012年をみると，中国9,080件，米国5,180件に対して，日本は187件と中国，米国の1/25～1/50程度の件数である．また2005年以降中国が顕著に件数を伸ばしていることがわかる．しかし，中国での知財関連訴訟の件数には，実用新案や意匠関連の訴訟件数や中国国内企業どうしの訴訟件数が多く含まれており，

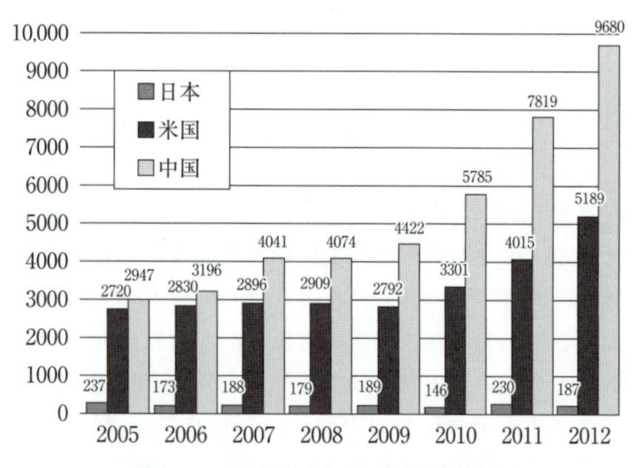

図 6-11　日米中・知財関連訴訟推移

出典：平成25年度 特許庁産業財産権制度問題調査研究報告書 侵害訴訟等における特許の安定性に資する特許制度・運用に関する調査研究報告書

表 6-2　米国第一審損害賠償額トップ 10（2009-2015）

順位	年	提訴特許の技術	賠償額（百万ドル）
1	2009	関節炎薬	1673
2	2007	MP3 技術	1538
3	2012	ディスクドライブ回路	1169
4	2012	スマートフォンのソフトウェア	1049
5	2012	遺伝子組換大豆	1000
6	2005	血管ステント	595
7	2015	データ処理	533
8	2004	インターネット　ブラウザー	521
9	2011	薬剤溶出性ステント	482
10	2014	血中酸素濃度測定器	467

出典：PWC 2016 Patent Litigation Study

日本企業を含むグローバルビジネス企業にとっての特許侵害訴訟の中心地は現在も依然米国である．

米国が世界の特許侵害訴訟の中心地となっている一つの理由は，裁判で認められる損害賠償額が大きくなる可能性が高いということである（表 6-2）．

これらのなかには上級審で破棄されたり，減額されたものも含まれているが，日本円にして数百億円から 1,000 億円超の損害賠償の事案が並んでいる．米国では勝訴した際に得られる損害賠償額の大きさが他国と比べて圧倒的に大きいことが，多くのグローバルビジネス企業が米国を訴訟地に選択する大きな理由となっている．

(ii)　米国の特許侵害訴訟の流れ

日本のグローバルビジネス企業が遭遇する可能性の高い米国連邦地方裁判所での手続を例に，特許侵害訴訟の流れを概観してみよう（図 6-12）．

①　訴状の送達と訴訟の開始

特許侵害訴訟を起こそうとする原告は当事者を管轄する連邦地方裁判所に訴状を提出する．米国は連邦制をとっており，裁判所も州の裁判所と連邦の裁判所があるが，特許法は連邦法のため，連邦地方裁判所が特許侵害訴訟の第一審裁判所となる．訴状を受理した裁判所は原告に被告の呼び出し状を交付する．原告は，90 日以内に呼び出し状と訴状のコピーを被告宛に送付（法律用語で送達）しなければならない．訴状と呼び出し状の送達を受けた被告は，それから原則 20 日以内に，答弁書とよばれる回答書を原告宛に送達する．被告が答弁書を送達することで，原告・被告間の

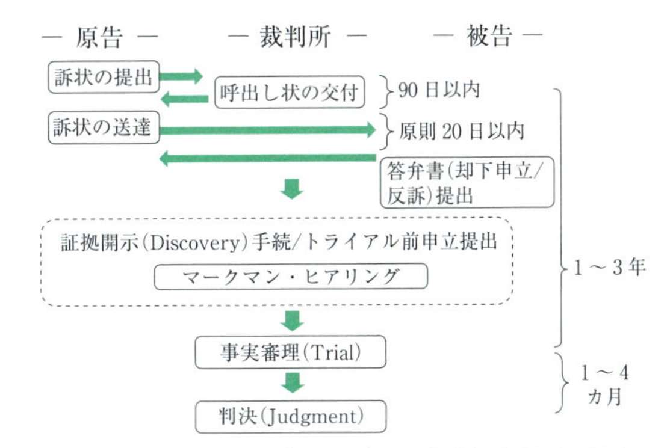

図 6-12　米国連邦地方裁判所での特許侵害訴訟の流れ

訴訟が本格的に開始される．被告は，答弁書の提出に代えて，訴訟却下の申し立て（適切な裁判所でないなどの理由で裁判そのものを門前払いしてほしい旨の申し立て書）や，原則 20 日以内の答弁書の提出期限を一定期間延長してほしい旨の申し立て書などを提出することもできる．

②　証拠開示（ディスカバリー）

答弁書が提出され，被告が原告提訴の裁判所での裁判に応じることが確定すると，米国の裁判に特徴的な**証拠開示（ディスカバリー）**とよばれる手続が当事者間で開始される．証拠開示とは，訴訟の相手側がもっている訴訟に関連する証拠を事前に開示してもらう手続である．原則，当事者間で（弁護士を通して）直接行われ，裁判所は，最初に当事者間のルールを決めるときや当事者が証拠開示のやり方などでもめたときなどにしか関与しない．

証拠開示の主な方法は，1）質問状（インターロガトリー），2）文書提出要求（ドキュメント・リクエスト），3）証言録取（デポジション）の三つである．質問状は文字通り相手方に質問状を送り回答を求めることである．回答の内容は証拠として使用することができる．文書提出要求は，訴訟の争点に関連のある文書のコピーの提出を求めるものだが，最近は E-ディスカバリーといって，紙のコピーだけでなく，社内メールの電子ファイルなど，電子媒体での提出が多くなっている．提出されたコピーや電子ファイルは証拠として使用できる．最後の証言録取とは，自社の弁護士を通じて，相手のキーパーソンに対して証言の聴取を行い，その証言内容を証拠として文書やビデオの記録に残すことである．証言録取は米国内ではどこでも行うことができるが，通常，当事者どちらか側の弁護士事務所で行われることが多い．

③　事実審理（トライアル）

自社で収集した証拠や証拠開示手続で相手方から入

手した証拠をもとに，両当事者（の弁護士）が，裁判官や陪審員を前に，自己の主張が正しいことを証明する手続であり，弁護士による弁論と証人による証言によって構成される．日本の裁判手続では，数回にわたる期日ごとに裁判官の前で論点を整理しながら最終期日を迎えるが，米国では，争点に関しての論争をするのは，原則，最終的な事実審理の場のみであり，そこで一度に結論を出す．事実審理は1日で終了することもあれば，複雑なケースの場合など数週間に及ぶこともある．訴訟の開始から事実審理までの所要期間は，各裁判所の方針や混み具合によって異なり，1年程度から3年近くまでかなりの幅がある．

なお，陪審制度は，英国や米国など英米法系の国の裁判所を中心に採用されている制度で，職業裁判官ではなく，選ばれた一定人数（例えば12名）の一般市民の集団が，どちらの当事者の主張する事実が正しいかを判断する．米国の場合，特許侵害訴訟は，裁判官，陪審のいずれによっても事実問題の判断が可能だが，一方の当事者が陪審を希望した場合には，憲法の規定により必ず陪審による判断としなければならない．

④　一審判決と上訴

事実審理における陪審または裁判官自身の事実認定に基づき，裁判官は法的な判断を行い，第一審の判決を下す．第一審の判決に不服な当事者は，第二審へ控訴することができる．米国の場合，知財問題の第二審裁判所は，専属管轄を有する連邦巡回区控訴裁判所（United States Court of Appeals for the Federal Circuit：CAFC）である．CAFCでは3人の判事によるパネルで審理を行い，通常1年程度で結論を出す．この控訴審判決に不服な場合には，さらにCAFCの裁判官全員による再審理や最高裁判所への上告を求めることができる．しかし，これらの再審理や上告審は，裁判所が裁量で認めた場合のみに行われるものであって，認められなかった場合には控訴審判決が確定することになる．

6.1 節のまとめ

- 特許権などの知的財産の権利は，各国の法律に基づき各国ごとに発生するものであり，世界特許などは存在しない．
- 特許・意匠・商標ともに，同じものを出願した人が複数いた場合には，先に出願した人が権利を取得することができるという「先願主義」が採用されている．日本では先に出願しても，それを翻訳している間に外国では出願が遅れることもあるため，「工業所有権の保護に関するパリ条約」では，最初に出願してから一定期間内に他の国に出願した場合に，最初に出願した日を基準として，先願や新規性の判断をするという考え方を採用している．この考え方を「優先権」という．
- WTO（世界貿易機関）協定の一部として知的財産権に関するTRIPS協定（知的所有権の貿易関連の側面に関する協定）が1995年に発効した．TRIPS協定は，加盟国が遵守すべき保護の最低基準を規定し，化学物質・医薬品・食品を特許の保護対象とすることが義務づけられた．
- 米国においては世界で唯一，先発明主義を採用していたが，2011年の特許法改正により先願主義となり，制度の調和が進んでいる．
- 欧州においてはEU 28ヵ国を含む38ヵ国が加盟するEPC（欧州特許条約）があり，EPO（欧州特許庁）への出願・審査を経て特許権が設定される．手続言語は，英語・ドイツ語・フランス語から選択し，特許権が設定された後に，各国で権利を発生させるためには，その国が要求する言語に翻訳することが必要である．
- 日本企業の活動のグローバル化に伴い，海外企業との知的財産をめぐる紛争が増えている．
- 知財紛争処理において，紛争の背景にあるビジネス問題をよく理解しその解決を図ること，また，三つの紛争処理チャネル（当事者間の話し合い，調停・仲裁などのADR，裁判などの法的手続き）のなかからそのケースに一番適したものを選ぶことが重要である．
- 特許紛争処理の典型的な流れは，侵害警告→内部検討→特許議論→基本条件交渉→契約書作成となる．侵害警告状への対応は企業のリスクマネジメントであり，適切な初期対応が重要である．

・裁判で認められる損害賠償額の大きさなどから，米国が世界の特許侵害訴訟の中心地となっている．米国の特許侵害訴訟は「証拠開示（ディスカバリー）」とよばれる手続きが特徴で，第一審の流れは，訴状の送達→証拠開示→事実審理→判決となる．第一審の判決に不服な当事者は連邦巡回区控訴裁判所（CAFC）へ控訴できる．

6.2 知的財産の新視点

6.2.1 アジア新興国の台頭

20 世紀は日米欧が知的財産の国際ルール作りを主導してきたが，21 世紀になり，中国をはじめとするアジア諸国の経済の台頭が目覚ましく，知的財産においてもアジアの存在感は増している．

2015 年の GDP（国内総生産）は 1 位が米国，2 位が中国，3 位が日本であり，インドは 7 位である．人口は中国が 14 億，インドが 13 億で群を抜いており，今後，市場としての期待が大きい．また，アセアン（東南アジア諸国連合）10ヵ国の GDP はインドにほぼ匹敵し，人口は 6 億を超えて EU より多く，今後の経済成長が期待されるところである（表 6-3，表 6-4）．

a. 中国

図 6-1 において，中国における特許出願件数の急激な増加が示されているが，日本を筆頭に海外からの出願も多い．中国経済の発展により中国の市場としての魅力が増し，また中国に製造拠点をおくことが盛んに行われることになったことから，特許，意匠，商標とも保護の重要性が高まっている．

また中国には実用新案制度もあり，2015 年の出願件数は，特許が約 110 万件，実用新案が約 113 万件，意匠が約 57 万件，商標が約 210 万件であり，すべてが群を抜いて世界 1 位である．

特許に関しては，IT 企業の出願が多く，2015 年の PCT 出願の 1 位は中国の華為（ファーウェイ），3 位は同じく中国の ZTE である．ちなみに，2 位は米国のクアルコム，4 位はサムスン電子，5 位は三菱電機

表 6-4 主要地域の知的財産制度の状況

	日本	米国	EU※	中国	台湾	韓国	インド
特許	○	○	○	○	○	○	○
実用新案	○	×	×	○	○	○	×
意匠	○	○	○	○	○	○	○
商標	○	○	○	○	○	○	○
著作権	○	○	○	○	○	○	○
パリ条約	○	○	○	○	×	○	○
WTO 協定	○	○	○	○	○	○	○
PCT	○	○	○	○	×	○	○
日本との PPH	○	○	○	○	○	○	×
ハーグ協定ジュネーブ改正協定	○	○	○	×	×	○	×
マドリッド・プロトコル	○	○	○	○	×	○	○

※ EU には，全加盟国が加盟している欧州特許制度，共同体意匠制度，共同体商標制度があるが，EU 全体の実用新案制度はない．EU 全加盟国がパリ条約，WTO 協定に加盟．

表 6-3 主要地域の状況

	単位	日本	米国	EU	中国	台湾	韓国	インド	アセアン
GDP	十億ドル	4616	17,350	18,500	10,380	530	1410	2669	2478
一人あたり GDP	百ドル	363	543	367	76	226	282	16	40
人口	百万人	127	321	557	1375	23	51	1211	623
面積	万 km^2	38	963	429	960	3.6	10	329	433
公用語		日本語	英語	（多数）	中国語	中国語	韓国語	ヒンディー語 英語	（多数）

外務省ホームページを基に 2016 年に作成．統計の発表年や発表主体は異なる．

であり，IT 関連の企業が上位を占めている．

中国では 1985 年に特許法が施行され，その後数回の改正を経ている．2001 年に WTO 協定に加盟し，TRIPS 協定に整合した制度となっており，制度としての問題はそれほど大きくない．

しかしながら，模倣品問題は深刻であり，中国で生産された模倣品が中国国内のみならず，アジアの各国に輸出され市場に出回っている．

また，日本の地名や有名人の名前，著名な商標などが第三者により商標出願・登録される「冒認商標」の問題も多発している．特に 2003 年に果実などを対象に「青森」が第三者により商標出願されていることが判明し，日本の都道府県名が第三者により多数出願されていることもわかった．日本の特許庁は中国当局に対し，適正な審査が行われるよう協議を行い，地名や著名な商標のリストを情報提供するなどして，冒認商標の登録の防止に努めている．

b. 韓国

韓国も中国と同様に五大特許庁の一角を占めており，特許出願件数は世界第 4 位で，年々増加している（図 6–1）．2015 年の PCT 出願は，サムスン電子社が 4 位，LG 電子が 7 位であり，この二つの企業が韓国の産業をけん引しているといえる．

制度・運用ともに日本に近いが，頻繁に改正がなされ，日本より保護が厚い点もある．日本との相違点としては，米韓 FTA の締結により，知的財産庁の審査の遅れによって特許権の設定が遅れた場合，一定の条件のもとに遅れた期間を延長させるという点，また新規性喪失の例外の適用期間が 1 年とされている点が挙げられる．実用新案は日本においては無審査で登録されるが，韓国では審査がなされている．意匠に関しては，日本では機器と結びついた画像のみが保護の対象であるが，韓国では画像デザインそのものが保護の対象である．また商標に関しては，日本よりも早く音や色彩の商標が認められ，匂いも対象となっており，日本よりも保護の対象が広い．

c. インド

インドは 1947 年に英国から独立し，1970 年に特許法を制定したが，化学物質や医薬品の特許を認めないことにより国内にジェネリック企業を育成してきた．1995 年に WTO に加盟して 2005 年に特許法を改正し，化学物質や医薬品が特許の対象となった．

しかしながら，その制度・運用は先進国と比べて大きな隔たりがある．

一つは医薬品の特許を認めるための条件が厳しい点である．2013 年にインドの最高裁判所は，スイスのノバルティス社の「グリベック」というがん治療薬に関する特許出願について，特許にすべきでないとの判断を下した．インドでは特許法により医薬品の特許権付与に一定の制限を課している．すなわち，「既知の物質について何らかの新規な形態の単なる発見であって当該物質の既知の効能の増大にならないもの」は特許の対象ではないと規定されている．この出願の発明の内容は，すでに知られている物質の結晶形態を特定したものであるが，最高裁の判断においては，「効能は，病気を治療する医薬品の場合には，治療効果のみを意味する．結晶の物理・化学上の特性である有利な流動性，熱力学的安定性，低吸湿性は有益であろうが，考慮されない．」として，特許の対象ではないとされた．

また強制実施権の発動も行われている．2011 年にドイツのバイエル社がもつがん治療薬の特許権について，インドのジェネリック企業が強制実施権の発動を申請したところ，インドの特許庁は 2012 年に特許法に基づき強制実施権を発動した．インド特許法には，1) 公衆の適切な需要を満たしていない，2) 適正に手頃な価格で利用できない，3) インド国内で実施されていない，の三つの条件のうち一つを満たせば，強制実施権を発動することができると規定されており，特に 2) の理由が強く主張された．バイエル社は知的財産控訴委員会に不服申立をしたが，2013 年に却下され，強制実施権が発動された．

d. アセアン諸国

アセアンは東南アジア諸国連合（Association of South-East Asian Nations）を意味し，東南アジア 10

図 6–13　アセアン（Association of South-East Asian Nations：東南アジア諸国連合）

表 6-5 アセアン諸国の状況

	単位	インドネシア	マレーシア	フィリピン	シンガポール	タイ	ブルネイ	カンボジア	ラオス	ミャンマー	ベトナム
GDP	十億ドル	888	343	285	308	374	17	17	12	63	185
一人あたりGDP	百ドル	35	110	29	563	54	422	11	17	12	21
人口	百万人	252	33	100	5.5	67	0.4	15	6.5	68	90
面積	万 km^2	192	31	30	0.07	51	0.6	18	24	51	33
公用語		インドネシア語	マレー語	フィリピノ語，英語	英語，中国語，マレー語，タミル語	タイ語	マレー語	クメール語	ラオス語	ミャンマー語	ベトナム語

外務省ホームページを基に2016年に作成．統計の発表年や発表主体は異なる．

ヵ国の経済・社会・政治・安全保障・文化に関する地域協力機構である．1961年にタイ，フィリピン，マラヤ連邦（現マレーシア）の3ヵ国が結成した東南アジア連合が前身であり，1967年にシンガポール，インドネシアを加えた5ヵ国が原加盟国となりアセアンとなった．1984年にブルネイ，1995年にベトナム，1997年にミャンマー，ラオス，1999年にカンボジアが加盟して，計10ヵ国となった（図6-13）．人口6億人の巨大市場であるとともに，生産拠点としても中国やインドに対抗する経済圏を目指している．

2015年末に市場統合を核とするアセアン共同体が始動した．アセアン共同体は，「経済」「政治・安全保障」「社会・文化」の3本柱で構成されるが，中核を担うのがアセアン経済共同体（AEC）である．国ごとに異なる規制や課税手続の複雑さなどが貿易促進を妨げており，外国企業の出資規制の緩和も進んでおらず，投資をよび込む環境が十分ではないとの認識のもとに設立されたものである．

アセアンは，人口が2.5億のインドネシア，1億のフィリピン，9千万のベトナムから，550万人のシンガポール，40万人のブルネイまで，国の規模が大きく異なっている．一人あたりGDPが5.6万ドルと日本よりも高いシンガポール，4.2万ドルの石油産出国のブルネイから，約千ドルのミャンマー，カンボジアまで，豊かさの差も非常に大きく，EUとは事情が異なる．

タイ以外は，第二次世界大戦前は欧米の植民地であり，またタイ，ベトナム，インドネシアなど独自の言語をもつ国も多く，宗教も仏教，イスラム教，キリスト教などさまざまであり，多様な国々の集まりである（表6-5）．

タイ，ベトナム，インドネシアを始めとして，アセアン諸国には日本企業の進出も多く，日本からの輸出額も大きい．このようななか，知的財産の保護は重要な課題となっている（表6-6）．

表6-6に示すように，ミャンマー以外の9ヵ国は知的財産制度を有している．カンボジア，ラオス，ミャンマーはWTO協定に加盟しているが，後発開発途上国であるため，TRIPS協定に整合する知財制度の整備を2021年までにすればよいとされている．それ以外の7ヵ国については，すでにTRIPS協定に整合した知財制度となっているため，制度上はそれほど差異がない．しかしながら，実態上，知的財産の保護が十分になされていないという点が多々存在する．

以下，注目される国について解説する．

(i) ミャンマー

ミャンマーにおいては，長らく軍事政権が続き，1900年代初頭に制定された著作権法以外には知的財産制度が存在しない．商標制度も存在しないが，商標を登記する制度はあるため，日本企業は登記を行い，現地の新聞に公告記事を載せて，商標の存在を知らしめてきた．

今後，ミャンマーが投資をよび込み，産業を発展させるためには知的財産制度を創設することが必要であると認識されるようになり，知的財産法案が策定された．日本もミャンマーを今後の重要な投資先と位置付け，法案の策定と知的財産庁の設立の支援を行っている．知的財産法案は2015年に国会に上程されたが，審議未了で廃案となっている．2015年11月に総選挙が行われ，アウン・サン・スー・チー氏が率いる野党・NLD（国民民主連盟）が勝利したことから，今

表 6-6　アセアン諸国の知的財産制度の状況（2017 年 1 月現在）

	インドネシア	マレーシア	フィリピン	シンガポール	タイ	ブルネイ	カンボジア	ラオス	ミャンマー	ベトナム
特許	○	○	○	○	○	○	○	○	×	○
実用新案	○	○	○	×	○	×	○	○	×	○
意匠	○	○	○	○	○	○	○	○	×	○
商標	○	○	○	○	○	○	○	○	△	○
著作権	○	○	○	○	○	○	○	○	○	○
パリ条約	○	○	○	○	○	○	○	○	×	○
WTO 協定	○	○	○	○	○	○	△	△	△	○
PCT	○	○	○	○	○	○	○	○	×	○
日本の PCT・ISR の管轄	○	○	○	○	○	○	○	○	×	○
日本との PPH	○	○	○	○	○	×	×	×	×	○
ハーグ協定ジュネーブ改正協定	×	×	×	○	×	○	×	×	×	×
マドリッド・プロトコル	×	×	○	○	×	○	○	○	×	○

・ミャンマーは知的財産法案策定中．商標は登記制度あり．

後の動向が注目される．

(ii) インドネシア

1949 年にオランダから独立し，世界第 4 位の人口を有し，イスラム国家としては最大である．インドネシアの輸出額は日本が最も大きく，日本企業の進出も盛んである．

1991 年に特許法が施行されたが，審査官の人数が不足し審査能力も十分でないため，対応する外国出願がある場合には，審査結果に関する情報提供が必要と規定されている．

米国の通商代表部は毎年，知的財産権の保護が不十分な国を特定して公表している．2016 年の報告書において，知的財産の保護が不十分であるとして優先監視国に指定されている国は中国，インドなど 11ヵ国あり，アセアンではインドネシアとタイが入っている．インドネシアについては，著作権・商標権侵害が甚大であるのに，組織間の協力が不十分でほとんど摘発されていない，強制実施権の設定に関する特許法上の手続が不透明であり，司法など独立したレビューの機関を設けるべきといった点が指摘されている．

(iii) タイ

タイは植民地となることもなく王制が続いているが，2014 年に軍事政権となり，その後は政情不安定な状況が続いている．日本への輸出額は中国，米国に次いで 3 位であり，日本からの輸入額は中国について 2 位である．日本企業の工場も多いが，度重なる洪水による被害や，近年の賃金上昇や消費低迷の問題などもあり，難しい状況になってきている．

タイの最大の問題は特許審査の遅れが大きく，出願から特許付与までの平均期間が 10 年を超えていることである．そのため米国通商代表部の報告書では長年優先監視国とされており，模倣品・海賊版などの不正商品問題とともに審査の遅れが大きな課題となっている．

(iv) ベトナム

ベトナムは 1960 年に始まったベトナム戦争により壊滅的な被害を受けたが，1976 年の南北ベトナムの統一，1986 年の市場経済の導入などにより，近年は経済の発展が著しい．人口も 9 千万人を超え，生産拠点としてのみならず，市場としての魅力も高まっており，輸出額，輸入額ともに，日本は中国，韓国に次いで 3 位である．

知的財産制度や知的財産庁は整備されており，特許の審査待ち期間に特許法で上限を設けるなど審査の遅れの問題もない．しかしながら，模倣品・海賊版などの取締りについては依然として問題があり，特にインターネット上の著作権侵害が頻繁に行われているとして，米国通商代表部が指定する監視国（優先監視国よりはグレードが低い）の一つとなっている．

(v)　マレーシア

マレーシアは1957年に英国から独立し，特許法が制定されたのは1983年である．

マレーシア独自の制度として，MSE（Modified Substantive Examination：修正実体審査制度）があり，対応する外国出願が特定の特許庁で特許付与された場合，その証明書を添付すれば，マレーシアで特許が付与されるというものである．対象となっている特許庁は，米国，欧州，英国，オーストラリア，日本，韓国の各特許庁である．

かつては米国通商代表部の報告書の監視国であったが，模倣品・海賊版対策などの政策が評価され，現在はそのリストから除外されている．

(vi)　シンガポール

シンガポールは1965年にマレーシアから独立し，英国法をモデルとした特許法が制定されたのは1994年である．制定前は，英国において権利を取得し，それをシンガポール当局で再登録するシステムであった．特許法制定後もシンガポール特許庁は先行技術調査や実体審査を行わず，オーストリア，デンマーク，ハンガリーの各特許庁に審査を委託していたが，2012年に特許法を改正し，審査官を雇用して審査を開始した．2015年末に特許審査官の人数が100名を超え，アセアンの中では最大の人数となり，PCTの国際調査機関にもなっている．優秀な人材を集め，10年計画でアジアの知財のハブとなることを目標としている．

特許の存続期間は特許出願の日から20年であるが，米国とのFTA（自由貿易協定）に基づき2004年に特許法が改正され，審査の遅延による存続期間の延長，及び販売認可の遅延による医薬品の特許権の存続期間の延長を認めている．

(vii)　日本との関係

日本はアセアン諸国に対し，さまざまなかたちで協力を行ってきた．

人材育成としては，アセアンの審査官，行政官，税関職員，法律家などを20年前から日本に招聘して研修を行っており，その人数は2000名を超えている．また日本からミャンマー，インドネシア，ベトナムなどの行政機関に，数年単位で滞在する知的財産の専門家を派遣している．

さらに，アセアン諸国から出願されるPCTのISR（国際調査報告）を作成したり，PPH（特許審査ハイウェイ）を締結したりすることにより，日本企業や日本の現地法人による発明が適切に保護されるよう，特許の審査協力を行っている．また，日本の特許審査の情報を，アセアンの知財庁に英語でオンラインにより提供することにより，その利用を促し，日本企業の各国における適正な権利化の支援を行っている．

6.2.2　新規保護/未保護知財の諸様相

知的財産制度は，技術に関するものや芸術に関するものなどさまざまなものを保護対象としている．現在，日本で保護されていない知的財産もあるし，「肖像権」など判例で保護を認められているが法律は制定されていないものもある．

また，世界では新しい知的財産の議論が続いている．新しい知的財産は何か．どのように保護して活用すればよいのか．先進国と開発途上国の利害がぶつかる側面も多いが，新しい知的財産を発掘することは人類にとって重要な資産探しでもある．

そこで現在，どのような議論が国連やその他の国際機関などで議論されているのかをみてみよう．いまだ保護されていない知的財産が未来社会の重要な資本として世界中に認識される日がくるかもしれない．

a.　新しい知的財産はどこで議論されているか

知的財産政策を分析すると，現在は「第3期」に当たるという．

第1期は1886～1994年までの期間．特許に関するパリ条約や著作権に関するベルヌ条約が発効してからの約100年である．第1期の知的財産政策は法律や条約の解釈論が主な議題であり，国際機関としては世界知的所有権機構（WIPO）のみが関係していた．

第2期は1994～2006年までで，世界貿易機関（WTO）でTRIPS協定（知的所有権の貿易関連の側面に関する協定）が発効し，知財政策が貿易政策と大きな関係をもつようになった．国際機関として，WIPOのほか，世界貿易機関（WTO）などが議論の場となった．経済学者，人文社会系の研究者，医薬品へのアクセス問題ではNGOも議論に参加するようになった．知的財産が経済的にも文化的にも役に立つようにという視点からの議論が開始された．

第3期は2006年以降である．国際機関として，生物資源に関連する生物多様性条約事務局（SCBD），食料用・農業用の植物資源に関連する国連食糧農業機

表 6-7　知的財産に関連する国際機関

区分	機関
国連機関	General Assembly（総会）
	HRC（人権理事会）
	UNHCHR（OHCHR）（国連人権高等弁務官（事務所））
	UNCTAD（国連貿易開発会議）
	UNDP（国連開発計画）
	UNEP（国連環境計画）
	UNCITRAL（国連国際商取引法委員会）
	ECOSOC（経済社会理事会）
	UNPFII（国連先住民族問題常設会議）
	UNCSD（国連持続可能な開発委員会）
	UNFCC/COP（気候変動枠組条約/締約国会議）
	CBD/COP（生物多様性条約/締約国会議）
国連専門機関	WIPO（世界知的所有権機関）
	UNESCO（国連教育科学文化機関）
	FAO（国連食糧農業機関）
	IFAD（国際農業開発基金）
	WHO（世界保健機関）
	ITU（国際電気通信連合）
	UNIDO（国連工業開発機関）
	ILO（国際労働機関）
	WB（世界銀行）
非国連機関	WTO（世界貿易機関；前 GATT）
	WCO（世界関税機構）
	UPOV（植物新品種保護国際同盟）
	INTERPOL/ICPO（国際刑事警察機構）
	HCCH（ハーグ国際私法会議）
	OECD（経済協力開発機構）
非政府機関	ICANN（Internet Corporation For Assigned Names And Numbers）
	ISO（国際標準化機構）
	IEC（国際電気標準会議）
	IEEE（米国電気電子学会）
地域フォーラム	APEC（アジア太平洋経済協力会議）
	ASEM（アジア欧州会合）
	ASEAN（東南アジア諸国連合）
	SAARC（南アジア地域協力連合）等
その他域フォーラム，NGO	三極，五極（IP5），FTA/EPA；AIPPI，ALAI，FICPI，INTA，ICC，MSF，G8，G20

関（FAO），情報通信機器時代の標準の議論をリードする国際電気通信連合（ITU），伝統文化などの文化の多様性をリードする国連教育科学文化機関（UNESCO），HIV/エイズ治療薬と特許の議論がなされている世界保健機関（WHO）なども参加している．これらの機関だけでなく，多くの国際機関や NGO で知的財産に関する議論が行われている（表 6-7）．

b. 国際機関における議論のテーマ

いまや多くの国際機関で知的財産に関する問題が議論されるようになった．代表的な国際機関での議論されているテーマを紹介する．

（i） 国際連合

- 極度の貧困および飢餓の撲滅
- HIV/AIDS，マラリア，その他の疾病との闘い
- 環境の持続可能性確保
- 開発のためのグローバルなパートナーシップの推進など

（ii） WTO

- 公衆衛生
- 生物多様性
- 持続可能な環境
- 遺伝資源
- 生物多様性
- 伝統的知識・伝統的文化表現
- フォークロア
- 文化多様性
- 先住民族問題
- 気候変動・クリーンエネルギー

（iii） UNEP/COP（国連環境計画/締約国会議）

- 原産国の国際証明制度
- 利益配分の国際レジーム（問題解決の枠組みをつくること）の検討

・伝統的知識

(iv) FAO（国連食糧農業機関）

・食糧農業用植物遺伝資源条約

(v) UNESCO（国連教育科学文化機関）

・文化多様性に関する世界宣言
・無形文化遺産の保護に関する条約
・文化多様性条約策定交渉

c. WIPO と UN，WTO の連携体制

世界知的所有権機関（WIPO）はパリ条約（特許制度，意匠制度，商標制度など）を管轄する事務局とベルヌ条約（著作権制度）を管轄する事務局が合併して1893年に設立された BIRPI（知的所有権保護合同国際事務局）の流れをくみ，1970年に WIPO 設立条約（1967年）に基づいて設立された．近年，知的財産制度の問題が多くの国際機関で議論されることを背景として，WIPO は他の国際機関と連携するようになった．

(i) 国際連合（UN）との連携

設立当時は国連とは関係なかったが，現在の WIPO は国連専門機関である．国連の機関となるまでの経緯は，1961年の国連総会でブラジルとコロンビアが「開発途上国への技術移転における特許の役割」を共同提案し決議されたことに始まる．

1964年には，「開発途上国への技術移転における特許の役割」という国連事務総長報告が出された．同年，UNCTAD（国連貿易開発会議）が設立され，1972年には「技術移転」を促すこととなった．

1974年には，国連，WIPO と UNCTAD の三者で「開発途上国への技術移転における特許制度の役割」という共同報告書を策定した．同年，WIPO は国連専門機関となり，国連と WIPO 間で「技術移転支援」の協定が締結された．

図 6-14　世界知的所有権機構（ジュネーブ）

(ii) 世界貿易機関（WTO）との連携

「関税と貿易に関する一般協定（GATT）」という条約に基づいて国際貿易はルールが構築されていたが，より実効性が求められて世界貿易機関（WTO）という機関を創設することとなった．WTO は1995年に設立し，設立条約の付属書 1C として知的財産に関する取り決めがなされた TRIPS 協定（知的所有権の貿易関連の側面に関する協定）を有する．国際貿易の主要項目に知的財産が据えられたのである．そこで，1996年に WIPO と WTO は TRIPS 協定を実効あるものとするため，相互協力を行う旨の協定を締結した．

d. 国際的な議論の現状

(i) 条約の制定

国際的な議論を経て，条約としてまとまったものの代表格は生物多様性条約（CBD）である．この条約は1992年に地球環境サミットで署名され，1993年12月に発効した（日本の加盟は1993年5月）．

条約の内容は，「各国が遺伝資源に対する主権的権利を有する」，「遺伝資源の取得には，締約国の事前の情報に基づく合意を要する」，「遺伝資源の利用から生ずる利益を遺伝資源提供国と公正かつ衡平に配分する」，「伝統的知識を尊重，保存し，その利用から生ずる利益を遺伝資源提供国と公正かつ衡平に配分する」などが規定された．しかし，この条約には各国がとるべき具体的な措置は規定されておらず，遺伝資源へのアクセス権限は国内法に委ねられており，また遺伝資源へのアクセスと利益配分（ABS）も問題となっている．

(ii) 特許出願における記載義務の議論

遺伝資源や伝統的知識を保有する主に開発途上国からは，特許出願の明細書に遺伝資源の原産国や出所等の開示を義務化すべきなどの意見が出された．特許権の付与後に開示情報が偽と判明した場合は，特許無効や特許権の移転に加えて，刑事罰や行政罰を与えるべきとの意見もあった．先進国はこれらの意見に反対しており，南北問題（先進国と開発途上国の対立問題）の一つとなっている．

(iii) 継続する議論

生物多様性だけでなく，「気候変動・クリーンエネルギー」でも知的財産の問題が議論されている．大気中の温室効果ガス（二酸化炭素，メタンなど）の増大が地球を温暖化し自然の生態系などに悪影響を及ぼすおそれがあることを背景に，大気中の温室効果ガスの濃度を安定化させることを目的として，各国に二酸化炭素の削減目標が定められている．

この目的を達成するための技術や資金に関しては，途上国は技術・資金供与は先進国の条約上の義務であると主張している．また，知的財産権の存在が技術移転の障害となっているという中国などの主張に対し，先進国は技術移転のためにはむしろ適切な知的財産権の保護が必要と主張している．

e．新しい知的財産

国際会議の場で一番話題となっているのが，遺伝資源，伝統的知識，フォークロアである．これらについて事例とともに紹介する．

(i) 遺伝資源

遺伝資源とは，世界各国が保有する動物・植物などの生物的資源・素材で，文化・社会・経済・科学などの側面から価値を内在するものと認められるものを指す．さまざまな利用目的のために実験や繁殖・栽培を通じて先住民により開発・維持されてきた動物・植物などのことである．

そして，遺伝資源には先住民自身の遺伝情報も問題となる場合があることに留意するべきである．伝統的知識やフォークロアと比較して，遺伝資源はその特定範囲を定めやすいとされており，そのため，三つのなかでは最も政府間委員会などで進歩がある．遺伝資源が知的財産として分類されることとなった原因は，特許による保護範囲が，これまでの方法特許に加えて物質特許を対象とする様に広がってきたことに起因する．特に熱帯地方は生物多様性が高い為，遺伝資源が豊富であり，問題となる場合が多いとされている．

ニーム事件

植物のニームから抽出したオイルはアブラムシや青虫などの害虫の駆除ができると共に，サビ病やウドン粉病などの細菌病に有効な生物農薬である．米国で1985年に正式に生物農薬として認可された．1998年の販売額は1000億円といわれている．

ニームについては1985年に米国企業と米国農務省が抽出法などの特許権を取得した．さらに1995年に米国農務省などが欧州特許も取得した．米国企業はインドのニーム製品の製造業者に特許権を行使した．この行為に対して，インド政府，市民団体，グリーンピースなどが欧州特許庁に無効審判を請求し，欧州特許庁は2000年に伝統的な抽出法であると特許権を無効とし，2005年に控訴審が確定し特許権は無効となった．

(ii) 伝統的知識

伝統的知識とは，概して先住民などが伝統的に継承してきた知識を指すとされている．しかしながら伝統的知識という用語の定義に関しては，現在WIPOを筆頭に数々の国際機関および多数の研究者がさまざまな論点から検討しているが，それぞれの条約や研究対象と関連し，相対的または特化したかたちで定義されているため，いまだ統一的な定義は存在していない．

伝統的知識は，先住民及びコミュニティーのライフスタイルや環境の変化などに従って日々生み出され，変化し続けているため，多種多様に存在する．これまでにも幾度となく定義付けが試みられてきたが，産業・文学・芸術・科学の分野の成果物すべてに関係する伝統的知識は，これらすべてを包含し得る定義が非常に困難である．

伝統的知識が共同体文化として包括性をもつことを示す例として，薬草の知識とその利用が挙げられる．薬草の知識などに関しては，コミュニティー内で少数の特定の役割の人々に共有が限定されることが多く，その役割を担う人物はコミュニティー内から選出され，先達から知識の伝授を受ける．植物から薬を作り出す方法の知識を少数者で独占していたとしても，コミュニティーのためにその知識を所有していると認識されている．

リーシュマニア症の事例

リーシュマニア症とは，トリパノソーマ科の原虫リーシュマニアの感染を原因とする人獣共通感染症の総称である．サシチョウバエ類によって媒介される．

ヒトでは主に内臓リーシュマニア症（カラアザール・黒熱病・ダムダム熱）と皮膚リーシュマニア症（東洋瘤腫・エスプンディア・チクレロ潰瘍）とに分類される．WHOの試算によれば，88ヵ国1200万人がリーシュマニアに感染しており，リーシュマニア症は緊急に対策を要する六つの感染症の一つとされている．犬の媒介性疾患としても注目されている．

この難病であるリーシュマニア症の新薬の開発に，「カヤワヤ」が使用しているエバンタという木の樹皮から採ったエキスが用いられた．カヤワヤとは，南米ボリビア・アンデス山脈に暮らす伝統の医者のことである．地域や家庭によって異なる治療法や薬草の種類など，その技術や知識を口承によって一子相伝で伝えている．カヤワヤの医療行為はインカ帝国以前から始まり，青銅の道具で頭蓋骨に穴を開ける外科手術まで行っていたという．高度な医術で知られるインカ医学の基礎となり，2003年にはユネスコの無形文化遺産にも登録されている．

ターメリック事件

ターメリックとはウコン（黄色でカレー粉に用いられている）のことである．1995年3月28日にターメリックの粉末を傷薬に入れて傷の治癒を促進する方法に米国で特許権が付与された．インド人の出願であったが，ミシシッピ大学に権利を譲渡した．1996年に米国在住のインド人やインドの政府機関により無効審判請求がなされ，1997年にインド側から提出された文献（1950年代の文献や100年以上前のサンスクリット語で書かれた文献）に基づき新規性がないと判断された．この事例は伝統的知識に関する米国での特許が初めて無効となった事例となった．

(iii)　フォークロア

フォークロアとは，一般的に伝統陶芸・伝統舞踊などの芸術的表現や民俗的表現を指すが，1982年のWIPO及びUNESCOによって採択されたモデル規定によると，「当該共同体の期待を反映する個人または共同体によって発展させられ，守られてきた伝統芸術遺産の特徴的要素からなる作品」を意味する．また伝統的文化表現（traditional cultural expressions），あるいはフォークロアの表現（expressions of folklore）とも言及される．

大別すると，1）言葉による表現（民話・伝統的な詩やなぞなぞなど），2）音楽の表現（民謡・楽曲など），3）行動による表現（伝統舞踊・演劇・祭式の芸術的形態等），4）有形の表現（描画・絵・彫刻・陶器・テラコッタ・モザイク・木工品・金属具・宝石・籠・刺繍・テキスタイル・カーペット・衣装・音楽器・建築物など），の四つに分類される．

イルガ事件

みすず書房はテッサ・モーリス＝鈴木の「辺境から眺める（みすず書房/2000年）」という著書を出版する際，イルガという伝統紋様を表紙カバーのデザインとして採用した．

イルガとは，樺太周辺の先住民族であるウィルタとよばれる人々に伝わる紙から切り出された伝統紋様のことである．樺太やシベリアの北方民族は，それぞれ独自のイルガをもち，日本の家紋のように民族の「顔」として使用している．

みすず書房の著作権担当者は，その特定のイルガが著作権による保護を受けないものであると解釈し，デザイン担当のスタッフがイルガのデザインを改変した上で表紙カバーのデザインを作成した．表紙カバー裏面のデザインについての説明は短く曖昧なものであった．

そのため，この表紙カバーのデザインについて，網走に存する先住民文化博物館であるジャッカ・ドフニ博物館が，みすず書房に対して抗議を行った．

本件は後に，みすず書房がジャッカ・ドフニ博物館に対し著作権使用料を支払い，また表紙カバーに原物のままのイルガを使用，出典についても明記するということで和解に至った．

f. 日本の保護が遅れている領域

2015年4月から経済産業省特許庁が，音，色，位置，動き等の新しい領域の商標権の出願受付を，同年6月からは農林水産省が農林水産物と加工品の地理的表示について出願受付を開始した．これらの制度は，韓国などの他国ではすでに法制化されていた．

日本にはこれら以外にも，他国が保護しているのに保護が遅れている領域がある．保護が遅れていることが一概に間違いということではないが，知的財産権の遅れた保護は国民のビジネスチャンスを遅らせる可能性がある．

現時点では，肖像権，トレードドレス，タイプフェイスなどが議論されている．

(i)　肖像権

自己の容貌を他者に撮影されない権利．人格的利益や幸福追求権（憲法第13条）や人格権の一環として解釈上認められている．肖像権は有名人・著名人ではない一般人でも認められている．

(ii)　トレードドレス

ロゴマークや製品の形状，色彩構成，素材，大きさといった各種要素を含んだ，全体的・総合的なイメージのこと．製品のパッケージや，店舗の外装，従業員の制服デザインなどがある．

(iii)　タイプフェイス

印刷技術によって語や文を構成するための手段に用いられることを目的としてデザインされた一連の文字の書体で，いわゆる「フォント」と同義で使われることが多い．韓国などでは保護されているが，タイプフェイスに著作物性を認めることは「文字が万人共通の文化的財産であることなどから難しいとされ（東京高判昭58・4・26無体例集15巻1号340頁）」ており議論が続いている．

g. 今後の課題

日本政府は，国際公共政策に配慮した国際ルールの構築に貢献することが必要であろう．知的財産政策と開発，人権，環境，公衆衛生といったほかのさまざまな国際公共政策との関係について国際的な議論をリードすることが期待されている．

日本政府は先進国，途上国，地域での対話や国際シンポジウムなどの開催，アカデミアやシンクタンクなどでの研究活動を促進するとともに，遺伝資源や関連する伝統的知識などの利用と利益配分に配慮した企業，大学等の自主的取組を促している．今後も政府内の連携を深めるとともに，産業界との意見交換の場を設けるなど，国際的な知財政策に関する検討体制を強化することが必要である．

6.2 節のまとめ

21世紀になり，経済だけでなく知的財産においてもアジア諸国の存在感が増している．しかし，知的財産の保護が十分になされていないという問題があり，各国で法整備などが進みつつあるため，今後の動向を注視する必要がある．

今までにない新しい知的財産の議論がさまざまな国際機関などで議論が行われている．近年の議題では，遺伝資源，伝統的知識，フォークロアに関するものが多く挙がっている．それぞれの機関の連携もはじまっており，適切な知的財産権の保護のため国際的な検討体制の強化が必要である．

参考文献

[1] カミール・イドリス（元WIPO事務局長），荒井寿光（元知的財産戦略事務局長，元特許庁長官，元WIPO政策諮問委員会委員）『世界知財戦略』（日刊工業新聞社，2006）．各国が目指すべき知財戦略が幅広く語られている．

[2] 植村昭三（青山特許事務所 東京事務所長，元国際知的所有権機関事務局次長）『東京理科大学MIPにおける講義資料』（2014）．

[3] 青柳由香『伝統的知識をめぐる問題の状況』早稲田大学ホームページ
https://dspace.wul.waseda.ac.jp/dspace/bitstream/2065/12858/1/101-110.pdf

コラム10　NPE（パテント・トロール）訴訟問題

米国における近年の特許侵害訴訟を特徴づける現象としてNPE（non practicing entity：特許不実施主体）による訴訟の増加が挙げられる．NPEとは，広義には特許をもちながら自分ではそれを実施しない企業を意味する．しかし，最近はそれらの企業のうち，特に，特許侵害訴訟を起こすと脅し（あるいは実際に訴訟を起こし）一般の企業から和解金をせしめようとするような企業―かつて「パテント・トロール」とよばれた企業―を指して使われる．このような狭義のNPEはPAE（patent asserting entity：特許権利行使主体）ともよばれる．因みにパテント・トロールの「トロール」とは北欧民話に出てくる悪い妖精（妖怪）のことである．かつて米国のインテル社が特許侵害で訴えてきたNPE企業を「特許ゴロ」とよんで名誉毀損で逆に訴えられたことがあった．そのときインテル社の法務部長だったピーター・デトキンが，自身の娘が読んでいた絵本に登場するトロールを見て，代わりのよび名として思いついたのが「パテント・トロール」という名称である．娘が読んでいたのは「Three Billy Goats Gruff」（三びきのやぎのがらがらどん）という絵本で，日本でも親しまれている．

米国の訴訟は費用がかかる．一審の判決まで訴訟を行うと自分の弁護士費用だけで数億円かかるのが普通である．パテント・トロール（または狭義のNPE）の典型的な手口は，有効性が怪しい特許や侵害しているかどうかわからない特許をハイテク製品のメーカーや販売店にもち込んで特許侵害で訴えると脅し（あるいは先に訴えてしまい），「訴訟で決着をつけるのは金がかかるのでそこそこの金額で和解しないか」ともちかけるというものである．狙われた企業の方は，仮に訴訟で勝てると思っていても，判決まで訴訟を行うと多額の費用がかかるので，やむなく和解してしまう．和解金は比較的安く1億円に届かないことも多いが，パテント・トロールは何社もの会社を訴えることによって多額の収入を得ている．

近年，このようなNPEによる特許訴訟が増加し，特許訴訟全体に占めるNPE訴訟の割合も6割を越えるまでになっていて，問題になっている．

NPEのターゲットになっている企業は，大手のハイテクメーカーから，小規模な販売店まで多岐にわたっているが，訴えられた事件数上位の企業をみると，サムスン電子やアップル，ソニーといったハイテク，家電，ICTの著名メーカーが名を連ねており，1社あたりの訴訟事件数も年間数十件にも及んでいる．

このようなNPE訴訟の問題については以前から対策が求められてきたが，特許権行使の一部制限を求めるハイテク業界と，特許権を制限しないまま維持したい製薬業界の利害の対立などから，なかなか進まなかった．しかし，2011年の米国特許法改正以降，成立した特許の有効性を争う制度が強化されたり，NPEが業界の各社をまとめて訴えることができなくなったりするなど，対策が打たれはじめてきている．また，2015年12月からは連邦民事訴訟規則も改正になり，今まで特許訴訟では可能だったひな形通りの略式の訴状による提訴が認められなくなるなど，新たな対策もとられている．今後，これらの対策によってNPE問題が解消の方向へ向かうかどうかが注目される．

図　北欧の絵本に描かれたトロール
出典：John Bauer "Among Gnomes and Trolls"

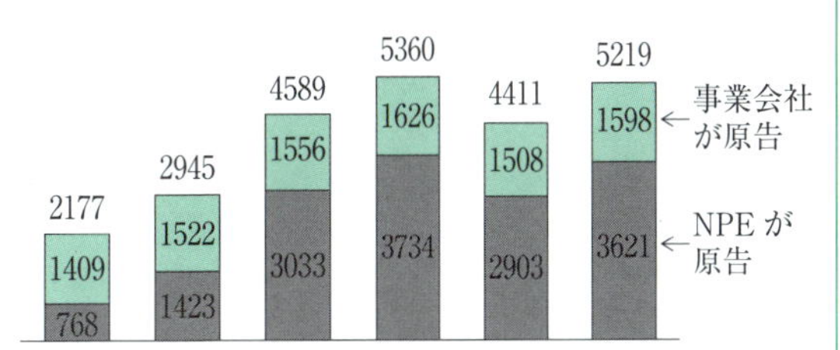

図　米国特許訴訟件数推移（事業会社原告とNPE原告）
出典：RPX, 2015 NPE Activity Highlights

表　2015年NPE訴訟新規事件数トップ企業

順位	企業	新規訴訟事件数
1	サムスン電子	45
2	アップル	28
3	アマゾン	27
3	AT & T	27
5	LG電子	26
6	HP	24
6	マイクロソフト	24
8	デル	22
8	ZTE	22
10	HTC	21
10	ソニー	21

出典：RPX, 2015 NPE Activity Highlights

コラム 11　フォーラム・ショッピング

NPE と並び，米国における特許侵害訴訟を特徴づける現象として「フォーラム・ショッピング」がある．「フォーラム（forum）」とは裁判所，法廷の意味である．裁判所をショッピングするというのは，いかにも不思議な表現ではあるが，デパートで色々な店を回って自分の気に入った商品を見つけるように，自分に有利な裁判所を選ぼうとして米国各地の裁判所のなかから法廷地の選り好みをすることを指していう．このフォーラム・ショッピングの存在のため，米国の特許侵害訴訟では特定の裁判所に訴訟の提起が著しく偏るという現象がみられる．

日本での特許侵害訴訟の第一審は，民事訴訟法で，被告の住所地などにしたがって東京地裁と大阪地裁のいずれかで起こすことが決まっているので，フォーラム・ショッピングのようなことが起こる余地はまずない．しかし，米国の場合，全米に 90ヵ所以上ある連邦地方裁判所のうち，被告の住所地や特許侵害の事実と一定の関係のある地域を管轄している裁判所なら原則どの裁判所で訴訟を起こしてもよい（下図）．したがって，原告は管轄権のある複数の裁判所のなかでどの裁判所で裁判を起こすかの選択権を有することになる．どうせ裁判を起こすなら自分に少しでも有利な裁判所で起こしたいというのは誰もが考えることであり，そこにフォーラム・ショッピングが生まれる原因がある．

特許侵害訴訟を起こそうとする企業は色々な観点から自社に有利な裁判所を選ぶ．そのなかでも，原告の勝訴率，損害賠償の額，裁判のスピードの 3 点は多くの企業が重視する観点である．特に原告の勝訴率を気

表　米国連邦地裁　観点ごとのランキング

総合順位	連邦地裁管轄区	一審終了までの期間		原告勝訴率		損害賠償額	
		中央値（年）	順位	勝訴率	順位	中央値（ドル）	順位
1	Virginia 東	1.0	1	30%	8	32,619,063	2
2	Delaware	2.0	5	43%	4	16,257,851	4
3	Texas 東	2.3	7	55%	1	8,949,616	5
4	Wisconsin 西	1.1	2	32%	7	6,484,809	6
5	Florida 中央	1.8	3	55%	2	192,839	15
6	Texas 南	2.0	4	22%	15	57,959,587	1
7	Taxas 北	2.4	8	46%	3	3,702,082	9
8	New Jersey	2.7	12	34%	5	16,850,037	3
9	California 中央	2.2	6	29%	10	3,189,642	11
10	New York 南	2.5	9	28%	11	3,625,039	10

出典：PWC, 2015 PATENT LITIGATION STUDY

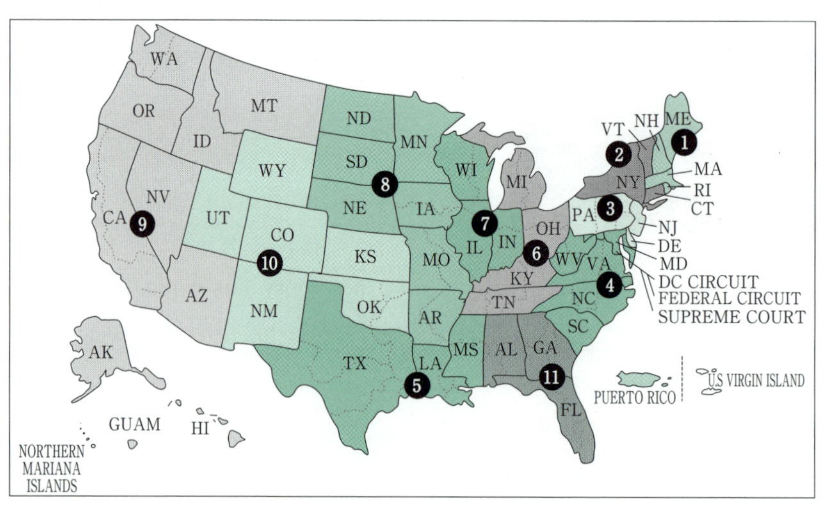

図　米国連邦裁判所の管轄区

出典：米国連邦裁判所ホームページ．一つの州に複数の連邦地方裁判所がある場合，境界を破線で表示してある

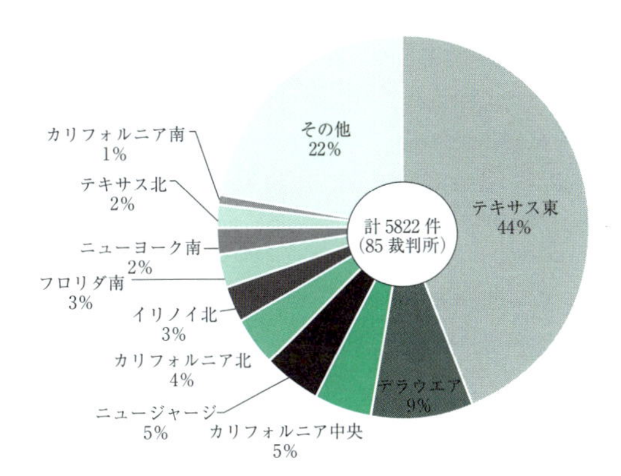

図 2015 年特許訴訟件数の裁判管轄区毎の割合
出典：PACER のデータを基に作成

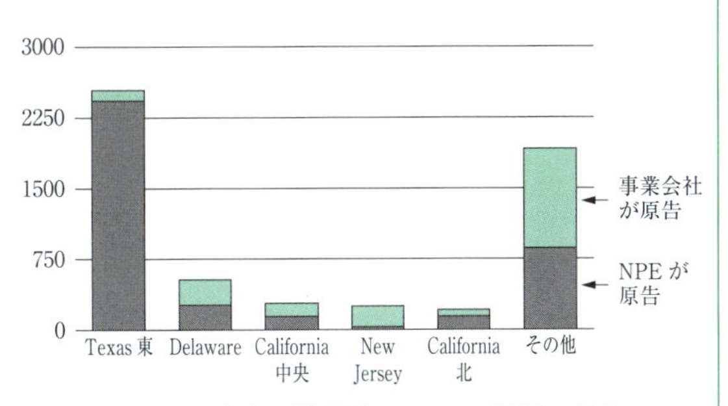

図 2015 年主要裁判所での NPE 訴訟の割合
出典：UNIFIED PANTS, 2015 PATENT DISPUTE REPORT

にする企業は多い．右の表からわかるように，テキサス東地区の連邦地方裁判所の勝訴率はほかの地域に比べて非常に高く，多数の特許訴訟がここに提起される．

2015 年に提起された特許侵害訴訟の数を提訴裁判所ごとに整理したのが緑の円グラフである．

2015 年 1 年間で 5822 件の特許訴訟が全米 85ヵ所の連邦地方裁判所に起こされた．その 78%が上位 10ヵ所の裁判所に集中しており，特に提訴件数 1 位のテキサス東連邦地方裁判所への提訴は 44%と 2 位のデラウエア連邦地裁の 9%をはるかに引き離した圧倒的な件数となっている．テキサス東連邦地方裁判所への提訴の割合は 2001 年から 2010 年までは平均で 8%，2012 年は 23%なので，最近急速に特許訴訟の件数が増えていることがわかる．また，主要な裁判所における NPE 原告の訴訟の割合を調べてみると，上図のとおり，テキサス東連邦地方裁判所では NPE 訴訟の割合が飛び抜けて高く，特許訴訟の集中の背景に NPE 訴訟の増加があることを示している．

付録　権利取得のフロー図

Ⅰ　特　許　出　願

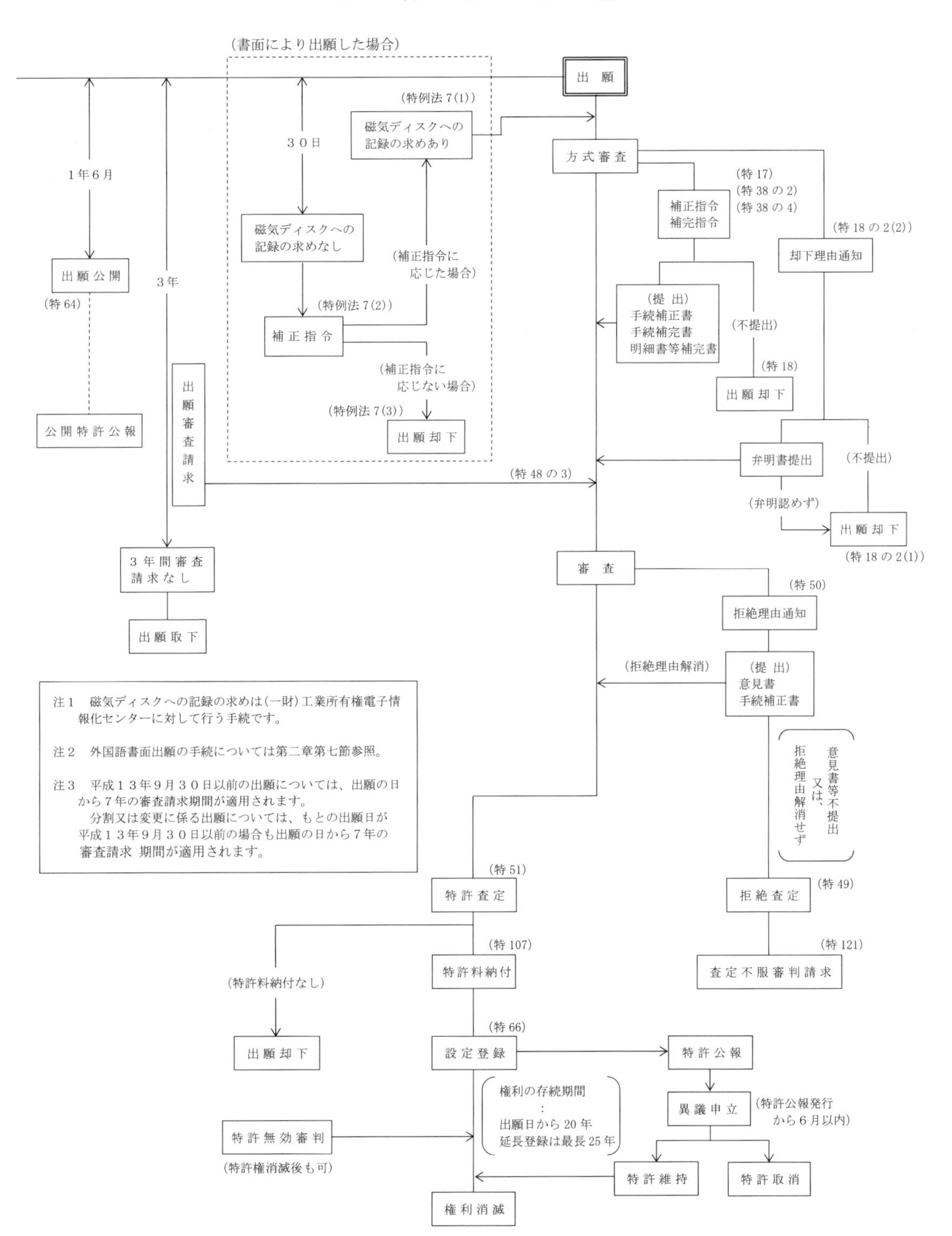

Ⅱ 意 匠 登 録 出 願

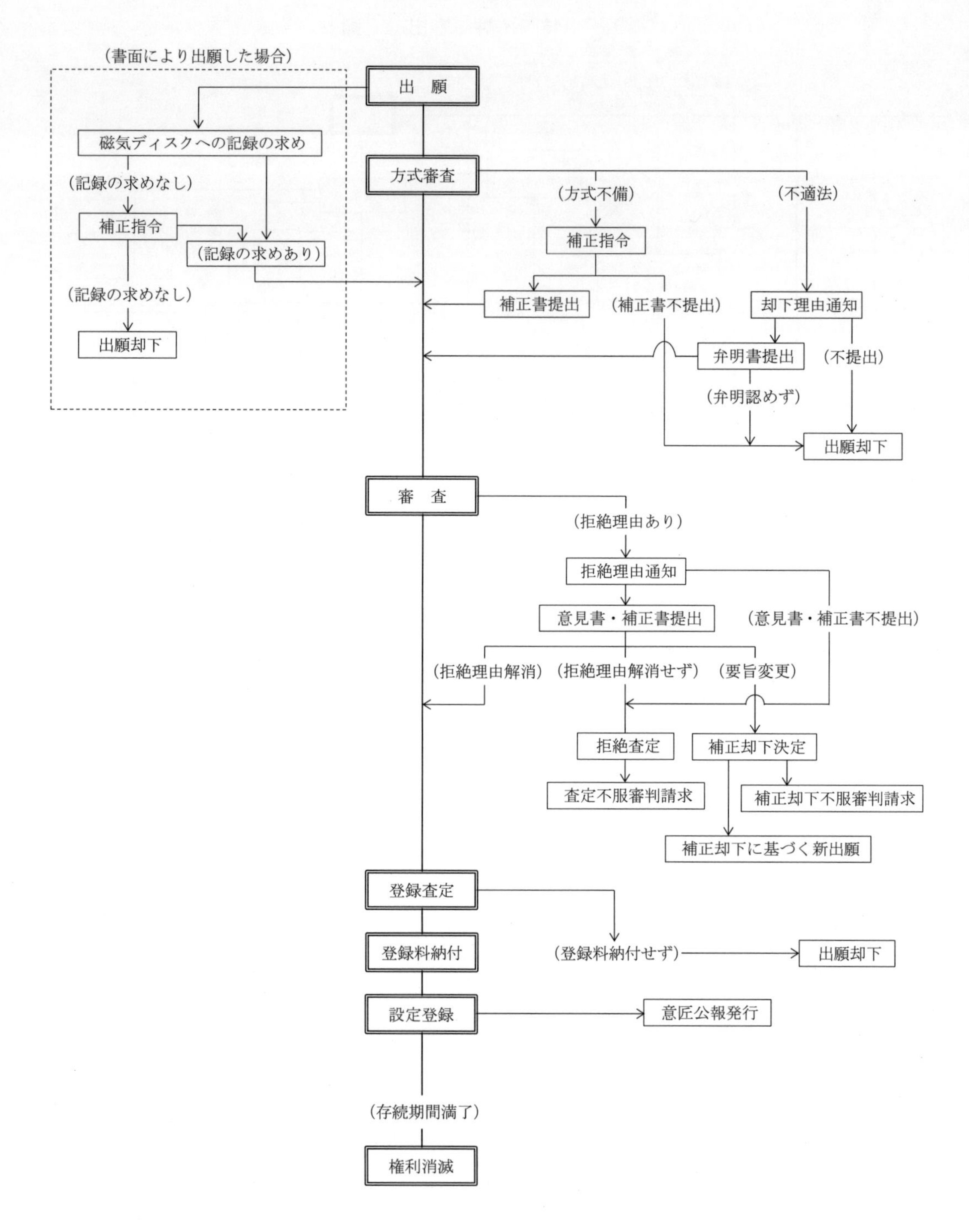

（書面により出願した場合）
出　願
磁気ディスクへの記録の求め
（記録の求めなし）
補正指令
（記録の求めあり）
（記録の求めなし）
出願却下
方式審査
（方式不備）
（不適法）
補正指令
補正書提出
（補正書不提出）
却下理由通知
弁明書提出
（不提出）
（弁明認めず）
出願却下
審　査
（拒絶理由あり）
拒絶理由通知
意見書・補正書提出
（意見書・補正書不提出）
（拒絶理由解消）
（拒絶理由解消せず）
（要旨変更）
拒絶査定
補正却下決定
査定不服審判請求
補正却下不服審判請求
補正却下に基づく新出願
登録査定
登録料納付
（登録料納付せず）
出願却下
設定登録
意匠公報発行
（存続期間満了）
権利消滅

Ⅲ 商 標 登 録 出 願

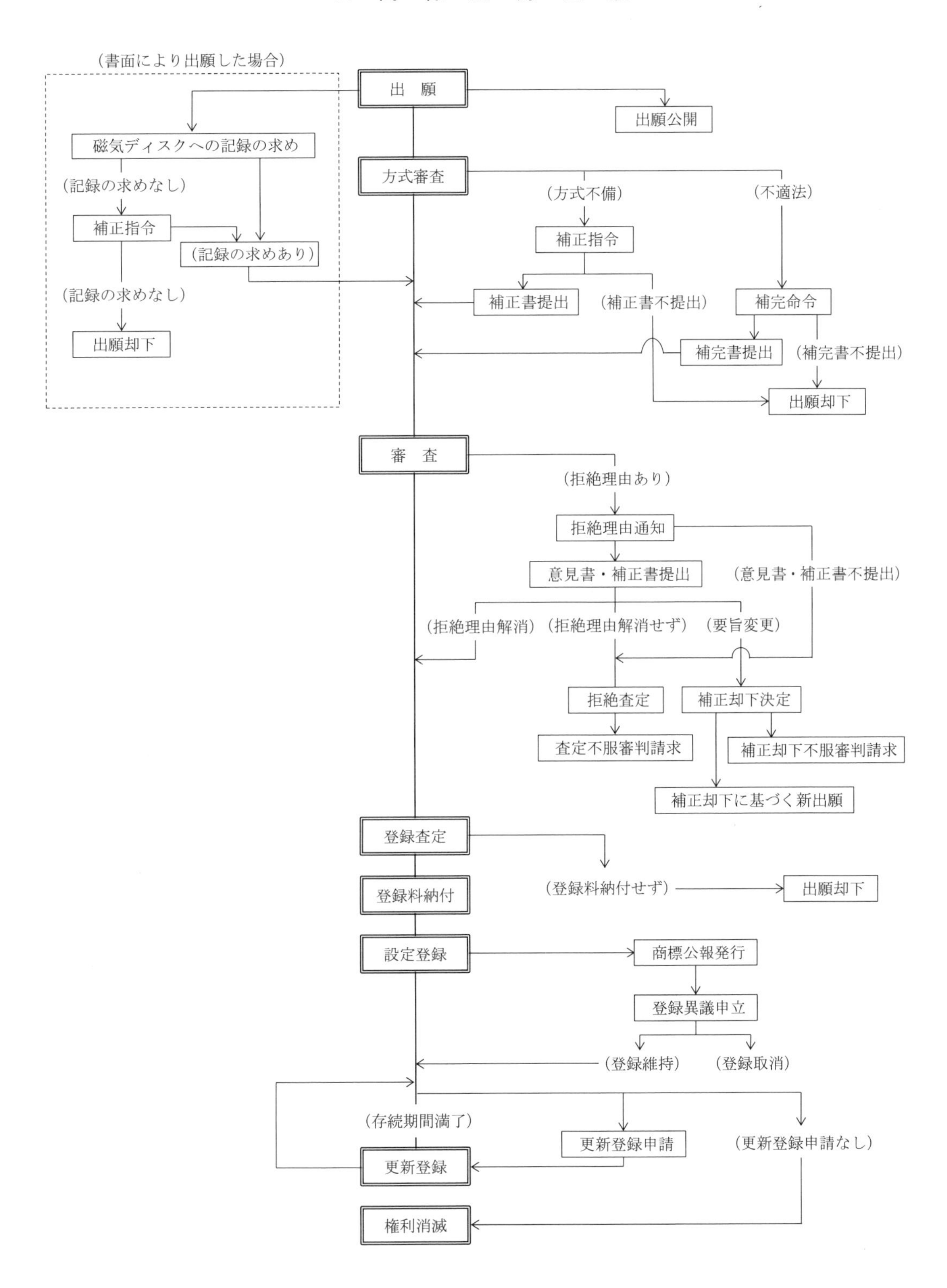

（書面により出願した場合）
出　願
出願公開
磁気ディスクへの記録の求め
（記録の求めなし）
補正指令
（記録の求めあり）
（記録の求めなし）
出願却下
方式審査
（方式不備）
（不適法）
補正指令
補正書提出
（補正書不提出）
補完命令
補完書提出
（補完書不提出）
出願却下
審　査
（拒絶理由あり）
拒絶理由通知
意見書・補正書提出
（意見書・補正書不提出）
（拒絶理由解消）
（拒絶理由解消せず）
（要旨変更）
拒絶査定
補正却下決定
査定不服審判請求
補正却下不服審判請求
補正却下に基づく新出願
登録査定
登録料納付
（登録料納付せず）
出願却下
設定登録
商標公報発行
登録異議申立
（登録維持）
（登録取消）
（存続期間満了）
更新登録申請
（更新登録申請なし）
更新登録
権利消滅

索　引

す

せ

そ

た

ち

つ

て

と

に

の

は

ひ

ふ

へ

ほ

ま

み

む

も

ゆ

よ

ら

り

ろ

英・数

執筆者一覧

浅見 節子（あさみ せつこ）
[3.3.4，5 項，5.2 節，6.1.1，6.2.1 項]

東京理科大学専門職大学院イノベーション研究科教授．東京大学大学院理学系研究科化学専門課程修士課程修了．一橋大学大学院国際企業戦略研究科助教授，特許庁審査基準室長，医療上席審査長，特許審査第三部長を経て，2013 年より現職．

石井 康之（いしい やすゆき）
[1.1 節，5.1.1 項，コラム 2，3，5，7]

IP 経済研究所 所長，東京理科大学嘱託教授．2012 年 東北大学工学研究科博士後期課程修了（工学博士）．1974 年 東京海上火災保険株式会社入社．1991 年 知的財産研究所（出向）主任研究員，2005 年 東京理科大学専門職大学院イノベーション研究科教授などを経て現職．

荻野 誠（おぎの まこと）
[5.1.2，3 項，6.1.2 項，コラム 10，11]

東京理科大学専門職大学院イノベーション研究科教授知的財産戦略専攻主任．早稲田大学政治経済学部政治学科卒業，東京都立大学法学部法律学科卒業，筑波大学大学院経営・政策科学研究科修了，ハーバードビジネススクール（PGL）修了．日立製作所知的財産権本部戦略企画室長，日立国際電気知的財産権本部長を経て，2014 年より現職．

生越 由美（おごせ ゆみ）
[2.1 節，3.2.4 項，3.3.2，3 項，6.2.2 項]

東京理科大学専門職大学院イノベーション研究科教授．東京理科大学薬学部卒業．特許庁にて審判部書記課長補佐，特許審査第二部上席総括審査官（室長）などを歴任．政策研究大学院大学助教授を経て，2005 年より現職．2008-2014 年 放送大学客員教授（併任）．

草間 文彦（くさま ふみひこ）
[4.3.3 項，5.1.4 項，コラム 6，8]

東京理科大学専門職大学院イノベーション研究科客員教授，コンサルティングファーム株式会社ブランドッグ代表．立教大学経済学部卒業．米国法人 LIMA（国際ライセンシング協会）日本代表を 2002 年より 2012 年まで務め現在同会員．著書に『ライセンスビジネスの戦略と実務』（白桃書房）など．

鈴木 公明（すずき きみあき）
[1.2-4 節，3.1 節，3.2.3 項，4.4.1，2 項]

東京理科大学専門職大学院イノベーション研究科教授．弁理士．1990 年東京大学卒業．キヤノン（株）知的財産法務本部，特許庁制度改正審議室，特許・実用新案審査，意匠制度企画室等を歴任．2005 年東京理科大学大学院イノベーション研究科知的財産専攻助教授，2007 年 同准教授を経て，2014 年より現職．

橋本 千賀子（はしもと ちかこ）
[4.3.1，2 項]

ホーガン・ロヴェルズ法律事務所外国法共同事業 弁理士 カウンセル，特定侵害訴訟代理人．慶應義塾大学法学部法律学科卒業．東京税関専門委員，東京理科大学専門職大学院教授，金沢工業大学大学院客員教授，青山学院大学大学院講師を経て現職．

平塚 三好（ひらつか みつよし）
[2.2.1 項，3.2.1，2 項，3.3.1 項，3.3.6 項]

東京理科大学専門職大学院イノベーション研究科教授．東京理科大学大学院理学研究科物理学専攻修了．博士（工学・課程）．米国フランクリン・ピアース・ロー・センター知的財産修士（US・MIP）課程修了．企業，米国特許事務所，東京理科大学知的財産本部知財マネージャーを経て現職．

平山 賢太郎（ひらやま けんたろう）
[2.2.2 項，コラム 1]

弁護士（第二東京弁護士会登録・伊藤見富法律事務所），東京理科大学専門職大学院イノベーション研究科客員准教授，名古屋大学ロースクール講師．東京大学法学部第 1 類（私法コース）卒業．公正取引委員会事務総局審査専門官，東京大学，立教大学，筑波大学のロースクール講師，東京理科大学専門職大学院准教授を経て現職．

宮武 久佳（みやたけ ひさよし）
[4.1，2 節，4.4.3 項，コラム 4，9]

東京理科大学専門職大学院イノベーション研究科教授．日本音楽著作権協会（JASRAC）理事．一橋大学大学院修士（経営法）．共同通信社（記者・デスク），横浜国立大学教授を経て現職．元ハーバード大学ニーマン（ジャーナリズム）フェロー．著書に『知的財産と創造性』（みすず書房），『正しいコピペのすすめ』（岩波書店）など．

理工系の基礎　知的財産

平成29年4月25日　発　行

編　者　知的財産 編集委員会

著作者　淺見　節子・石井　康之・荻野　　誠・
生越　由美・草間　文彦・鈴木　公明・
橋本千賀子・平塚　三好・平山賢太郎・
宮武　久佳

発行者　池　田　和　博

発行所　丸善出版株式会社
〒101-0051 東京都千代田区神田神保町二丁目17番
編 集：電話 (03) 3512-3261／FAX (03) 3512-3272
営 業：電話 (03) 3512-3256／FAX (03) 3512-3270
http://pub.maruzen.co.jp/

組版印刷・製本／三美印刷株式会社

ISBN 978-4-621-30164-7　C 3032　Printed in Japan